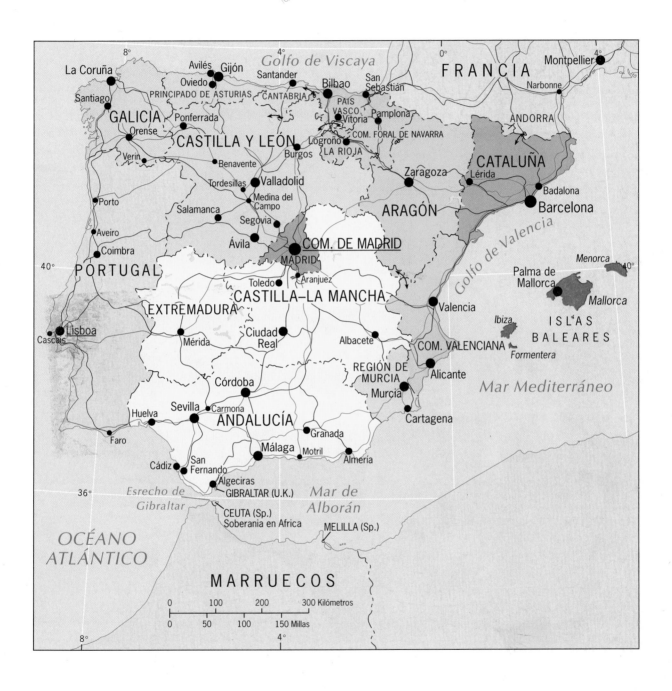

Golfo de Viscaya

8°   4°   0°   **FRANCIA**   Montpellier   4°

La Coruña   Avilés Gijón   Santander   Bilbao   San   Narbonne
                Oviedo   Sebastián
Santiago   PRINCIPADO DE ASTURIAS   CANTABRIA   PAÍS   Pamplona   **ANDORRA**
                                                VASCO Vitoria
GALICIA   Ponferrada   Logroño   COM. FORAL DE NAVARRA
    Orense   **CASTILLA Y LEÓN**   Burgos   LA RIOJA   **CATALUÑA**
Verin   Lérida
                Benavente   Zaragoza
                Tordesillas Valladolid   Badalona
Porto   Medina del   **ARAGÓN**   **Barcelona**
            Salamanca Campo
Aveiro   Segovia   **Golfo de Valencia**   Menorca   40°
                Ávila   Palma de
Coimbra   **COM. DE MADRID**   Mallorca
40°   MADRID   Mallorca
PORTUGAL   Toledo Aranjuez   **ISLAS**
                    CASTILLA–LA MANCHA   Valencia   Ibiza   **BALEARES**
            EXTREMADURA   Formentera
Lisboa   Ciudad   **Mar Mediterráneo**
Cascais   Mérida   Real   Albacete   **COM. VALENCIANA**
                                        REGIÓN DE
            Córdoba   MURCIA   Alicante
        Sevilla Carmona   Murcia
Huelva   **ANDALUCÍA**   Granada   Cartagena
Faro   Málaga Motril
        Cádiz San   Almería
            Fernando
            Algeciras   **Mar de**
36°   *Esrecho de*   GIBRALTAR (U.K.)   **Alborán**
        Gibraltar   CEUTA (Sp.)
                    Soberania en Africa   MELILLA (Sp.)

OCÉANO
ATLÁNTICO

MARRUECOS

0   100   200   300 Kilómetros
0   50   100   150 Millas
8°   4°

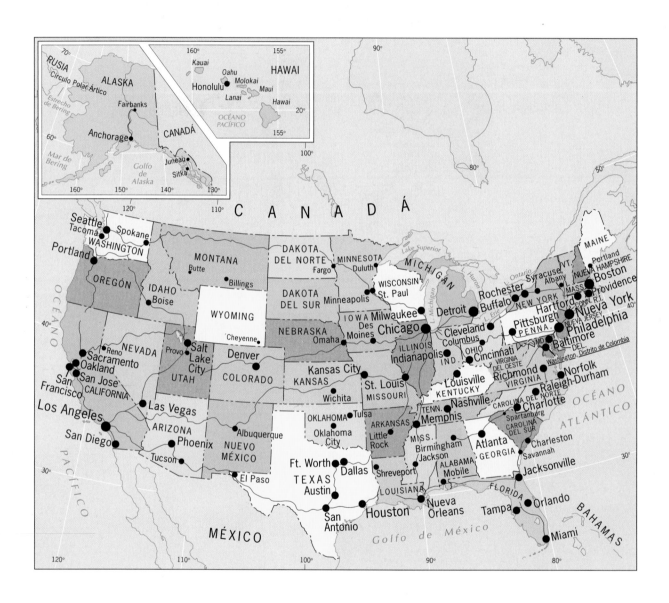

Más allá de las palabras

Intermediate Spanish

Más allá de las palabras

Intermediate Spanish

Olga Gallego

University of Michigan

Concepción B. Godev

University of North Carolina, Charlotte

WILEY

ESTE LIBRO SE LO DEDICO A ANDRÉS, EL "NIÑO" DE MIS OJOS.
OLGA GALLEGO

A MI FAMILIA
C.B. GODEV

VICE PRESIDENT/PUBLISHER	Anne Smith
ACQUISITIONS EDITOR	Helene Greenwood
DEVELOPMENT PROGRAM ASSISTANT	Kristen Babroski
MARKETING MANAGER	Gitti Lindner
EDITORIAL DEVELOPMENT	Mary Lemire Campion
	Mariam Rohlfing, Words and Numbers, Inc.
MEDIA EDITOR	Lisa Schnettler
SENIOR PRODUCTION EDITOR	Christine Cervoni
ILLUSTRATION EDITOR	Anna Melhorn
PHOTO EDITOR	Sara Wight
PHOTO RESEARCHER	Elyse Rieder
TEXT DESIGNER	Word and Image Design Studio, Inc.
COVER DESIGN DIRECTOR	Harry Nolan, Senior Designer
COVER DESIGNER	Howard Grossman
ILLUSTRATORS	Alice Priestley, NSV Productions, Deborah Crowle,
	Brian Hughes, Grant Mehm

This book was set in AGaramond 11pt by Word and Image Design Studio, Inc. and printed and bound by VonHoffmann Press, Inc. The cover was printed by VonHoffmann Press, Inc.

This book is printed on acid free paper. ∞

Library of Congress Cataloguing-in-Publication Data

Gallego Domínguez, Olga.
Más allá de las palabras : intermediate Spanish / Olga Gallego, Concepción B. Godev.
p. cm.
Includes index.
ISBN 0-471-29762-3 (pbk.)
1. Spanish language--Textbooks for foreign speakers--English. I. Godev, Concepción B. II. Title.

PC4129.E5G33 2003
468.2'421--dc22   2003057657

Printed in the United States of America

10 9 8 7 6 5 4 3 2 1

Preface

Más allá de las palabras is a culture-based intermediate Spanish program, designed for use at the third and fourth semesters of college study, that integrates language-skills instruction with subject-matter content. Fully supported with technology, this program meets the National Standards in Foreign Language Education.*

The title *Más allá de las palabras,* or *Beyond Words,* reflects the primary goal of this program: to ensure a smooth transition from the practical knowledge of Spanish that is necessary to carry out daily tasks to a deeper understanding of the language and cultures of the Hispanic world.

The textbook and its support materials are available in three options to meet the needs of different intermediate Spanish courses and to offer instructors flexibility. *Más allá de las palabras, Intermediate Spanish* (0-471-58945-4), is theme-based and geared towards beginning-intermediate programs. It can be used to teach third- and fourth-semester intermediate Spanish or only the third semester. *Más allá de las palabras, Mastering Intermediate Spanish* (0-471-58950-0), is organized around regions of the Spanish-speaking world and geared towards higher-intermediate programs. It can be used to teach third- and fourth-semester intermediate Spanish or only the fourth semester. Each book contains five units, all organized around a main topic and a set of subtopics or *Temas*. This structure allows students to review previously learned functions and grammar while learning new content to develop and strengthen their language skills. *Más allá de las palabras, A Complete Program in Intermediate Spanish* (0-471-59007-X), is divided into two parts: Part I is theme-based and regroups most of the earlier book; Part II is organized in geographical and cultural areas and regroups most of the later book.

In any of its three options, the graduated approach to learning of *Más allá de las palabras* allows all students of intermediate Spanish to progress at a pace that suits them.

*Communication. Communicate in languages other than English
  Standard 1.1. Students engage in conversations, provide and obtain information, express feelings and emotions, and exchange opinions.
  Standard 1.2. Students understand and interpret written and spoken language on a variety of topics.
  Standard 1.3. Students present information, concepts, and ideas to an audience of listeners or readers on a variety of topics.
Cultures. Gain knowledge and understanding of other cultures.
  Standard 2.1. Students demonstrate an understanding of the relationship between the practices and perspectives of the culture studied.
  Standard 2.2. Students demonstrate an understanding of the relationship between the products and perspectives of the culture studied.
Connections. Connect with other disciplines and acquire information.
  Standard 3.1. Students reinforce and further their knowledge of other disciplines through the foreign language.
  Standard 3.2. Students acquire information and recognize the distinctive viewpoints that are only available through the foreign language and its cultures.
Comparisons. Develop insight into the nature of language and culture.
  Standard 4.1. Students demonstrate understanding of the nature of language through comparisons of the language studied and their own.
  Standard 4.2. Students demonstrate understanding of the concept of culture through comparisons of the cultures studied and their own.
Communities. Participate in multilingual communities at home and around the world.
  Standard 5.1. Students use the language both within and beyond the school setting.
  Standard 5.2. Students show evidence of becoming life-long learners by using the language for personal enjoyment and enrichment.

American Council on the Teaching of Foreign Languages, Sept. 11, 1999 <http://www.actfl.org/htdocs/standards/standards.htm>

Graduated learning and a smooth transition between the first and second year of language study

A common problem in language instruction is the transition from first-year material to sometimes unconnected topics, vocabulary, and tasks at the intermediate level. To allow a smooth transition between the two years of study *Más allá de las palabras, Intermediate Spanish,* begins with themes and communicative functions that are familiar to students who have completed one year of study, and *Más allá de las palabras, Mastering Intermediate Spanish,* introduces increasingly sophisticated topics and functions. The graduated learning process in either book ensures that all students build upon their current level of skills to complete their second year of Spanish.

Rich and effective combination of culture and language

In response to instructors' desire to find cultural subject matter and language skills integrated in a textbook, each unit in *Más allá de las palabras* focuses on a set of topics that are related to a broad cultural theme and fully integrated with the language skills covered in the unit. In addition to reading or listening comprehension activities, students are asked to compare the target culture (on which the reading or listening selection focuses) with their own culture, or with another Hispanic culture, and to discuss their findings.

Thorough recycling of communicative functions and grammar

A shortcoming identified in intermediate textbooks is the assumption that the grammar studied in previous Spanish classes has been thoroughly assimilated and that conversational skills have been sufficiently acquired and practiced in the first year. *Más allá de las palabras* carefully addresses these issues. Essential functions and grammar structures reintroduced and recycled throughout the program include description, narration in the present, past, and future, comparison, expression of opinions, summarizing, and hypothesizing. Students continuously engage in dialogue as they review functions or grammar points. There are ample opportunities for repetition and reinforcement, in a variety of formats to sustain the students' interest.

Simplified instructional techniques

To facilitate the learning process, each unit follows a structure that divides complex activities into subtasks and builds up gradually to the most complex component of the activity. As a result, instructors will find that students are able to perform complex speaking tasks more easily without feeling overwhelmed.

Creative listening comprehension techniques

Attending and listening to lectures is common to most content-based courses, yet the method for doing so successfully in Spanish is often ignored at the intermediate level. *Más allá de las palabras* provides suggestions on how to incorporate traditional lecture techniques in intermediate Spanish classes. The technique, which we call *Miniconferencia,* seeks to give students listening comprehension strategies that will prepare them for future courses in literature and civilization.

Innovative reading comprehension techniques

Like lecture comprehension techniques, reading skills are vital for future content-based courses. Even with a less-than-perfect command of the language, students will increasingly find themselves using their reading skills to learn. To promote student success, the authors of *Más allá de las palabras* have devised an innovative reading technique that encourages students to pause at different points throughout a reading, consider what they have read, and double-check their comprehension. This technique helps students manage their reading skills effectively. This becomes particularly rewarding for students when they are faced with longer passages.

Motivational approach to reading literature

With the assumption that understanding literature is essential to understanding different cultures, particular attention was paid to selecting readings and creating activities that increase the level of interaction between readers and texts. *Más allá de las palabras, Intermediate Spanish,* features the complete *Final absurdo* by Laura Freixas over the course of the five units, and *Más allá de las palabras, Mastering Intermediate Spanish,* features literary selections thematically grouped by regions and cultures of the Hispanic world.

Humor and light material

Many students and instructors have expressed the desire to find humor and light material in an intermediate textbook. With this in mind, *Más allá de las palabras* features interest-provoking cultural commentary in the form of cartoons that appeal to students' sense of humor. A special section, *Curiosidades,* includes music, jokes, recipes, games, fun activities, and tests integrated within the units' themes.

Integration of the best features identified in intermediate textbooks

Más allá de las palabras was carefully designed to best meet the needs of students and instructors at the intermediate level, based on analyses of the best features found in textbooks. *Más allá de las palabras* has the advantage and convenience of combining these features in one program.

Más allá de las palabras, Intermediate Spanish, or Book 1, serves as a bridge between the first and second years. The bridging is achieved by recycling grammar topics from the first year while introducing new ones. The content of the units gradually moves from topics closely related to students' daily lives to sociopolitical and historical events.

Más allá de las palabras, Mastering Intermediate Spanish, or Book 2, focuses mainly on content while incorporating grammar instruction as well as conversational practice through role-playing. Students are continually encouraged to review pertinent vocabulary from previous semesters.

Each book contains five units beginning with an overview of contents and goals, and concluding with an expansion section called *Más allá de las palabras.* The five units are organized into either three *Temas* (Book 1) or four (Book 2), which allows sufficient time to build up the content-based information providing the basis for conversations, oral presentations, and compositions.

Más allá de las palabras, A Complete Program in Intermediate Spanish, regroups the first four units of Book 1 and all the units from Book 2 with some content adjustments; the final unit of Book 1 being integrated as a topic throughout the program.

A grammar appendix fulfills the following objectives.

1. **Serve as reference material for students to review first-year grammar topics.** These first-year topics may include demonstrative adjectives and pronouns, possessive adjectives and pronouns, **gustar,** indefinite and negative words, **ser** and **estar,** and noun-adjective agreement. In this way, basic grammar does not distract from the focus on content. At the same time, this organization provides the convenience of having this information handy for both students and instructors in one location.

2. **Provide additional information about a topic so that students are aware of the complexity of certain topics.** The information is included in the appendix because the authors recognize that the target structure may need to be taught for recognition and not for production. Awareness of additional information on such structures as direct-object pronouns, preterit and imperfect, and relative pronouns should help students recognize these complex structures when they come across them in a reading.

3. **Provide additional information for the convenience of the instructor.** Instructors may use the information in the appendix to answer questions that go beyond the material presented in a unit or to address a specific topic in more depth. For example, the topic of the impersonal **se** may seem incomplete to some instructors if other related topics—such as the

passive voice and **estar** + *past participle*—are not discussed. Instructors should not feel compelled to discuss all information presented in the appendix. It is important to remember the focus of the program—the development of language skills while manipulating and learning content. As instructors already know, at the intermediate level some nuances of grammar can take much more time than is practical to invest. Therefore, although the appendix is available for convenience, instructors should gauge the needs of the whole class to decide whether or not the group is ready for further information.

UNIT ORGANIZATION
MÁS ALLÁ DE LAS PALABRAS, INTERMEDIATE SPANISH

The units, each subdivided into three *Temas*, contain the following sections.

Entrando en materia
Preparation activities for the input activity appear in every *Tema*. These activities will sometimes be completed orally, sometimes in writing, and on occasion both orally and in writing.

Lectura or Miniconferencia
The first and third *Temas* include a variety of reading materials (**lecturas**) designed to allow students to "discover" key aspects of the target culture within the theme of the unit. Pre-reading activities emphasize the activation of background knowledge and the development of reading strategies with an emphasis on vocabulary development. Post-reading activities are designed to allow for the integration of the theme into written and oral communicative practice, and to reinforce vocabulary building. The second *Tema* includes a mini-lecture (**miniconferencia**) with pre- and post-listening activities.

Atención a la estructura
This section in every *Tema* provides concise and user-friendly grammar explanations illustrated with examples drawn from the *Tema* and followed by communicative oral and written activities designed to move students gradually from controlled to more open-ended and creative practice. The explanations sometimes invite students to reflect on how grammar works in their native language. An answer key to the non-open-ended activities is available on the Web for self-correction.

¿Cómo lo dices?
This section in every *Tema* focuses and builds on the communication functions and strategies learned in first-year Spanish. It is accompanied by relevant vocabulary and it includes open-ended, dialogue activities in specific contexts. The context itself is described in English so that students find ways of expressing themselves without being conditioned by the language used in the direction lines.

Curiosidades

This enjoyable section in the first and second *Temas* includes music, jokes, recipes, games, fun activities, and tests integrated within the units' themes. The aim of this section is to provide continuing opportunities for the use of the language while handling lighter material.

Color y forma

This section in the third *Tema* prompts students to observe a work of art, usually a painting. Through speaking or writing activities students are guided to describe what they observe.

Each unit ends with a section called *Más allá de las palabras,* subdivided as follows.

Leer para escribir

Readings are selected to link thematically and rhetorically to the writing assignment in the **Ponlo por escrito** section. Students are encouraged to observe specific expressions and how the passage is organized so that they can use it as a reference for their own essay.

Ponlo por escrito

This section encourages a process-oriented approach to the development of writing skills, including a variety of text types. The focus on process of the activities in this section attempts to assist the intermediate writer in generating a clear writing plan, organizing ideas and expressing ideas in a coherent manner, and to provide linguistic support.

El escritor tiene la palabra

Final absurdo by Laura Freixas is an ongoing story presented in five parts. It is intended to appeal to students' curiosity and to engage them in reading extensively. Post-reading activities enhance comprehension and prompt students to analyze the text critically. The **Workbook** (available in print and online) includes additional activities that introduce students to systematic literary analysis and literary analysis terminology.

Más allá de las palabras, Intermediate Spanish, includes the following components. Please check the *Más allá de las palabras* **Companion Web Site** (**www.wiley.com/college/gallego**) for updates and availability of *new* components.

Student Resources

- **Textbook with Audio CD (0-471-58945-4) or Audio cassette (0-471-58943-8):** The CD or cassette shrinkwrapped with the textbook includes the pronunciation materials and the *Miniconferencia* listening segments from every unit.

- **Activities Manual (0-471-29761-5):** Prepared by Kimberly Boys (University of Michigan), in collaboration with authors Olga Gallego and Concepción Godev, the **Activities Manual** consists of a **Workbook,** designed to practice writing skills and to reinforce classroom activity, and a **Lab Manual,** designed to provide practice and reinforcement of the vocabulary and grammar for each unit, as well as listening comprehension. The **Activities Manual** includes an answer key and is also available on the **Companion Web Site.**

- **Lab Audio Program on CD (0-471-48574-8) or Cassette (0-471-48561-6):** The **Lab Audio Program** contains recordings associated with the themes from each chapter and provides learners with exposure to authentic speech.

- **Companion Web Site (www.wiley.com/college/gallego)** including:

  - **Online Activities Manual:** Prepared by Kimberly Boys (University of Michigan), in collaboration with authors Olga Gallego and Concepción Godev, the **Online Activities Manual** combines the **Online Workbook,** designed to practice writing skills and to reinforce classroom activity, and **Online Lab Manual,** designed to provide practice and reinforcement of the vocabulary and grammar for each unit, as well as listening comprehension. Instant feedback is provided and student progress can be tracked. It is also available in print.

  - **Web Activities:** Prepared by Carole Cloutier (Ohio University), the Web activities include references to other sites and e-mailing capabilities.

  - **Autopruebas (Self-Tests):** Prepared by Maria Fidalgo-Eick (Grand Valley State University), the self-tests allow students to monitor their own progress as they move through the *Más allá de las palabras* program.

- *Webster's New World Pocket Spanish Dictionary* **(0-764-54161-7):** Clad in durable vinyl and small enough to slip easily into a pocket or purse, this handy little bilingual dictionary concentrates on the essential vocabulary that people use in everyday situations. ***Webster's New World Pocket Spanish Dictionary*** has a succinct grammar section and broad coverage of Latin American Spanish.

- **Panoramas Culturales Web Site (www.wiley.com/college/panoramas):** In an effort to establish connections and promote interaction with other communities, this Web site features 21 Spanish-speaking countries, each with its own textual information, maps, graphics, streamed videoclips, and Web-based discussion and research activities. The Spanish-speaking world is only a click away!

INSTRUCTOR RESOURCES

- **Companion Web Site (www.wiley.com/college/gallego)** including:
  - **Sample Syllabi, Teaching Tips, and Suggestions** to help instructors plan their courses

  - **Teacher Annotations** including suggestions for presentation and reinforcement of material, and an alternative reading to be used in place of the *Miniconferencia* if the instructor wishes to do so

  - **PowerPoint Slides:** Prepared by Maria Fidalgo-Eick (Grand Valley State University); fifty slides correspond to *Más allá de las palabras, Intermediate Spanish*

  - **Testing Program:** Prepared by Carmen Schlig (Georgia State University), this comprehensive program tests unit vocabulary, structures, skills, and cultural information. Each test is divided into six sections testing listening comprehension (*A escuchar*), vocabulary (*Vocabulario*), grammar (*Atención a la estructura*), reading comprehension (*Atención a la lectura*), speaking (*Comunicación oral*), and writing (*Atención a la escritura*). The **Testing Program** includes an answer key.

  - **Video Script**

  - **Lab Program Audio Script**

  - **Activities Manual Answer Key**

- **Video (0-471-27262-0):** Prepared by Kerry Driscoll (Augustana College), the video is coordinated with the cultural content of each *Tema*. A variety of pre-viewing, viewing, and post-viewing activities are included.

- **Faculty Resource Network (www.facultyresourcenetwork.com):** This valuable resource network is composed of professors who are currently teaching and successfully using technology in their Spanish classes. These professors offer one-on-one assistance to adopters interested in incorporating online course management tools and specific software packages. They also provide innovative classroom techniques and methods for tailoring the technology experience to the specific needs of your course.

ACKNOWLEDGMENTS

The authors wish to thank Juan Arnau, José Luis Fernández, Ana Patricia Ortiz, and Ma. Ángeles Rodríguez for their contributions. We wish to express our most sincere appreciation to Kristen Babroski, Christine Cervoni, Anne Smith, and Mariam Rohlfing. To Mary Lemire-Campion, a special word of appreciation for her invaluable contribution at a very critical stage in the editorial development of this book.

The authors and the publisher are grateful for the time and insightful comments of all the reviewers, who so kindly committed to the task of reviewing this work.

Helena A. Alfonzo, *Boston College*
Ana Alonso, *George Mason University*
María Amores, *West Virginia University*
Enrica J. Ardemagni, *Indiana University, Purdue University, Indianapolis*
Fern F. Babkes, *College of Notre Dame of Maryland*
Tracy Bishop, *University of Wisconsin, Madison*
Galen Brokaw, *University at Buffalo*
Kathleen T. Brown, *Ohio University*
Maria-Elena Buccelli, *George Mason University*
Dr. Donald C. Buck, *Auburn University*
Fernando Canto-Lugo, *Yuba College*
Chyi Chung, *Northwestern University*
Alicia B. Cipria, *University of Alabama*
Rifka Cook, *Northwestern University*
Francisco Cornejo, *George Mason University*
Norma Corrales-Martin, *Clemson University*
James C. Courtad, *Central Michigan University*
Martha Daas, *Old Dominion University*
Greg Dawes, *North Carolina State University*
Louise A. Dolan, *North Carolina State University*
Diana Dorantes de Fischer, *Concordia College*
Kerry Driscoll, *Coe College*
Rosalba Esparragoza Scott, *University of Southern Mississippi*
Dr. Juan C. Esturo, *Queensborough Community College*
Anthony Farrell, *St. Mary's University*
Marísol Fernández, *Northeastern University*
Lee Folmar, *Florida State University*
Diana Frantzen, *University of Wisconsin, Madison*
Barbara Gantt, *Northern Arizona University*
Anna J. Gemrich, *University of Wisconsin, Madison*
Donald B. Gibbs, *Creighton University*
Ransom Gladwin, *Florida State University*
Richard Glenn
María Asunción Gómez, *Florida International University*

Dr. Ann González, *University of North Carolina, Charlotte*
Gloria Grande, *Texas University*
Ana E. Gray, *North Carolina State University*
John Hall, *South Dakota State University*
Dr. Ronda Hall, *Oklahoma Baptist University*
Anna Hamling, *University of New Brunswick*
Linda Hollabaugh, *Midwestern State University*
Tia Huggins, *Iowa State University*
Harold Jones, *Syracuse University*
Matthew L. Juge, *Southwest Texas State University*
Charles Kargleder, *Spring Hill College*
Juergen Kempff, *University of California, Irvine*
Monica Kenton, *University of Minnesota*
Steven D. Kirby, *Eastern Michigan University*
Marketta Laurila, *Tennessee Technological University*
Ronald Leow, *Georgetown University*
Jeff Longwell, *New Mexico State University*
Dr. Humberto López, *University of Central Florida*
Nelson López, *Fairfield University*
Dr. Barbara López-Mayhew, *Plymouth State College*
Alicia Lorenzo, *University of Missouri*
Enrique Manchon, *University of British Columbia*
Karen Martin, *Lambuth University*
José L. Martínez, *Stonehill College*
María J. Martínez, *Boston University*
Sergio Martínez, *San Antonio College*
Erin McCabe, *George Mason University*
Claudia Mejía, *Tufts University*
Dulce Menes, *University of New Orleans*
Carmen L. Montañez, *Indiana State University*
Michael Morris, *Northern Illinois University*
Richard Morris, *Middle Tennessee State University*
León Narváez, *St. Olaf College*
Robert Neustadt, *Northern Arizona University*
Miguel Novak, *Pepperdine University*

Nuria Novella, *Middle Tennessee State University*
David Oberstar, *Indiana University, Purdue University, Fort Wayne*
Roxana Orrego, *Universidad Diego Portales*
Mark Overstreet, *University of Illinois at Chicago*
Edward Anthony Pasko, *Purdue University*
Lynn Pearson, *Bowling Green State University*
Edward M. Peebles, *University of Richmond*
Dr. Ted Peebles, *University of Richmond*
Dr. Jill Pellettieri, *California State University, San Marcos*
Sylvain Poosson, *McNeese State University*
Anne Porter, *Ohio University*
Jessica Ramírez, *Grand Valley State University*
Mayela Vallejos Ramírez, *University of Nebraska, Lincoln*
Dr. Kay E. Raymond, *Sam Houston University*
Barbara Reichenbach, *Ohio University*
Catereina Reitano, *University of Manitoba*
Mary Rice, *Concordia College*
Joel Rini, *University of Virginia*
Karen Robinson, *University of Nebraska at Omaha*
Roberto Rodríguez, *University of Texas at San Antonio*
Joaquín Rodríguez-Bárbara, *Sam Houston State University*
Nohelia Rojas-Miesse, *Miami University*
Mercedes Rowinsky-Geurts, *Wilfrid Laurier University*
Carmen Schlig, *Georgia State University*
Daniel Serpas, *Northern Arizona University*
Richard Signas, *Framingham State College*
Teresa Smotherman, *Wesleyan College*
Jonita Stepp-Greany, *Florida State University*
Clare Sullivan, *Northwestern University*
Griselda A. Tilley-Lubbs, *Virginia Tech.*
Michelle Vandiver, *Volunteer State Community College*
Mary Wadley, *Jackson State Community College*
Inés Warnock, *Portland State University*
Brenda Watts, *Southwest Missouri State University*
Helene C. Weldt-Basson, *Fordham University*
Janice Wright, *College of Charleston*
Habib Zanzana, *University of Scranton*
Miguel-Angel Zapata, *Hofstra University*

MÁS ALLÁ DE LAS PALABRAS, INTERMEDIATE SPANISH—SCOPE AND SEQUENCE

Unidad 1 Nuestra identidad	Tema 1 Quiénes somos	Tema 2 Cómo somos, cómo vivimos	Tema 3 Por qué nos conocen	Más allá de las palabras
	Lectura	**Miniconferencia**	**Lectura**	**Leer para escribir**
	Nueva sala de charla internacional	Actividades asociadas con las plazas de ciudades y pueblos hispanos	La música, la literatura, el arte y el cine	Rey Ruiz: Salsero y sin compromiso
	Atención a la estructura	**Atención a la estructura**	**Atención a la estructura**	**Ponlo por escrito**
	Review of **ser/estar** Direct-Object Pronouns	Present Indicative of Stem-Changing and Irregular Verbs to Talk About Daily Routines	Preterit and Imperfect to Talk About the Past	Una descripción
	¿Cómo lo dices?	**¿Cómo lo dices?**	**¿Cómo lo dices?**	**El escritor tiene la palabra**
	Circunloquio	Control del ritmo de la conversación	Una conversación telefónica	*Final absurdo*, de Laura Freixas

Unidad 2 Las relaciones de nuestra gente	Tema 4 En familia	Tema 5 Entre amigos	Tema 6 Así nos divertimos	Más allá de las palabras
	Lectura	**Miniconferencia**	**Lectura**	**Leer para escribir**
	Cuestión de familias	La interpretación del término **amistad** y el etnocentrismo	Pasando el rato	Antonio Banderas se confiesa
	Atención a la estructura	**Atención a la estructura**	**Atención a la estructura**	**Ponlo por escrito**
	Impersonal/Passive **se** to Express a Nonspecific Agent of an Action	Preterit and Imperfect in Contrast Comparatives	Direct- and Indirect-Object Pronouns to Talk About Previously Mentioned Ideas	Una autobiografía
	¿Cómo lo dices?	**¿Cómo lo dices?**	**¿Cómo lo dices?**	**El escritor tiene la palabra**
	Cómo pedir y dar información	Cómo contar anécdotas	Comparar experiencias	*Final absurdo*, de Laura Freixas

Unidad 3 **Nuestra comunidad bilingüe**	Tema 7 **Ser bicultural**	Tema 8 **Ser bilingüe**	Tema 9 **Lenguas en contacto**	**Más allá de las palabras**
	Lectura	**Miniconferencia** 🎧	**Lectura**	**Leer para escribir**
	Ser hispano en Estados Unidos	Mitos sobre el bilingüismo	¿Qué es el espanglish?	Beneficios de aprender un idioma extranjero
	Atención a la estructura	**Atención a la estructura**	**Atención a la estructura**	**Ponlo por escrito**
	Subjunctive in Noun Clauses: Present Subjunctive After Expressions of Uncertainty and Doubt	Subjunctive in Noun Clauses: Present Subjunctive After Expressions of Emotion or Personal Reactions	Subjunctive in Noun Clauses: Present Subjunctive After Expressions of Recommendation and Advice	Una carta al editor
	¿Cómo lo dices?	**¿Cómo lo dices?**	**¿Cómo lo dices?**	**El escritor tiene la palabra**
	Cómo expresar tus opiniones	Cómo expresar tus sentimientos	Pedir y dar consejos	*Final absurdo*, de Laura Freixas

Contenido

1 Nuestra identidad

Los jóvenes hispanos tenemos muchas cosas en común con ustedes, pero muchos aspectos de nuestra vida son muy diferentes. Por ejemplo, en España la mayoría de los estudiantes universitarios viven con sus padres mientras asisten a la universidad. ¿Es igual en tu caso?

Yo llevo dos años estudiando en Estados Unidos y me gusta mucho vivir aquí. A veces extraño el estilo de vida de Puerto Rico, que es más relajado que el de aquí. A los puertorriqueños nos gusta mucho ir de fiesta como a ustedes en Estados Unidos. En las fiestas charlamos con amigos, tomamos unos tragos y bailamos al ritmo de la salsa y el merengue. ¿Haces lo mismo cuando vas a una fiesta?

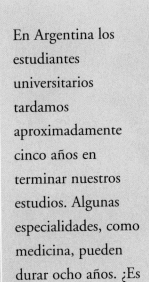

En Argentina los estudiantes universitarios tardamos aproximadamente cinco años en terminar nuestros estudios. Algunas especialidades, como medicina, pueden durar ocho años. ¿Es esto parecido en Estados Unidos?

T E M A

Quiénes somos

Bienvenido a ***Más allá de las palabras*** y a tu clase de español. Este libro te va a ayudar a continuar tu estudio del español por medio de la exploración de una variedad de temas. Para empezar, vas a conocer un poco mejor a tus compañeros de clase y a tu instructor/a de español. En un papel, anota tus respuestas a las siguientes preguntas. Las respuestas deben ser breves.

- ¿Qué palabra define mejor tu apariencia física?
- ¿Qué palabra o palabras define(n) mejor tu personalidad?
- ¿Qué es lo más interesante de ti?
- ¿Qué es lo más interesante de tu familia?
- ¿Qué palabras definen mejor tu cultura?

Ahora, intercambia tu papel con un compañero o compañera. Lee sus respuestas y circula por la clase intentando encontrar a un/a estudiante que tenga algo en común con tu compañero/a. Usa las respuestas como guía. Después, presenta a tu compañero/a a esa persona. Cuando tu instructor/a diga "YA", tú, tu compañero/a y su nuevo/a amigo/a deben regresar a sus pupitres correspondientes. Tienes cinco minutos: ¡Adelante!

Entrando en materia

1–1. Salas de charla. En la vida real, encontrar amigos que tengan cosas en común con nosotros no es tan fácil. Una forma de conocer a personas interesantes es participar en una sala de charla electrónica. ¿Has participado alguna vez en una sala de charla en Internet? Con un/a compañero/a, comenta tu experiencia en las salas de charla. Si nunca has participado, pídele información sobre ellas a tu compañero/a.

- cuántas veces has participado en una; si no has participado explica por qué

- qué tipo de sala era: informal, de negocios, sobre intereses comunes, de autoayuda, etc.; de dónde era la mayoría de los participantes; qué idiomas hablaban los otros participantes

- tu opinión sobre el valor de las salas de charla para hacer nuevos amigos; ¿crees que es un buen método?, ¿qué problemas puede presentar?

1–2. Vocabulario en contexto. La lectura para esta sección es el texto de una sesión en una sala de charla internacional. Antes de conocer a los participantes, busca las siguientes palabras y expresiones en la lectura (están marcadas en negrita) para ver si puedes deducir su significado. Selecciona la opción correcta para cada una.

1. taínos
   a. el grupo indígena original de Puerto Rico
   b. el nombre que Cristóbal Colón le dio a la isla de Puerto Rico cuando llegó a sus costas por primera vez

2. padrísimo
   a. una expresión del español de México sinónima de *fantástico*
   b. una expresión común para referirse a un padre

3. platicando
   a. sinónimo de *plata*
   b. expresión del español de México; sinónimo de *hablando*

4. compaginar
   a. sinónimo de *pasar las páginas* de un libro
   b. sinónimo de *combinar*

5. ocio
   a. un tipo de droga muy popular en Latinoamérica
   b. el tiempo libre

6. tiro con arco
   a. un deporte que requiere el uso de una flecha (*arrow*) y un arco
   b. un deporte que requiere el uso de una pistola

7. malabarismo
   a. una actividad de entretenimiento con malas consecuencias
   b. una actividad que hacen los malabaristas (*jugglers*) en el circo

8. cortar el rollo
   a. una forma coloquial de expresar que ya vamos a dejar de hablar
   b. una expresión de enfado o agresividad

Nueva sala de charla internacional

 Hola, soy María Ángeles, una muchacha simpática (aunque quede mal que yo lo diga) y alegre. Soy de Tuxpan. ¿Hay alguien más de México por aquí?

 Hola María Ángeles, soy Patricia. No soy de México, soy de la "isla del encanto". ¿Sabes dónde está?

 Sí, sí lo sé, la isla del encanto es Puerto Rico, ¿no?

 Sí, es Puerto Rico. Yo soy de Guaynabo, un lindo pueblo cerca de San Juan, la capital.

 Guaynabo... qué palabra tan extraña. ¿Eso es español?

 No, es un término de los indios **taínos** que significa "lugar de muchas aguas".

 Hola chicas, pido perdón por interrumpir la conversación pero me parece que alguien dijo que es de Tuxpan... Yo he escuchado muchas cosas interesantes sobre ese lugar. ¿Cómo es? Ah, por cierto, me llamo José.

 Hola José, sí, escuchaste bien. Yo soy de Tuxpan. Tuxpan es un pueblito de unos 150.000 habitantes, en la costa norte del estado de Veracruz, en México. Es un lugar **padrísimo** para pasar las vacaciones.

 José, bienvenido al chat. ¿No es maravilloso esto de poder comunicarse con gente de todas partes en un solo sitio? Creo que es una experiencia maravillosa.

Sí, Patricia, tienes razón, es increíble esto del ciberespacio. Yo soy español, nacido en el 69, y trabajo como profesor de español.

 José, me parece que eres el más viejo de los tres. Yo nací en el 75, el siete de diciembre exactamente.

 Oye, ¿el 7 de diciembre no hay una celebración en México?

 Sí, es el día del niño perdido, una celebración católica que recuerda cuando Jesús se perdió a los siete años de edad después de visitar el templo con sus padres.

 ¿Y cómo celebráis eso?

 Pues ese día, a las 7 de la tarde se colocan velitas encendidas en las banquetas del pueblo.

 ¿En dónde? ¿En unas banquetas? ¡No lo entiendo!

 Claro, María Ángeles, es que José es español y para él una banqueta es como una silla. José, en México le llaman banqueta a lo que tú llamas acera, el sendero por donde caminas por la calle.

 Ah, no lo sabía, bueno, perdón por la interrupción...

 ¡Qué cómico resulta esto de hablar con gente de otros sitios! Bueno, como decía, las luces eléctricas se apagan para que la luz de las velitas brille más, y todo el mundo sale a la calle, y pasa la tarde **platicando** con amigos y vecinos, y los niños juegan con carritos de cartón que llevan una velita encendida. Así ayudan a la Virgen María a buscar al niño perdido. Patricia, yo voy a Puerto Rico el mes que viene. ¿Quieres quedar para tomar un café?

No sabes cuánto me gustaría, pero ya no vivo en Puerto Rico. Ahora vivo en Estados Unidos, porque estoy estudiando epidemiología y mi esposo está aquí trabajando como ingeniero civil en una constructora. ¡Cuánto me gustaría volver a mi islita!

 Sí, es difícil vivir lejos de la familia… Por eso yo me quedé en España, y aún así tengo problemas para **compaginar** el trabajo, el **ocio** y las visitas a la familia.

 José, ¿qué hace un muchacho como tú en su tiempo libre?

 Todo depende del tiempo y del dinero, ya sabes, pero… me gusta hacer cosas aventureras, como el **tiro con arco** y el **malabarismo**. También me encantaría tener un caballo, pero… volvemos al tema del dinero…

 Sí, por eso yo me dedico a cocinar en mis ratos libres, así por lo menos puedo comerme lo que hago.

 Yo también cocino pero prefiero que me cocinen. También me gusta decorar interiores; creo que sería bueno como decorador, aunque a veces me paso con las plantas…

 ¿Cómo que te pasas?

 Quiero decir que a veces pongo demasiadas plantas en las habitaciones que decoro, porque me gustan mucho y no sé controlarme… ¡Mi apartamento parece una jungla!

 Yo no sirvo para cuidar plantas, todas se mueren enseguida en mi casa. Mi esposo, Carlos, es alérgico a muchas plantas también, por eso no tenemos ninguna.

 Patricia, ¿en qué piensas trabajar cuando termines los estudios?

 No estoy totalmente segura, pero en algo relacionado con las ciencias de la salud. Me gustaría ser profesora, como tú.

 Sí, es una gran profesión. A mí me encanta mi trabajo porque me permite conocer a gente nueva continuamente. Es como una pequeña creación artística, como una obra de teatro en la que todos participan. Algún día creo que voy a escribir una novela sobre mis experiencias.

 Bueno, ha sido un placer platicar con ustedes pero ahora me tengo que marchar. ¡A ver si nos vemos por el ciberespacio un día de estos!

 Sí, déjame un mensaje cuando regreses de Puerto Rico y así me cuentas cómo fue el viaje.

 Sí, te dejaré un mensaje en el tablón de anuncios. Bueno, José, ha sido un placer. ¡Hasta lueguito!

 Sí, yo también tengo que **cortar el rollo** porque tengo una clase dentro de una hora. ¡Cuidaos mucho y hasta la próxima!

 ¡Chao a todos!

1–3. Palabras en acción.

¿Aprendiste vocabulario nuevo en la sala de charla? Aquí tienes la oportunidad de demostrar tus conocimientos. Rellena los espacios en blanco con la palabra adecuada de la *Lectura*.

| hasta lueguito | taínos | padrísimo | contar | ciberespacio | novela |

1. El verbo *decir* es un sinónimo de _____.
2. Internet también se conoce como el _____.
3. A los habitantes indígenas de Puerto Rico se les conoce como indios _____.
4. En México se usa la expresión _____ para indicar que algo es muy bueno o divertido.
5. José Fernández quiere escribir una _____ en el futuro.
6. La expresión _____ es una forma coloquial de decir *adiós*.

1–4. ¿Te identificas?

Estas son afirmaciones que hicieron los participantes de la sala de charla. Escribe **sí** junto a las afirmaciones con las que tú te identificas y **no** junto a las demás.

1. _____ Es maravilloso poder comunicarse con gente de todas partes en un solo sitio.
2. _____ Soy una persona simpática y divertida.
3. _____ Tengo problemas para compaginar el trabajo, el ocio y las visitas a la familia.
4. _____ Me encanta mi trabajo porque me permite conocer a gente nueva continuamente.
5. _____ A mí me gusta cocinar, pero prefiero que me cocinen.
6. _____ Yo no sirvo para cuidar plantas, se me mueren todas enseguida.

1–5. Detalles.

En parejas, respondan a las siguientes preguntas oralmente. Pídanle a su compañero/a que clarifique la información que no entiendan.

Estudiante A:

¿Qué sabes de Tuxpan?
¿Qué me puedes decir sobre Ángeles?
¿Qué pasa el 7 de diciembre?

Estudiante B:

¿Qué sabes de Guaynabo?
¿Qué me puedes decir sobre Patricia?
Dime tres cosas interesantes sobre José.

3 **1–6. ¿Quién es más interesante?** En grupos de tres, seleccionen a la persona de la charla que les parezca más interesante. Con la información que tienen y su imaginación, creen una minibiografía de esa persona. Anoten todos los datos y después, compartan su historia oralmente con los demás grupos. ¡Sean tan creativos como puedan!

 MODELO Bueno, nosotros creemos que María Ángeles es la más interesante porque a los cinco años ya sabía cocinar todas las comidas típicas de Puerto Rico...

ATENCIÓN A LA ESTRUCTURA

Uses of ser and estar (*to be*)

ser		estar	
soy	somos	estoy	estamos
eres	sois	estás	estáis
es	son	está	están

Ser is used to:

- establish the essence or identity of a person or thing.

  Patricia **es** estudiante de epidemiología.

  *Patricia **is** an epidemiology student.*

- express origin.

  José **es** de España.

  *José **is** from Spain.*

- express time.

  Son las 3:00 de la tarde.

  *It **is** 3:00 in the afternoon.*

- express possession.

  La computadora **es** de María Ángeles.

  *The computer **is** María Ángeles'.*

- express when and where an event takes place.

  La fiesta del niño perdido **es** en diciembre.

  *The feast of the lost child **is** in December.*

  —¿Dónde **es** la fiesta? —La fiesta **es** en Tuxpan.

  *Where **is** the party? The party **is** in Tuxpan.*

Estar is used to:

- express the location of a person or object.

  La casa de María Ángeles **está** en Tuxpan.

  *María Ángeles' house **is** in Tuxpan.*

- form the progressive tenses.

  José **está** practicando artes marciales.

  *José **is** practicing martial arts.*

Ser and estar with Adjectives

Use **ser** with adjectives:

- to express an essential characteristic of a person or object.

  María Ángeles **es** simpática.

  *María Ángeles **is** friendly.*

- to classify the person or object.

  José **es** español.

  *José **is** Spanish.*

Use **estar** with adjectives:

- to express the state or condition of a person or object.

  Patricia **está** triste porque extraña a su familia de Puerto Rico.

  *Patricia **is** sad because she misses her family in Puerto Rico.*

- to express a change in the person or object.

  Patricia es guapa y hoy **está** más guapa todavía con su nuevo corte de pelo.

  *Patricia is pretty and today she **is** even prettier with her new haircut.*

> See *Apéndice gramatical 1* for adjectives that express different meaning when used with **ser** and **estar**, and for noun/adjective agreement rules.

1–7. Identificación. Tom es un estudiante que quiere ser profesor de español. Tom necesita encontrar compañeros de apartamento y ha decidido escribir el anuncio en español, para atraer a estudiantes hispanos. Como verás, Tom tiene problemas con **ser** y **estar**, y nunca sabe cuál debe usar. Ayúdalo a identificar la opción correcta en cada caso.

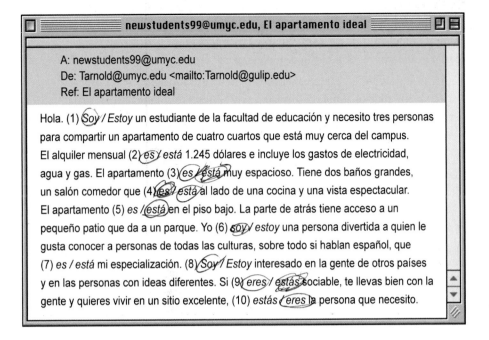

A: newstudents99@umyc.edu
De: Tarnold@umyc.edu <mailto:Tarnold@gulip.edu>
Ref: El apartamento ideal

Hola. (1) *Soy* / *Estoy* un estudiante de la facultad de educación y necesito tres personas para compartir un apartamento de cuatro cuartos que está muy cerca del campus. El alquiler mensual (2) *es* / *está* 1.245 dólares e incluye los gastos de electricidad, agua y gas. El apartamento (3) *es* / *está* muy espacioso. Tiene dos baños grandes, un salón comedor que (4) *es* / *está* al lado de una cocina y una vista espectacular. El apartamento (5) *es* / *está* en el piso bajo. La parte de atrás tiene acceso a un pequeño patio que da a un parque. Yo (6) *soy* / *estoy* una persona divertida a quien le gusta conocer a personas de todas las culturas, sobre todo si hablan español, que (7) *es* / *está* mi especialización. (8) *Soy* / *Estoy* interesado en la gente de otros países y en las personas con ideas diferentes. Si (9) *eres* / *estás* sociable, te llevas bien con la gente y quieres vivir en un sitio excelente, (10) *estás* / *eres* la persona que necesito.

1–8. Quién es quién en la clase de español. En su anuncio, Tom explica un poco cómo es él, porque piensa que saber más cosas sobre las personas nos ayuda a entenderlas mejor. Ahora ustedes van a conocer mejor a los estudiantes de su clase de español. Descubran cuántas cosas en común tienen con otras personas.

Para describir rasgos físicos: alto/a, bajo/a, delgado/a, feo/a, guapo/a, moreno/a, pelirrojo/a, rechoncho/a, etc.

Para describir la personalidad: agresivo/a, alegre, atrevido/a, bromista, cruel, estudioso/a, inteligente, listo/a, práctico/a, perezoso/a, rebelde, etc.

Para describir estados de ánimo: aburrido/a, animado/a, cansado/a, contento/a, deprimido/a, impaciente, nervioso/a, relajado/a, tenso/a, etc.

1. Primero, cada estudiante debe escribir una breve descripción de sí mismo/a, incluyendo rasgos físicos y de personalidad.
2. Después, usando la información de la descripción, cada estudiante debe escribir cuatro o cinco preguntas para saber algo más sobre sus compañeros/as de clase.
3. Ahora, circulen por la clase y entrevisten a tres personas para intentar encontrar a alguien con quien tengan muchas cosas en común.

1–9. Busco compañero de apartamento. En parejas, imaginen que ustedes, como Tom, necesitan encontrar a una persona para compartir su apartamento. Hablen de las características que, en su opinión, debe tener esta persona. Primero, deben ponerse de acuerdo para asegurarse de que buscan el mismo tipo de persona.

See *Apéndice gramatical 1* to review demonstrative pronouns, possessive pronouns, verbs like **gustar**, and indefinite and negative words.

3 1–10. ¿Quieres vivir con nosotros/as? Ahora que ya se han puesto de acuerdo en el tipo de persona que buscan, preparen un texto muy atractivo para anunciarlo en el periódico universitario. Describan:

- las "maravillosas" características que tiene el apartamento: su ubicación, cuántos cuartos tiene, cómo son estos cuartos, el precio del alquiler
- las cosas que les gusta hacer y el tipo de personas que son ustedes
- por qué sería fantástico tenerlos a ustedes como compañeros: pueden hablar sobre los rasgos más positivos de su personalidad

¡Usen la imaginación y sentido del humor! Después, lean sus anuncios al resto de la clase. ¿Cuál es el anuncio más convincente?

2 1–11. Adivina, adivinanza. En esta actividad cada uno de ustedes tiene que describir la personalidad y las características físicas de una persona hispana famosa (del presente o del pasado). La otra persona debe adivinar quién es haciendo preguntas que se puedan responder con **sí** o **no**.

MODELO	¿Es una mujer?	Sí.
	¿Es actriz?	Sí.
	¿Es de México?	No.

ATENCIÓN A LA ESTRUCTURA

Direct-Object Pronouns

Before reviewing the direct-object pronouns, let's review the notion of *direct objects*. A direct object is a noun or a pronoun that receives the action of the verb directly; in other words, it is the *what* or *whom* of the action.

José Fernández enseña español.   *José Fernández teaches Spanish.*
—José Fernández teaches *what?* —Spanish
Spanish is the direct object.

Direct-object pronouns are used to avoid repetitions of nouns that function as direct objects in a sentence.

Patricia está muy ocupada con sus estudios;   *Patricia is very busy with her studies; she will*
los terminará pronto y regresará a Puerto Rico.   *finish **them** soon and she will return to Puerto Rico.*

The use of **los** avoids the repetition of **sus estudios**.

Singular		Plural	
me	*me*	nos	*us*
te	*you (informal)*	os (*Spain*)	*you (informal)*
lo	*you (formal, male)*	los	*you (formal/informal, male or mixed gender)*
	him		*them (male/masculine or mixed gender)*
	it (masculine)		
la	*you (formal, female)*	las	*you (formal/informal, female)*
	her		*them (female/feminine)*
	it (feminine)		

Direct-object pronouns are placed immediately before the conjugated verb.

—¿Leíste el mensaje de Patricia? —Sí, **lo** leí.
Did you read Patricia's message? Yes, I read it.

When an infinitive or present participle follows the conjugated verb, the direct-object pronoun can be placed before the conjugated verb or attached to the infinitive or present participle.

—¿Vas a leer los mensajes de Patricia? —Sí, **los** voy a leer. *o* Sí, voy a leer**los**.
Are you going to read Patricia's messages? Yes, I am going to read them.

—¿Quieres leer los mensajes de Patricia? —Sí, **los** quiero leer. *o* Sí, quiero leer**los**.
Do you want to read Patricia's messages? Yes, I want to read them.

—¿Estás leyendo los mensajes de Patricia? —Sí, **los** estoy leyendo. *o* Sí, estoy leyéndo**los**.
Are you reading Patricia's messages? Yes, I am reading them.

With affirmative commands, direct objects are attached to the end of the verb. With negative commands, the direct-object pronoun must be placed between **no** and the verb.

—¿Puedo usar tu computadora? —Sí, úsa**la**. *o* No, no **la** uses.

May I use your computer? Yes, use it. or No, don't use it.

> See *Apéndice gramatical 1* for more information regarding direct-object pronouns and their use.

1–12. Cuestión de gustos. Va a haber una fiesta en honor de los estudiantes internacionales de tu universidad. Aquí tienes la lista de las preferencias de comida y bebida de algunos invitados. Simplifica la lista y elimina las repeticiones sustituyendo el complemento directo con su pronombre correspondiente.

MODELO   A Juan le gustan los tacos; él considera los tacos su comida favorita.

A Juan le gustan los tacos; él *los* considera su comida favorita.

1. A Luis le gusta el ceviche; prefiere el ceviche a todas las otras comidas peruanas.
2. A Rosario le encanta el mate; compara el mate argentino con el mejor té del mundo.
3. Pedro adora la paella valenciana; come paella todos los domingos para almorzar.
4. Lucho no bebe Inca-Cola normalmente; sólo bebe Inca-Cola cuando no hay nada más.
5. Jorge no conoce los platos típicos de Guatemala y María tampoco conoce los platos típicos de Guatemala.

1-13. ¿Dónde lo pusiste? Ya terminó la fiesta y tú y tu nuevo/a compañero/a de cuarto tienen que regresar al apartamento para organizar sus cosas. El otro residente del apartamento ha sacado las cosas de las cajas y ustedes no están seguros de lo que tienen que hacer. Túrnense para hacer preguntas y responderlas según las pistas.

> **MODELO**
> Sacar / los libros de las cajas (No / ahora)
> Estudiante A: ¿Sacaste los libros de las cajas?
> Estudiante B: No, no los saqué. Los voy a sacar ahora.
> *o* Voy a sacarlos ahora.

1. Encontrar / los platos (Sí / en la cocina)
2. Colocar / los muebles (No / después)
3. Organizar / los CDs (Sí / en la estantería)
4. Guardar / el papel de periódico (No / mañana)
5. Sacar / las plantas al balcón (Sí / esta mañana)
6. Desempacar / el lavaplatos y la lavadora (No / esta noche)

1-14. ¿Qué van a hacer esta noche? Después de mucho trabajar, han logrado organizar un poco el apartamento. Ahora ya pueden descansar y sentirse cómodos en el nuevo apartamento. En parejas, túrnense para preguntarse sobre sus actividades para esta noche. Usen las expresiones siguientes u otras similares.

| mirar la televisión | lavar la ropa | comer un pedazo de pizza |
| llamar a tus padres | estudiar la lección | escuchar el disco que te regalaron |

> **MODELO**
> Estudiante A: ¿Vas a llamar a tu novia esta noche?
> Estudiante B: Sí, la voy a llamar. *o* Sí, voy a llamarla.
> No, no la voy a llamar. *o* No, no voy a llamarla.

¿CÓMO LO DICES?
vas: Es un asunto como bastante complicado.
cómo I adv. **1** De qué modo o de qué manera
¿Cómo lo has pasado? ∥ **a cómo**; a qué precio

Circunloquio

Quiero comprar un animal, pero no recuerdo el nombre y no lo veo en la tienda.

Pues dígame cómo es, de qué color es, qué come y en qué tipo de hábitat vive.

Pues es un animal que tiene plumas y que habla.

When we are speaking, we sometimes temporarily forget words and we have to resort to explaining or describing the concept using the words we know. In other words, we get around our memory lapse by using circumlocution. When we resort to circumlocution, we can refer to an object by its characteristics, color, form, and what it's used for.

Some phrases that you can use are:

Es una cosa de color…	*The color is …*
Es una persona que…	*It's a person that …*
Es un lugar que…	*It is a place that …*
Es un animal que…	*It's an animal that …*
Es algo que…	*It is something that …*
Es una cosa que se usa para…	*It is a thing used for …*
Sabe a…	*It tastes …*
Suena a…	*It sounds like …*
Se parece a…	*It looks like …*
Huele a…	*It smells …*

1-15. Palabras en acción. Nuria, la novia de tu compañero, ha ido a tu apartamento a verlo pero él no está, y ella no habla inglés. Usa la información de los dibujos para explicarle dónde está tu compañero, qué está haciendo, adónde piensa ir y cuándo va a regresar. Describe cada cosa con detalle, para que ella te entienda.

> **MODELO**
>
> Pablo está comprando en un lugar donde hacen pan y dulces.

1-16. ¿Qué es? Tu compañero regresó y ¡trajo sorpresas para todos! Pero primero, tienen que adivinar qué trajo. Uno/a de ustedes debe cerrar el libro. La otra persona debe elegir uno de los dibujos. El/La estudiante que cerró el libro debe hacer preguntas para adivinar qué dibujo eligió su compañero/a. Puede preguntar el color, la forma, el uso, de qué está hecho, etc. Después cambien de papel.

CURIOSIDADES

difícil	nuevo	interesante	aventurero
fácil	_viejo_	_aburrido_	Conservado ~~barato~~
caro	simpático	tradicional	diferente
barato	_antipática_	moderno ~~conservador~~	_símila_

1-17. Bingo de antónimos. Tu instructor/a va a escribir al azar (*at random*) en la pizarra el antónimo de cada una de las palabras del cartón de Bingo. Todas estas palabras están en la lectura del *Tema* de esta sección. Escribe el antónimo debajo de la palabra correspondiente en el cartón. La persona que primero complete todo el cartón correctamente gana el Bingo.

Cómo somos, cómo vivimos

Entrando en materia

1-18. ¿Cómo es tu ciudad? Pablo, un amigo español, está escribiéndole una carta a sus padres y quiere hablarles sobre tu ciudad. Tu compañero/a y tú van a responder a sus preguntas por separado. Después, comparen sus respuestas para ver si tienen las mismas opiniones sobre su ciudad.

1. ¿Qué áreas consideras mejores y peores?
2. ¿Qué actividades se realizan en las diferentes áreas?
3. ¿Qué áreas prefieren los jóvenes?
4. ¿Qué áreas prefieren los mayores?
5. ¿Cuál es el edificio más antiguo?
6. ¿Cuál es el edificio más moderno?

1-19. Vocabulario en contexto. En este tema vas a escuchar una miniconferencia sobre los pueblos y las ciudades. Pero antes trata de familiarizarte con algunas palabras relacionadas con este tema. ¿Puedes identificar la letra de la definición que corresponde a cada expresión en negrita según su contexto?

Expresiones en contexto

1. El **edificio** consistentemente presente en las plazas es la iglesia. En las plazas hay otros edificios además de la iglesia, por ejemplo, casas. C
2. Las ciudades y los pueblos **costeros** generalmente atraen más turismo que los pueblos del interior. La costa del área de Miami es una atracción para los turistas. G
3. Una de las actividades más comunes que tiene lugar en una iglesia es **rezar**. D
4. Los países llamados "desarrollados" tienen un alto **desarrollo** industrial, mientras que los países llamados "en vías de desarrollo" tienen una industria subdesarrollada. A
5. Los rituales religiosos están **ausentes** en las plazas que no tienen iglesia. En las ciudades hay muchas plazas sin iglesia. D
6. Los **vendedores ambulantes** son muy populares en las áreas turísticas, generalmente venden comida y objetos típicos del país en las calles. B
7. Miami es un lugar muy popular entre los **jubilados**, por eso muchos residentes tienen más de 65 años. E

Definiciones

a. Es un sinónimo de crecimiento, aumento.
b. Son personas que venden productos de sitio en sitio, sin un puesto fijo.
c. Es un espacio que sirve para vivir o para establecer oficinas y negocios.
d. Es lo opuesto de estar presente.
e. Es una persona mayor que ya no trabaja.
f. Hablar con Dios.
g. Es un adjetivo que se aplica a lugares que están cerca del océano o el mar.

1-20. Clasificación semántica. A la izquierda tienen otras palabras del texto que van a escuchar. En parejas, clasifiquen estas expresiones en una de las categorías que se indican abajo.

1 área rural
2 asistir a misa
3 plaza
4 iglesia
5 rezar
6 vender
7 metrópoli
8 espacio urbano
9 ciudad
10 jugar
11 pueblo
12 pasear
13 edificio
14 fiesta patronal

Arquitectura, campo y ciudad: 1 3 4 7 8 9 11
Actividades religiosas: 2 5 , 14
Actividades no religiosas: 6, 10, 12, 13

Antes de escuchar

La primera vez que escuches un texto en español, no debes intentar entender toda la información, ya que esto sólo causa frustración. Sin embargo, hay otras cosas que puedes determinar al escuchar el texto, incluso si no entiendes parte del vocabulario. Por ejemplo, la primera vez que escuches el segmento, presta atención al tipo de texto: ¿es un diálogo? ¿es una narración? ¿un cuento? ¿un anuncio comercial? Después, presta atención al tono. La voz que escuchas, ¿tiene un tono feliz? ¿triste? ¿serio? ¿preocupado? ¿formal? ¿informal? Escucha el título del texto y trata de determinar cuál es el objetivo del narrador: ¿informar? ¿educar? ¿persuadir? ¿entretener? Anota tus observaciones a medida que escuchas.

Actividades asociadas con las plazas de ciudades y pueblos hispanos

Ahora tu instructor/a va a presentar una miniconferencia.

1–21. Tus notas. Después de escuchar la miniconferencia, compara tus notas con las de tu compañero/a. ¿Entendieron lo mismo? ¿Anotaron información diferente? Si hay diferencias, coméntenlas.

1–22. El mejor título. Selecciona el mejor título para cada una de las partes de la miniconferencia.

1. Títulos para la parte 1:
   a. El significado de la palabra **plaza** en inglés y en español
   b. La relación entre las plazas y los centros comerciales
   c. Las plazas auténticas están en los pueblos
2. Títulos para la parte 2:
   a. Las iglesias y sus estilos arquitectónicos
   b. La Plaza Mayor y la Plaza Real
   c. Características de las plazas y actividades asociadas con ellas
3. Títulos para la parte 3:
   a. Las Madres de la Plaza de Mayo
   b. Actividades en las plazas de las ciudades
   c. Las protestas sociales y las plazas

1–23. Pueblo o ciudad. Ahora, lee las siguientes frases y di cuáles asocias con los pueblos (**P**) y cuáles asocias con las ciudades (**C**).

1. ____ la presencia de la iglesia en la plaza
2. __C__ la presencia de muchas plazas
3. __C__ la protesta social
4. __C__ los vendedores ambulantes
5. ____ la presencia de comerciantes en la plaza el sábado

1–24. Una pequeña investigación. En parejas, van a realizar una investigación sobre la plaza de un pueblo y la plaza de una ciudad. Una persona debe investigar sobre la plaza principal de un pueblo de la columna A. La otra debe investigar la plaza principal de una ciudad de la columna B. Usen Internet o la biblioteca para encontrar información, incluyendo al menos tres semejanzas y tres diferencias entre los dos lugares. Después, preparen un informe escrito para su instructor/a, explicando qué plaza prefieren.

A	B
Plaza del pueblo (Buñol, España)	Plaza de Mayo (Buenos Aires, Argentina)
Plaza José A. Busigó (Sabana Grande, Puerto Rico)	Plaza Nueva de Tlaxcala (Ciudad de Saltillo, Estado de Cohauila, México)
El Zócalo (Ojinaga, New Mexico)	Plaza de la Revolución (La Habana, Cuba)

Present Indicative of Stem-Changing and Irregular Verbs

Some verbs undergo a stem-vowel change when conjugated.

pens-ar → **pienso**	stem vowel changes from **e** to **ie**
dorm-ir → **duermo**	stem vowel changes from **o** to **ue**
ped-ir → **pido**	stem vowel changes from **e** to **i**

pensar

pienso	pensamos
piensas	pensáis
piensa	piensan

dormir

duermo	dormimos
duermes	dormís
duerme	duermen

pedir

pido	pedimos
pides	pedís
pide	piden

Here is the rule:

When the **e** or the **o** is the last stem vowel in the infinitive and is stressed:

the **e** changes to **ie** or **i**	quer-er → **quier**-o	serv-ir → **sirv**-o
the **o** changes to **ue**	dorm-ir → **duerm**-o	

However, there is no vowel change in the **nosotros** and **vosotros** forms because the stem vowel is not stressed.

querer → qu**e**remos, qu**e**réis	servir → s**e**rvimos, s**e**rvís
dormir → d**o**rmimos, d**o**rmís	

Other stem-changing verbs:

e → ie	o → ue	e → i
preferir	morir(se)	vestir(se)
comenzar	almorzar	repetir
entender	poder	seguir
cerrar	recordar	conseguir
sentir(se)	soler	
despertar	encontrar	
mentir	jugar*	

*undergoes a stem-change similar to the verbs in this list, even though its stem does not have an **o**.

Present Tense of Irregular Verbs

As you know, some verbs in Spanish have irregular conjugations.

ser	soy, eres, es, somos, sois, son
ir	voy, vas, va, vamos, vais, van
oír	oigo, oyes, oye, oímos, oís, oyen
tener	tengo, tienes, tiene, tenemos, tenéis, tienen
venir	vengo, vienes, viene, venimos, venís, vienen
decir	digo, dices, dice, decimos, decís, dicen

The following are only irregular in the first person.

saber	sé, sabes, sabe, sabemos, sabéis, saben
salir	salgo, sales, sale, salimos, salís, salen
caer to fall	caigo, caes, cae, caemos, caéis, caen
dar	doy, das, da, damos, dais, dan
estar	estoy, estás, está, estamos, estáis, están
hacer	hago, haces, hace, hacemos, hacéis, hacen
poner	pongo, pones, pone, ponemos, ponéis, ponen
traer to bring	traigo, traes, trae, traemos, traéis, traen

You may find regular verbs conjugated in the verb charts in the Appendix. See *Apéndice gramatical 1* for information on reflexive verbs.

1–25. Mi vida en Chilapa. Marta, una mexicana de 19 años, vive en Chilapa de Juárez, un pequeño pueblito a sólo tres horas de Acapulco. Aquí tienes un pequeño relato que Marta escribió sobre su rutina diaria. Ayúdala a completarlo con la forma correcta de los verbos en paréntesis en el presente, para saber un poco más sobre ella.

Mi rutina diaria es bastante constante. De lunes a viernes, me (**despertar**) muy temprano. El día (**comenzar**) a las cinco de la mañana para mi familia. Mi mamá y yo (**servir**) el desayuno para todos a las seis. Después, me (**vestirse**) y me preparo para ir al trabajo; mi mamá se queda en la casa para cuidar de mis hermanitos. Yo (**preferir**) salir temprano de la casa para llegar al mercado antes de que salga el sol. Mi familia tiene un puesto de artesanías en un mercado al aire libre. Mi familia hace objetos de barro y productos de palma, que son muy famosos aquí. Los turistas (**soler**) comprar muchas cosas típicas de Chilapa. Chilapa es un pueblo precioso, todos los visitantes (**decir**) que es único.

1–26. La dura vida de los estudiantes. Lee este diálogo entre dos estudiantes que hablan sobre su rutina diaria. Indica la forma apropiada de los verbos entre paréntesis.

1. CARLOS: No sé qué pasa, no (**conseguir**) sacar buenas notas.
2. PAULA: ¿Tú (**ir**) a clase todos los días?
3. CARLOS: Sí, yo (**ir**) a clase todos los días.
4. PAULA: Bueno, creo que tienes uno de estos problemas: no (**seguir**) las instrucciones del profesor, no (**entender**) la materia o no (**recordar**) la información en los exámenes.
5. CARLOS: Yo creo que el profesor no es justo conmigo.
6. PAULA: Vamos a ver, dices que tú (**venir**) a clase todos los días. Pero, ¿a qué hora (**llegar**) a la universidad tú y tus amigos?
7. CARLOS: Muchas veces nosotros (**llegar**) tarde, después de las diez.

1–27. ¿Qué hacen estas personas? Uno/a de ustedes va a describir la rutina diaria de una persona de la lista A, sin revelar su identidad. Su pareja va a describir la rutina de una persona de la lista B, y tampoco va a decir quién es. Cada uno/a debe adivinar a quién está describiendo su compañero/a. Pueden hacer preguntas simples para obtener más datos. ¡Incluyan algún detalle creativo y divertido en sus descripciones!

A	B
Jennifer López	Fidel Castro
Jeff Bezos (Amazon's CEO)	Benicio del Toro
Alex Rodríguez	Penélope Cruz

1–28. Vidas paralelas. En grupos de cuatro personas, ustedes van a asumir la personalidad de dos parejas famosas. Dos estudiantes van a representar a una de las parejas de la lista de la derecha. Dos estudiantes más van a representar a una de las parejas de la lista de la izquierda. Cada pareja debe elegir una identidad y después debe seguir los siguientes pasos para completar la actividad.

Frida Kahlo y Diego Rivera	Penélope Cruz y Tom Cruise
El rey Juan Carlos y la reina Sofía	Juan y Evita Perón
Sammy y Sonia Sosa	Salvador Dalí y Gala

salir	conseguir	almorzar	despertarse	venir
preferir	hacer	jugar	oír	seguir
recordar	comenzar	ser	tener	mentir
dar	sentir(se)	ir	poder	decir
estar	poner	entender	soler	cerrar
vestir(se)	traer			

Paso 1: Anoten en un papel toda la información que tienen sobre la pareja elegida.

Paso 2: Incluyan información sobre las actividades y la rutina diaria de esa pareja.

Paso 3: Escriban también algunos detalles curiosos sobre la rutina diaria de esas personas (pueden usar la imaginación y añadir cosas interesantes o creativas).

Paso 4: Ahora dediquen unos minutos a practicar su papel con su compañero/a. Recuerden que deben llamar a la otra persona por su nombre ficticio.

Paso 5: Guarden la información para la próxima clase. Después de clase, busquen información adicional sobre la pareja que van a representar. ¡Debe ser algo interesante!

Paso 6: Durante la próxima clase, su instructor/a les dará unos minutos para ensayar. Después, las dos parejas de cada grupo van a representar una escena en la que ambas parejas se encuentran por casualidad. La pareja que consiga obtener más información sobre la otra pareja en el menor tiempo posible, ¡gana! Pueden hacer preguntas usando cualquiera de los verbos de la caja.

¿CÓMO LO DICES?
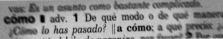

Control del ritmo de la conversación

How to ask for clarification

Several situations may call for clarification while interacting with other speakers. Speakers don't always enunciate clearly, or they may use words that are unfamiliar or the listener may get distracted and miss part of the message.

The following phrases are useful in asking for clarification.

No comprendo. Repite/a, por favor.	*I don't understand. Please repeat.*
¿Puede(s) repetirlo, por favor?	*Can you repeat, please?*
Más despacio, por favor.	*Slower, please.*
¿Puede(s) escribirlo, por favor?	*Could you write it out, please?*
¿Qué significa la palabra *terapeuta*?	*What does **terapeuta** mean?*

Buying time

Sometimes, when we are engaged in a conversation, it is difficult to answer a question right away without thinking first what words we want to use; we may need to buy some time because the words we are searching for or the information we need to provide are not readily available.

A ver, déjame pensar un minuto...	*Let's see, let me think for a minute ...*
Dame un minuto...	*Give me a minute ...*
Pues... / Bueno...	*Well ...*
Pues/ Bueno, no puedo responderte ahora mismo.	*Well, I can't give you an answer right now.*
Pues/ Bueno, necesito más tiempo para pensar.	*Well, I need more time to think.*

1–29. Vocabulario en acción. Carlos, tu compañero, trabaja como asistente en el departamento de español de la universidad. El problema es que Carlos consiguió el trabajo diciendo que hablaba español perfectamente y... Bueno, ahora los instructores le hablan siempre en español y a veces él no entiende. Usa las expresiones de las listas de arriba para ayudarlo a completar los diálogos correctamente, ¡y a no perder su trabajo!

1. —Carlos, por favor, llama al Dr. Sánchez al cuatro, ocho, dos, siete, cero, cinco, seis.
   —No entendí los dos últimos números; _____.

2. —Carlos, ¿puedes mandar esta carta a la oficina del decano Goicoechea?
   —Sí, claro, pero... no sé cómo se escribe ese apellido, _____.

3. —Carlos, soy Juliana Echevarría, una profesora de alemán y necesito tu ayuda.
   —Señora, usted habla muy rápido; _____.

4. —Carlos, dame el teléfono del profesor de literatura colonial, por favor.
   —Sí, es el tres, cinco... _____, lo tengo que buscar, ahora no me acuerdo.

5. —Carlos, ¿me vas a ayudar a organizar las composiciones de mis estudiantes de español?

   —_____, tengo que mirar mi horario de clases; le contesto más tarde.

6. —Carlos, ¿vas a venir a la fiesta del departamento el sábado por la tarde?

   —_____ no lo sé, Dr. Muñoz, mi novia viene a visitarme este fin de semana.

7. —Carlos, ¿sabes cuántas personas van a venir a nuestra sesión para nuevos estudiantes?

   —..._____... sí, aquí tengo la lista, van a venir entre veinte y veinticinco personas.

1–30. Ayuda para un estudiante chileno. Uno de sus "pen-pals" de español es un estudiante de la Universidad de Concepción, en Chile, y les pide ayuda para escribir una composición sobre la vida de un presidente de Estados Unidos. Primero decidan sobre qué presidente van a hablar (puede ser el actual o uno del pasado). Después, determinen qué información quieren enviar. Usen las expresiones para clarificar y para ganar tiempo (*buying time*) cuando sea necesario. Aquí tienen algunas ideas sobre los datos que pueden incluir.

> **Rutina diaria:** a qué hora se levanta el presidente, a qué hora desayuna, qué desayuna y con quién
> **Cuáles son sus gustos:** comida, vida social, países, ropa, música, deportes, etc.
> **Su oficina:** dónde está, cómo está decorada, qué personas lo visitan allí, etc.
> **Su trabajo:** qué cosas hace durante el día, qué tipo de reuniones tiene, viajes, etc.
> **Sus mascotas:** cómo son, cómo se llaman, qué hacen durante el día, etc.

CURIOSIDADES

1–31. Juego de famosos. Tu instructor/a va a asumir la identidad de una persona hispana famosa, bien conocida por todos los miembros de la clase. Después, la clase se va a dividir en grupos de cuatro o cinco personas. Cada grupo tiene cinco minutos para escribir seis preguntas y adivinar la identidad de su instructor/a. Después, los grupos se van a turnar para hacer las preguntas. ¡Ojo! Sólo pueden ser preguntas que se respondan con **sí** o **no**. El grupo que primero adivine la identidad de su instructor/a, gana.

MODELO ¿Es un hombre?
        ¿Es joven?
        ¿Trabaja en política?

Por qué nos conocen

Entrando en materia

1–32. Antes de leer. Ahora vas a leer sobre algunos personajes importantes en el mundo de la música, el arte, el cine y la literatura. Da una mirada rápida al formato de esta sección. ¿Qué tipo de información crees que hay sobre estos personajes?

- información sobre sus creencias políticas
- información sobre sus experiencias familiares
- información biográfica

1–33. Vocabulario en contexto. Encuentra en las lecturas las palabras de la lista izquierda (están escritas en negrita) y deduce su significado o búscalo en el diccionario. Marca con un círculo las palabras de la derecha que asocias por su significado con las palabras de la lista de la izquierda.

1. libertad   amigo, libre, libro, prisión
2. bailable   tango, leer, bailar, movimiento
3. anglohablante   hablar, loro, caminar, anglosajón
4. dramaturgo   teatro, actor, correr, escribir
5. proporcionó   obtener, estudiar, dar, eliminar
6. oficio   labor, tiempo libre, trabajo, rol
7. encajaba   caja, comida, ajustar, cajón
8. reconocimiento   fama, conocer, admiración, dinero
9. cotizadas   valoradas, tiza, dinero, precio
10. justicia   justo, diccionario, correcto, ley
11. reformatorio   institución, adultos, jóvenes, problemas
12. dicción   pronunciación, lectura, hablar, comprender

La música, la literatura, el arte y el cine

LA MÚSICA

Gloria María Fajardo nació el 1 de septiembre de 1957 en La Habana. A los dieciséis meses Gloria y su familia salieron de Cuba a causa del régimen de Fidel Castro. Marcharon a Miami donde la familia Fajardo esperaba encontrar la **libertad** que no tenía en Cuba. La familia se instaló en un pequeño apartamento en el barrio cubano. Gloria conoció a su marido Emilio Estefan en una clase de música. Emilio había formado una banda, *Los Latin Boys*, y Gloria se convirtió en la cantante del grupo. Después de unos años cambiaron el nombre del grupo a *Miami Sound Machine*. El grupo tocaba música **bailable** y baladas. Gloria Estefan ha conseguido mucha popularidad no sólo entre el público latino sino también entre el **anglohablante**. Uno de sus últimos discos se

llama *Cuba libre* y en sus canciones hay un mensaje claramente en contra del régimen castrista. Gloria canta: "A mí lo único que me gustaría es ver a Cuba libre, para que mi gente pueda bailar".

Por si acaso

La Cuba de Fidel Castro

Fidel Castro se apoderó del gobierno de Cuba en 1959 y estableció un sistema de gobierno basado en la ideología marxista-leninista. Muchos cubanos, desilusionados con el nuevo sistema de gobierno, salieron exiliados de Cuba hacia Estados Unidos. Desde la fecha de la Revolución (1959) hasta el presente, más de un millón de cubanos se han establecido en distintas áreas geográficas de Estados Unidos. Especialmente se concentran en Florida, Nueva Jersey y California.

LA LITERATURA

Marco Denevi nació en 1922, en Buenos Aires. Trabajaba en un banco cuando escribió su primera novela, *Rosaura a las diez*, por la que ganó el premio Kraft en 1955. Posteriormente recibió el premio de la revista *Life* en castellano por la novela *Ceremonia secreta*. También quiso ser **dramaturgo** y escribió algunas piezas dramáticas, pero Denevi dejó este género porque creía que no tenía suficiente talento para escribir teatro. A partir de 1980 practicó el periodismo político, actividad que, según él, le **proporcionó** las mayores felicidades en su **oficio** de escritor. Denevi murió en Buenos Aires el 12 de diciembre de 1998.

EL ARTE

Fernando Botero nació en Medellín (Colombia) en 1932. Creció entre dificultades económicas y de niño quería ser torero. A los quince años Fernando Botero sorprendió a su familia cuando anunció que quería ser pintor, lo cual no **encajaba** dentro de una familia más bien conservadora y sin intereses en el arte. Se inició como dibujante en el periódico *El Colombiano* y después viajó a Europa donde se formó como artista. Regresó a Colombia en 1951 y realizó su primera exposición. Más tarde se mudó a Nueva York, donde tuvo muchas dificultades económicas; tuvo que sobrevivir vendiendo sus obras por muy poco dinero. Finalmente, Botero ganó fama cuando sus obras se mostraron en la Galería Marlborough en Nueva York. Su arte recibe ahora **reconocimiento** mundial y sus obras están **cotizadas** entre las más costosas del mundo. Su obra *Desayuno en la hierba* se vendió por un millón cincuenta mil dólares.

EL CINE

Rosie Pérez creció en un barrio de Brooklyn, Nueva York, en el seno de una familia de diez hermanos. De pequeña, Rosie tuvo problemas con la **justicia** y pasó algún tiempo en un **reformatorio**. Otro problema que Rosie tuvo que superar fue el de su **dicción**; por ejemplo, de niña pronunciaba su nombre "Wosie", así que tuvo que asistir a clases para corregir su pronunciación. Rosie fue a la universidad, donde estudió biología marina pero también tenía gran talento para la danza. Spike Lee la vio bailar una noche en el club *Funky Reggae* de Los Ángeles, se dio cuenta de su talento y le ofreció un papel en *Do the Right Thing*. Como coreógrafa, Rosie ha hecho las coreografías de las *Fly Girls* en el programa de televisión *In Living Color* y ha trabajado para Diana Ross y Bobby Brown.

1–34. ¿Comprendiste? Lee una o dos veces estas breves biografías, buscando la siguiente información.

1. ¿Quiénes crecieron entre dificultades económicas?
2. ¿Para quiénes es importante la política?
3. ¿Quién tuvo problemas con la justicia?
4. ¿Quién tuvo problemas de pronunciación?
5. De todos estos personajes, ¿quién crees que gana más dinero? ¿por qué?

1–35. Palabras en acción. En parejas, deben entrevistarse mutuamente sobre algunos temas relacionados con la información anterior, y hacerse las preguntas indicadas abajo. Si es posible, la persona que responde a las preguntas debe usar las palabra nuevas (en negrita) en sus respuestas.

Estudiante A:

1. ¿Por qué dice Gloria Estefan que su familia esperaba encontrar **libertad** en Estados Unidos?
2. ¿Qué música **bailable** conoces tú? ¿Te gusta bailar? ¿Por qué? ¿Crees que la música refleja la cultura de la persona que la compone?
3. ¿Qué otros países **anglohablantes** hay en el mundo además de Estados Unidos? ¿Cuáles son algunos elementos culturales que vemos en las artes del mundo anglohablante?
4. Ahora que sabes más cosas sobre la cultura hispana, ¿hay alguna idea que tenías antes sobre los hispanos que ahora no **encaja** con lo que has aprendido?

Estudiante B:

1. ¿Has hecho algo en tu vida por lo que has recibido **reconocimiento**? Explícalo. ¿Crees que el reconocimiento social es más importante en unas culturas que en otras? ¿Por qué?
2. ¿Piensas que los **reformatorios** son buenos para mejorar la vida de los jóvenes con problemas? Explica tu opinión. ¿Crees que es más común enviar a los hijos a un reformatorio en Estados Unidos o en el mundo hispano?
3. ¿Qué **oficio** te gustaría tener cuando termines tus estudios universitarios? ¿Qué influencia crees que tiene la familia y la cultura de una persona a la hora de decidir su profesión?
4. ¿En qué profesiones es importante tener buena **dicción**? ¿Crees que una buena dicción es más importante en unos idiomas que en otros? Explica tu respuesta.

1–36. Recopilar información. En parejas, elijan a uno de los personajes de la sección anterior. Deben buscar información sobre la vida y la herencia cultural de esa persona y tratar de determinar el efecto que su cultura nativa tuvo sobre su carrera profesional y sobre sus actitudes frente a la sociedad en general. Después, preparen un breve informe oral para presentarlo en clase. Pueden utilizar medios audiovisuales y muestras del trabajo de la persona elegida. Por ejemplo, pueden traer fotos de las obras de Botero, seleccionar algún segmento importante de un libro de Denevi o incluso presentar un clip de una película de Rosie Pérez (¡en español, por supuesto!).

ATENCIÓN A LA ESTRUCTURA

Preterit Tense

Regular Verbs

	caminar	comer	escribir
yo	caminé	comí	escribí
tú	caminaste	comiste	escribiste
él/ella/Ud.	caminó	comió	escribió
nosotros/as	caminamos	comimos	escribimos
vosotros/as	caminasteis	comisteis	escribisteis
ellos/ellas/Uds.	caminaron	comieron	escribieron

Verbs with Spelling Changes

- Verbs ending in **-car, -gar, -guar,** and **-zar** change spelling in the **yo** form of the preterit.

  bus**car** → bus**qué**   entre**gar** → entre**gué**

  averi**guar** → averi**güé**   comen**zar** → comen**cé**

- Stem-changing **-ir** verbs have a stem-vowel change in the **él/ella/Ud.** forms, and in the **ellos/ellas/Uds.** forms. The **e** in the stem changes to **i.** The **o** changes to **u.**

  ped**ir** e → i   yo ped**í**, sent**í**   ella p**i**dió/s**i**ntió, ellos p**i**dieron/s**i**ntieron

  dorm**ir** o → u   tú d**o**rmiste   él d**u**rmió, ellos d**u**rmieron

- When the stem of **-er** and **-ir** verbs end in a vowel, the **i** characterizing the preterit becomes **y** in the third-person singular and plural.

  le-**er**   ella le**y**ó, ellas le**y**eron   ca-**er**   ella ca**y**ó, ellas ca**y**eron

  o-**ír**   él o**y**ó, ellos o**y**eron   hu-**ir**   él hu**y**ó, ellos hu**y**eron

Irregular Verbs in the Preterit

Verbs that have an irregular stem **-u**, **-i**:

andar	and**uv**-e	caber	c**up**-e	estar	est**uv**-e
haber	h**ub**-e	poder	p**ud**-e	poner	p**us**-e
saber	s**up**-e	tener	t**uv**-e	venir	v**in**-e

Verbs that have an irregular stem **-j**:

decir	d**ij**-e	producir	produ**j**-e	traer	tra**j**-e

Other irregular verbs:

dar	di, diste, dio, dimos, disteis, dieron
hacer	hice, hiciste, hizo, hicimos, hicisteis, hicieron
ir/ser	fui, fuiste, fue, fuimos, fuisteis, fueron

Use the preterit tense to express:

- an action, event, or condition that began or was completed in the past.

  Denevi **empezó** su carrera periodística en 1980.

  *Denevi **began** his journalistic career in 1980.*

  Con dieciséis meses de edad, Gloria y su familia **salieron** de Cuba.

  *At sixteen months old, Gloria and her family **left** Cuba.*

- changes of emotional, physical, or mental states in the past.

  La familia de Botero **se sorprendió** porque Botero quería ser pintor.

  *Botero's family **was surprised** that Botero wanted to be a painter.*

- a mental or physical condition, if viewed as completed.

  La familia de Rosie Pérez **estuvo preocupada** por su dicción durante mucho tiempo.

  *Rosie Pérez's family **was worried** about her diction for a long time.*

Preterit Action with Imperfect Action in the Background

Sometimes two past actions may appear in the same sentence. One action may be ongoing, as if in the background, and it is expressed in the imperfect. The other action, having a specific beginning or end, is expressed in the preterit.

Denevi trabajaba en un banco cuando **escribió** su primera novela.

*Denevi was working in a bank when **he wrote** his first novel.*

1–37. Identificación. Identifica los verbos en pretérito de la descripción biográfica de Fernando Botero de la página 28 y determina cuáles son irregulares.

1–38. Ayer, a esta hora.

A. Imagina que por un día, tuviste la oportunidad de vivir la vida de la persona sobre la que hablaste en la actividad 1–36. Basándote en la información que tienes, determina qué pudo hacer esta persona ayer, durante los períodos indicados a continuación.

> A las siete de la mañana...
> A las doce del mediodía...
> A las seis de la tarde...
> A las diez de la noche...
> A medianoche...

B. Ahora, en parejas, háganse preguntas para determinar qué hizo la otra persona durante ese mismo período. ¿Creen que los dos personajes que representan pueden tener algo en común? ¿Se encontraron en algún sitio? Usen la imaginación y háganse preguntas asumiendo que son el personaje sobre el que hablan.

1–39. Una noticia increíble. Usando la imaginación, inventen un suceso que supuestamente tuvo lugar en su comunidad universitaria durante la última semana y que apareció publicado como breve nota de prensa en el periódico *El Informador Universitario*. El suceso debe incluir a uno o más de los personajes sobre los que han investigado anteriormente. Primero deben ponerse de acuerdo sobre qué van a publicar y después, cada miembro del grupo debe ocuparse de una de las siguientes tareas.

1. Escribir una breve introducción biográfica sobre el personaje principal del suceso.
2. Escribir un párrafo corto explicando el suceso brevemente.
3. Hacer un dibujo para acompañar el artículo que refleje el suceso sin palabras.
4. Escribir el título del artículo y asegurarse de que no tiene faltas de ortografía.

Después, un miembro del grupo debe presentar su artículo ante la clase. Los demás grupos votarán al final para decidir qué artículo es el más interesante.

Bill Gates contrata a Gloria Estefan como profesora de salsa para Microsoft.

Imperfect Tense

	caminar	comer	escribir
yo	caminaba	comía	escribía
tú	caminabas	comías	escribías
él/ella/Ud.	caminaba	comía	escribía
nosotros/as	caminábamos	comíamos	escribíamos
vosotros/as	caminabais	comíais	escribíais
ellos/ellas/Uds.	caminaban	comían	escribían

Ser, ir, and **ver** have irregular forms.

ser	era, eras, era, éramos, erais, eran
ir	iba, ibas, iba, íbamos, ibais, iban
ver	veía, veías, veía, veíamos, veíais, veían

Uses of the Imperfect

The imperfect tense is used to describe actions and states in progress at a
focused point in the past without mentioning the beginning or end.

Use the imperfect to:

- set the stage, describe or provide background information (time, place,
  weather) to a story or situation.

  Hacía frío cuando salí para la clase de literatura.   *It **was** cold when I left for my literature class.*

- express time.

  Eran las tres de la tarde cuando fui a
  la biblioteca.   *It **was** three in the afternoon when I went to
  the library.*

- express age.

  Cuando **tenía** doce años Rosie Pérez tuvo
  problemas con la justicia.   *When she **was** twelve years old, Rosie Pérez had
  problems with the law.*

- describe mental state and feelings, usually expressed by non-action verbs
  such as **ser, estar, creer, pensar, querer, esperar** (*to hope*), and **parecer**.

  De niño, Fernando Botero **quería** ser torero.   *As a child, Ferrando Botero **wanted** to be a bullfighter.*

- express habitual past actions.

  Fernando Botero **vendía** sus obras por muy
  poco dinero cuando todavía no era famoso.   *Fernando Botero **used to sell** his work for very
  little money when he wasn't yet famous.*

- express an ongoing action (background action) that is interrupted
  by the beginning or the end of another action stated in the preterit.

  Denevi **trabajaba** en un banco cuando escribió
  su primera novela.   *Denevi **was working** in a bank when he wrote
  his first novel.*

- express two ongoing actions that were happening simultaneously.

  Ayer a las tres, yo **limpiaba** los platos mientras
  mi compañera **limpiaba** los baños.   *Yesterday at three o'clock, I **was cleaning** the dishes
  while my roommate **was cleaning** the bathroom.*

1–40. Identificación. Imagina que tienes que escribir la biografía de uno de los personajes de esta sección. ¿Qué tipo de información crees que debería ir en imperfecto? ¿Qué tipo de información requeriría el uso del pretérito? Escribe por lo menos cuatro tipos de información para cada tiempo verbal y explica el porqué de tu elección.

> **MODELO** **Imperfecto: Información general sobre la infancia**
> **Pretérito: Información sobre un evento de la infancia**

1–41. Una mirada al pasado. Después de hablar sobre la identidad de todos estos personajes hispanos, piensa en tu propia identidad. Considera cómo eras en el pasado y selecciona tres características de tu vida o personalidad que son diferentes en el presente. Escribe un pequeño párrafo explicando estas diferencias entre el "tú" de antes (pasado) y el "tú" de ahora (presente).

> **MODELO** **Cuando era más joven era muy nervioso pero ahora soy más bien tranquilo.**

1–42. Tonterías del pasado. En parejas, comparen la importancia que le daban a ciertas cosas en el pasado con su visión adulta de esas mismas cosas en el presente. Intenten llegar a un acuerdo sobre las cosas que eran importantes cuando eran niños y sobre las cosas que son importantes ahora. Pueden empezar por ordenar los elementos de la lista según su importancia, antes y ahora, del 1 al 10, con el 1 siendo el más importante y el 10 el menos importante.

Antes		Ahora
_____	**1.** la opinión de los amigos	_____
_____	**2.** la opinión de los padres	_____
_____	**3.** la imagen física	_____
_____	**4.** el éxito académico	_____
_____	**5.** la vida espiritual	_____
_____	**6.** el éxito profesional	_____
_____	**7.** los miembros del sexo opuesto	_____
_____	**8.** los deportes	_____
_____	**9.** las drogas, el alcohol y el tabaco	_____
_____	**10.** la vida social	_____

2 **1–43. Ponle imaginación.** Usando la información que tienen sobre su instructor/a de español, usen la imaginación y el sentido del humor para preparar una breve narración sobre cómo han cambiado las prioridades de esta persona desde cuando era adolescente hasta ahora. Si quieren, pueden hacerle preguntas sobre su pasado al/a la instructor/a. Cuando terminen su narración, compártanla con la clase.

> **MODELO** Cuando el instructor era estudiante se levantaba muy tarde y no desayunaba nunca porque no tenía tiempo. Estaba muy preocupado por su apariencia física, porque a su novia le gustaban los chicos altos y él era muy bajito...

¿CÓMO LO DICES?

Una conversación telefónica

¿Aló?

Hola, soy Antonio, ¿está Juan?

To have a conversation on the phone you need to know:

- what to say when you pick up the phone.
  ¿Aló? (most countries)
  Bueno. (Mexico)
  Oigo. (Cuba)
  ¿Diga?/ Dígame./ ¿Sí? (Spain)
- what to say to identify yourself.
  Hola, soy María/ habla María.
- how to ask for the person you want to talk to.
  Por favor, ¿está Juan?/ ¿Se encuentra Juan ahí?
- how to end the conversation properly.
  Hasta luego./ Bueno, hasta luego.
  Nos hablamos./ Bueno, nos hablamos.
  Adiós./ Bueno, adiós.

1–44. Palabras en acción. Completa las siguientes oraciones con la expresión adecuada.

1. María Ángeles, que es de México, contesta el teléfono y dice
   Bueno.

2. Llamas a la oficina de tu instructor/a de español y te identificas diciendo
   Hola soy María

3. Llamas a un amigo y su madre contesta el teléfono. ¿Qué le dices a su
   madre? _por favor está mi madre._

4. Terminas de hablar con tu mejor amigo/a y le dices
   Bueno, hasta luego

1–45. Objetos perdidos. Siéntate de espaldas a tu compañero/a para simular una llamada telefónica.

Estudiante A: Llama al/a la estudiante B. Identifícate. Explica el motivo de tu llamada: quieres saber si tu amigo/a (el/la estudiante B) se llevó tu cuaderno a su casa por equivocación al salir de clase. Termina la conversación adecuadamente.

Estudiante B: Contesta la llamada. Saluda al/a la estudiante A. Responde a su pregunta. Termina la conversación adecuadamente.

1–46. La fiesta de anoche. Siéntate de espaldas a tu compañero/a para simular una llamada telefónica.

Estudiante A: Llama al/a la estudiante B. Identifícate. Explica el motivo de tu llamada: quieres contarle a tu amigo/a (el/la estudiante B) cómo fue la fiesta de anoche. Describe la fiesta con varios acontecimientos. Termina la conversación adecuadamente.

Estudiante B: Contesta la llamada. Saluda al/a la estudiante A. Responde a su descripción con preguntas y comentarios apropiados. Termina la conversación adecuadamente.

La calle, de Fernando Botero

"En todo lo que he hecho es muy importante lo volumétrico, lo plástico, lo sensual, y esto lo asimilé en Italia, al conocer las pinturas del Cuattrocento".

The Street, 1987, by Fernando Botero. Private Collection/Bridgeman Art Library.
©Fernando Botero, Courtesy Marlborough Gallary, New York.

1–47. Mirándolo con lupa. En parejas, miren la obra con atención durante un par de minutos. Comenten sus respuestas a las siguientes cuestiones.

1. ¿Qué elementos componen el cuadro (escenario, personas y cosas)?
2. ¿Qué tipo de personas muestra la obra? Describan cómo creen que son estas personas.
3. ¿Qué ocurre? Describan la acción en detalle.
4. ¿Les gusta este cuadro? ¿Por qué?

Encuentra las pistas

Antes de leer un texto en otro idioma, lee el título, ya que te puede proporcionar mucha información. Dedica unos minutos a pensar en el título y formula una o dos hipótesis sobre el tema que crees que va a tratar el texto. Piensa en uno o dos contextos posibles para ese título, y después, usa la información que ya conoces sobre ese tipo de situación para determinar de qué tratará el texto. Anota tus hipótesis en un papel antes de proceder con la lectura, para revisarlas después de leer.

1–48. Antes de leer. Mira rápidamente el texto y la fotografía de la página 40. ¿Puedes adelantar información sobre el texto sin leerlo? ¿Quién crees que es esta persona? ¿Qué datos hay en la presentación del texto que te dan pistas (*hints*) sobre el personaje?

1–49. El título. El título de esta entrevista es *Rey Ruiz: Salsero y sin compromiso.* Este título contiene un juego de palabras. A ver si puedes adivinar en qué consiste. Elige **a** o **b.**

a. El título hace referencia a la expresión **soltero y sin compromiso**, que significa no estar casado y no tener novia. La palabra **salsero** suena parecido a la palabra **soltero**. El título implica que Rey Ruiz canta salsas y no tiene novia.

b. El título significa que Rey Ruiz es una persona que no quiere tener compromisos.

1–50. ¿Qué significa…? Lee la introducción a la entrevista y selecciona el mejor resumen de su significado.

a. Rey Ruiz es una persona introvertida y más bien callada. Es un famoso cantante de salsa que nació en Puerto Rico.

b. Rey es tímido, un cantante muy popular en la radio de Puerto Rico que se fue de Cuba a los seis años de edad. *En   Cuba*

c. Rey es callado y tímido. Es un cantante muy popular por sus melodías salseras. Nació en Cuba pero vive en Puerto Rico.

1–51. Vocabulario en contexto. En parejas, expliquen con sus propias palabras el significado de cada palabra de la lista. Usen **una** de estas tres formas para explicar la palabra: a) sinónimos, b) antónimos, c) elaboración. Observen el contexto de las palabras en negrita en la lectura, y consulten el vocabulario en la sección *Caja de palabras* de la página 47 y el diccionario si es necesario.

MODELO	descartar	a) sinónimo	eliminar
		b) antónimo	incluir
		c) elaboración	la acción de eliminar o no considerar

1. confesarse
   a) sinónimo _____
   b) antónimo _____
   c) elaboración _____

2. discreto
   a) sinónimo _____
   b) antónimo _____
   c) elaboración _____

3. reclamar
   a) sinónimo _____
   b) antónimo _____
   c) elaboración _____

4. guardar
   a) sinónimo _____
   b) antónimo _____
   c) elaboración _____

5. éxito
   a) sinónimo _____
   b) antónimo _____
   c) elaboración _____

6. ajetreo
   a) sinónimo _____
   b) antónimo _____
   c) elaboración _____

7. extraños
   a) sinónimo _____
   b) antónimo _____
   c) elaboración _____

8. vacío
   a) sinónimo _____
   b) antónimo _____
   c) elaboración _____

9. el son
   a) sinónimo _____
   b) antónimo _____
   c) elaboración _____

Salsero y sin compromiso

DE EMILIO GUERRA

Se confiesa tímido y **discreto** y antes de contar algo por lo que se le pueda **reclamar** en un futuro, prefiere **guardar** silencio.

Rey Ruiz, cuyo **éxito** *Eso digo yo* está en uno de los primeros lugares de popularidad en la radio, es un melodioso salsero cubano. Reside en Puerto Rico desde que decidió abandonar Cuba hace seis años, y desde entonces ha tenido éxitos como *Mi media mitad* y *El rey del mundo*.

¿Piensas establecerte en Miami algún día?
No **descarto** la idea, pero me siento cómodo en los dos lugares. Uno no vive los doce meses del año en casa. Vive un mes aquí y otro allá. En este **ajetreo** de aquí para allá mantener la relación con una pareja es muy difícil. Con la distancia los sentimientos se vuelven **extraños** por las dos partes. Después, hay que llenar el **vacío** cuando finalmente puedes estar con tu pareja.

¿Sabes si se oyen tus canciones en Cuba?
A mí me parece que sí. Bueno, yo creo que hay muchos cubanos que llevan discos y las oyen. Si las ponen en la radio, eso no lo sé.

Dicen que la música y la política no se deben mezclar. ¿Alguna opinión al respecto?
Yo creo que no. Son dos cosas diferentes totalmente. Me parece que el cantante debe cantar por sentimiento a lo que canta.

¿Echas de menos Cuba?
Claro que sí. Si cambia el régimen, me gustaría volver y cantar allá. Tengo mucha familia allá.

Una pregunta para un salsero cubano que vive en Puerto Rico. ¿De qué país viene la salsa?
La salsa viene de todos nosotros. Dicen que **el son** nació en Cuba. La gente pelea sobre dónde comenzó la salsa, que si en Cuba, Puerto Rico o Colombia, pero creo que viene de todos.

Hay gente que compra tus discos por tu cara bonita sin importarle cómo cantas. ¿Qué te parece eso?
No me preocupa aunque prefiero que la gente valore mi talento.

Estás divorciado. ¿Hay alguna pareja ideal en el horizonte?
Bueno, ojalá… pero hasta ahora no hay nadie.

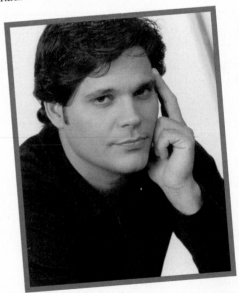

1–52. Temas de la entrevista. De esta lista de temas, identifica cuáles aparecen en la entrevista a Rey Ruiz.

1. su personalidad
2. planes para su vejez (*old age*)
3. el tipo de música
4. el lugar de su residencia
5. sus padres
6. sus sentimientos hacia Cuba
7. sus actividades preferidas
8. el origen de la salsa

1–53. En detalle. En parejas, determinen cuáles son los tres datos más importantes que aprendieron sobre Rey Ruiz.

A. Preparen por lo menos cinco preguntas adicionales que les gustaría hacerle a este personaje.

B. Ahora, uno de ustedes va a representar a Rey Ruiz. La otra persona va a entrevistarlo con las preguntas que prepararon en la parte **A**.

> **Rey Ruiz:** Asegúrate de que tus respuestas sean coherentes con la información de la entrevista.
>
> **Entrevistador/a:** Asegúrate de que Rey Ruiz contesta todas tus preguntas claramente y sin evasivas.

1–54. Palabras en acción. Ahora, en las mismas parejas que antes, escriban un pequeño resumen de la entrevista para enviarla al periódico latino local, utilizando tantas de las palabras en negrita de la lectura como sea posible.

MODELO El cantante descartó la idea de cancelar sus conciertos por Estados Unidos.

1–55. Debate. En grupos de cuatro, formen dos equipos de dos. El equipo A debe estar a favor de dos de estas afirmaciones. El equipo B debe estar en contra. Preparen sus argumentos durante cinco minutos y después, hagan un debate moderado para intentar persuadir al otro equipo sobre su punto de vista. Pueden buscar información en Internet o la biblioteca para preparar su argumento.

1. El arte de una cultura siempre refleja los ideales políticos de esa cultura.
2. La música no debe utilizarse para comunicar mensajes de ideología política.
3. El régimen de Castro ha limitado el desarrollo de las artes en Cuba.
4. La música es un instrumento de solidaridad humana y no puede causar ningún daño.

Por si acaso

Origen de la salsa

La salsa es un ritmo musical que tiene su origen en el son cubano. El son nació en los campos del Oriente cubano en la segunda mitad del siglo XIX, y a principios del siglo XX se hizo popular en las ciudades. La salsa es un tipo de música que representa la unión de las culturas indígenas con la africana y española. La salsa es muy popular en todos los países hispanos y en Estados Unidos. Son muchos los cantantes de salsa notables en la actualidad. Entre otros, se encuentran Rubén Blades, Marc Anthony y Linda "India" Caballero.

1–56. Una descripción. Tus padres van a recibir en su casa a un estudiante de un país de habla hispana durante el próximo semestre. Ahora que ya sabes más sobre la identidad de algunos hispanos, escríbele una carta a este estudiante de intercambio. Este estudiante viene a Estados Unidos por primera vez; por lo tanto, debes darle información sobre tu lugar de residencia, tu familia y sus costumbres, tus amigos, tus actividades durante el verano, etc.

Preparación

Piensa en los siguientes puntos.

1. ¿Cómo es el estudiante de intercambio a quien le vas a escribir?
   a. una persona muy activa con muchos intereses
   b. una persona introvertida e intelectual
   c. una persona extrovertida y algo irresponsable
   d. una persona parecida a ti
2. ¿Cómo vas a comenzar la carta?
   a. algo formal:
      "Estimado Pedro:
      Soy Alejandro, tu nuevo amigo en Estados Unidos. He decidido escribirte esta carta para darte la información que necesitas antes de hacer tu viaje…"
   b. algo informal:
      "¡Hola Pedro!
      Mi familia y yo estamos contando los días que faltan para que vengas. Aquí lo vas a pasar muy bien este verano. Déjame que te cuente sobre las cosas más geniales de mi vida aquí…"
3. ¿Qué temas vas a incluir? Aquí tienes algunas sugerencias:
   a. descripción de tu pueblo/ciudad
   b. descripción de tu familia
   c. descripción de algunas costumbres familiares que podrían sorprender al visitante por ser de otra cultura
   d. descripción de tu grupo de amigos y de lo que hacen en verano
   e. descripción de la escuela de verano a la que va a asistir el estudiante durante su estancia
   f. ¿otros temas?
4. ¿Cómo vas a terminar la carta? Piensa en una forma de terminar que sea consistente con el tono que has usado en toda la carta.
   a. Bueno, ya te he contado suficiente. Ahora lo que hace falta es que vengas y lo veas todo con tus propios ojos. ¡Nos vemos en el aeropuerto! Hasta pronto,
   b. Bueno, ya no te cuento más. Ahora tienes que venir y verlo por ti mismo. Un afectuoso saludo,

A escribir

1. Escribe un primer borrador teniendo en cuenta las necesidades de tu lector (el estudiante de intercambio) y sus preferencias.
2. Las expresiones de la lista te servirán para hacer transiciones entre las diferentes ideas o partes de la carta.

a diferencia de, en contraste con	in contrast to
igual que	the same as, equal to
mientras	while
al fin y al cabo	in the end
en resumen	in summary
después de todo	after all
sin embargo	however

Revisión

Para revisar tu redacción usa la guía de revisión del Apéndice C. Después de hacer el número de revisiones que te indique tu instructor/a, escribe la versión final y entrega tu redacción.

EL ESCRITOR TIENE LA PALABRA

Laura Freixas nació en Barcelona (España) en 1958. Su colección de cuentos *El asesino en la muñeca* se publicó en 1988 e inmediatamente atrajo la atención de la crítica. El cuento *Final absurdo* es parte de esa colección. Es colaboradora habitual de varios periódicos y revistas culturales (*El País, La Vanguardia, El Urogallo, El Europeo, Revista de Occidente* y *Claves*). Otras obras de la autora son las novelas *Último domingo en Londres* (1997), *Entre amigas* (1998) y la colección de cuentos *Cuentos a los cuarenta* (2001). Actualmente vive en Madrid (España).

Antes de leer

Esta es la primera parte de una novela que vas a leer a lo largo del semestre. Debes tener en cuenta que para crear suspenso, el autor muchas veces no incluye toda la información necesaria para comprender todos los detalles. A medida que leas más partes de la novela, irás entendiendo cosas que al principio parecían confusas. Mientras lees cada parte, anota las ideas

Final absurdo (parte 1)

Eran las ocho y media de la tarde, y el detective Lorenzo Fresnos estaba esperando una visita. Su secretaria acababa de marcharse[1]; afuera había empezado a llover y Fresnos se aburría. Había dormido muy poco esa noche, y tenía la cabeza demasiado espesa[2] para hacer nada de provecho[3] durante la espera. Echó un vistazo[4] a la biblioteca, legada por el anterior ocupante del despacho, y eligió un libro al azar[5]. Se sentó en su sillón y empezó a leer, bostezando[6].

Le despertó un ruido seco: el libro había caído al suelo. Abrió los ojos con sobresalto[7] y vio, sentada al otro lado de su escritorio, a una mujer de unos cuarenta años, de nariz afilada[8] y mirada inquieta, con el pelo rojizo recogido en un moño[9]. Al ver que se había despertado, ella le sonrió afablemente. Sus ojos, sin embargo, le escrutaban con ahínco[10].

Lorenzo Fresnos se sintió molesto. Le irritaba que la mujer hubiese entrado sin llamar, o que él no la hubiese oído, y que le hubiera estado espiando mientras dormía. Hubiera querido decir: "Encantado de conocerla, señora..." (era una primera visita) pero había olvidado el nombre que su secretaria le había apuntado en la agenda[11]. Y ella ya había empezado a hablar.

—Cuánto me alegro de conocerle —estaba diciendo—. No sabe con qué impaciencia esperaba esta entrevista. ¿No me regateará[12] el tiempo, verdad?

—Por supuesto, señora —replicó Fresnos, más bien seco[13]. Algo, quizá la ansiedad que latía en su voz, o su tono demasiado íntimo, le había puesto en guardia—. Usted dirá.

La mujer bajó la cabeza y se puso a juguetear con el cierre de su bolso. Era un bolso antiguo y cursi[14]. Toda ella parecía un poco antigua, pensó Fresnos: el bolso, el peinado, el broche de azabache[15]... Era distinguida, pero de una distinción tan pasada de moda[16] que resultaba casi ridícula.

1. *had just left*
2. *sluggish*
3. *constructive*
4. *took a look*
5. *at random*
6. *yawning*
7. *startled*
8. *thin*
9. *bun*
10. *scrutinized intently*

11. *appointment book*

12. *will not skimp on*
13. *rather curt*

14. *corny*
15. *jet (black stone)*
16. *out of fashion*

generales para usarlas como referencia cuando leas la parte siguiente. También puedes usar tus notas para recordar lo que leíste en la parte anterior de la novela antes de continuar.

—Es difícil empezar... Llevo tanto tiempo pensando en lo que quiero decirle... Verá, yo... Bueno, para qué le voy a contar: usted sabe...

Una dama de provincias[17], sentenció Fresnos; esposa de un médico rural o de un notario. Las conocía de sobras: eran desconfiadas, orgullosas, reacias[18] a hablar de sí mismas. Suspiró[19] para sus adentros: iba a necesitar paciencia.

La mujer alzó la cabeza, respiró profundamente y dijo:

—Lo que quiero es una nueva oportunidad.

Lorenzo Fresnos arqueó las cejas. Pero ella ya estaba descartando, con un gesto, cualquier hipotética objeción:

—¡No, no, ya sé lo que me va a decir! —se contestó a sí misma—. Que si eso es imposible; que si ya tuve mi oportunidad y la malgasté[20]; que usted no tiene la culpa. Pero eso es suponer que uno es del todo consciente, que vive con conocimiento de causa. Y no es verdad; yo me engañaba. —Se recostó en el sillón y le miró, expectante.

—¿Podría ser un poco más concreta, por favor? —preguntó Fresnos, con voz profesional. <<Típico asunto de divorcio>>, estaba pensando. <<Ahora me contará lo inocente que era ella, lo malo que es el marido, etc., etc., hasta el descubrimiento de que él tiene otra>>.

—Lo que quiero decir —replicó la mujer con fiereza— es que mi vida no tiene sentido. Ningún sentido, ¿me entiende? O, si lo tiene, yo no lo veo, y en tal caso le ruego que tenga la bondad[21] de decirme cuál es. —Volvió a recostarse en el sillón y a manosear el bolso, mirando a Fresnos como una niña enfadada[22]. Fresnos volvió a armarse de paciencia.

—Por favor, señora, no perdamos el tiempo. No estamos aquí para hablar del sentido de la vida. Si tiene la bondad de decirme, concretamente —recalcó la palabra—, para qué ha venido a verme...

La mujer hizo una mueca[23]. Parecía que se iba a echar a llorar[24].

17. *provincial lady*
18. *reluctant*
19. *sighed*

20. *wasted*

21. *be so kind*
22. *upset (Spain)*

23. *grimace*
24. *to start to cry*

1-57. Nuestra interpretación del cuento.

1. Fresnos tiene una predisposición negativa hacia la mujer. Explica qué circunstancias contribuyen a esto.
2. ¿Por qué cree Fresnos que la mujer necesita su ayuda profesional?
3. Describe el problema existencial de la mujer.
4. Explica por qué la conversación entre Fresnos y la mujer es atípica.
5. ¿Qué personaje te cae mejor en este momento? Explica.

1-58. Tú eres el autor.
Escribe una versión breve del cuento (parte 1) de tal forma que Fresnos tenga una predisposición positiva hacia la mujer.

a menudo	often
acera *f*	sidewalk
ajetreo *m*	fuss, coming and going
anglohablante *m, f*	English speaking, English speaker
artes marciales *f*	martial arts
ascensor *m*	elevator
ausente	absent
aventurero/a	adventurous
bailable	(music) dance music
balada *f*	ballad
balcón *m*	balcony
banqueta *f*	sidewalk (Mex.)
barrio *m*	district, suburb, neighborhood
ciberespacio *m*	ciberspace
ciudad *f*	city
colocar	to place
comerciante *m, f*	retailer
compaginar	to fit, to match
confesarse	to confess
constructora *f*	construction company
contar (ue)	to tell
convertirse (ie, i)	to become
cortar el rollo	to stop talking
costero/a	coastal
cotizado/a	valued
decidir	to decide
desarrollo *m*	development
descartar	to dismiss
dibujante *m, f*	sketcher, cartoonist
dicción	pronunciation
discreto/a	discrete
dominical	(ritual) Sunday ritual
dramaturgo/a	playwright
edad *f*	age
edificio *m*	building
elevador *m*	elevator
encajar	to fit
en cierto modo	in a way
en lugar de	instead of
entregarse	to dedicate oneself fully to something
entretenimiento *m*	entertainment
establecerse (zc)	to settle in
estacionamiento *m*	parking
etimología *f*	etymology
éxito *m*	success
extraño/a	strange
guardar	to keep
instalarse	to settle in
invadir	to invade
jubilado/a	retired, retiree
justicia *f*	justice
lavadora *f*	washing machine
lavaplatos *m*	dishwasher
libertad *f*	freedom
malabarismo	juggling
marcharse	to leave
melodioso salsero/a	salsa singer
mientras	while
mudarse	to move (relocate)
muebles *m*	furniture
multitud *f*	crowd
nacer (zc)	to be born
obra *f*	art work, literary work
ocio *m*	leisure
ocurrir	to occur
oficio *m*	job, profession
oler a	to smell like
padrísimo/a	cool, great
pareja *f*	partner
pasear	to go for a walk
película *f*	movie
perderse (ie)	to get lost
perdido/a	lost
platicar	to talk
preferir (ie, i)	to prefer
presentarse	to introduce oneself
préstamo *m*	borrowing, loan
prestigioso/a	prestigious
procedente	coming from
proporcionar	to provide
protesta *f*	protest
pueblo *m*	small town
reformatorio *m*	juvenile detention hall
representación *f*	performance
rezar	to pray
salsero/a	someone who sings salsa music
salud *f*	health
sano/a	healthy
secadora	clothes drier
sentimientos *m*	feelings
situado/a	placed, located
son *m*	Cuban dance music
vacío/a	void
valorar	to value
volverse (ue)	to become

Las relaciones de nuestra gente

En algunos países de habla hispana los amigos de diferentes sexos a veces se saludan con uno o dos besos en la mejilla. ¿En qué circunstancias haces tú algo similar?

En mi papel de madre trabajadora, a menudo tengo que coordinar mis obligaciones profesionales y familiares. ¿Es mi estilo de vida similar al tuyo o al de tu familia?

En España, los clubes nocturnos y bares permanecen abiertos hasta la madrugada. ¿Qué te parece esta costumbre?

En familia

Entrando en materia

2-1. En Estados Unidos. En grupos de cuatro discutan las respuestas a las siguientes preguntas. ¿Están todos de acuerdo? ¿En qué áreas hay más diferencias de opinión entre ustedes? Hablen sobre estos temas durante unos minutos e intenten llegar a una respuesta común para cada pregunta, con la que todos estén de acuerdo.

- ¿Cuál creen que es la edad promedio de las personas que se casan en EE.UU. por primera vez?
- ¿Es cierto que muchas parejas en EE.UU. prefieren vivir juntas en vez de casarse?
- En su opinión, ¿el divorcio en EE.UU. está aumentando o disminuyendo?
- ¿Dónde vive la mayoría de las personas mayores en Estados Unidos? ¿en su propia casa? ¿en la casa de sus hijos? ¿en residencias para personas mayores?
- ¿Las estadounidenses que trabajan reciben mucha ayuda de su pareja en el trabajo de la casa y el cuidado de los hijos? Justifiquen sus opiniones.

2–2. Vocabulario en contexto. Antes de leer la siguiente sección, busca las palabras y expresiones siguientes en la lectura, para ayudarte a comprender el vocabulario nuevo. Usando el contexto y la intuición determina si su significado se asocia con **a** o **b**.

1. en gran medida — **a.** mucho / **b.** poco
2. índice — **a.** número / **b.** contenido
3. imponer — **a.** quitar / **b.** mandar
4. al igual que — **a.** de la misma manera / **b.** de forma diferente
5. la pareja — **a.** tres personas / **b.** dos personas
6. retrasar — **a.** avanzar / **b.** ir hacia atrás
7. jubilado — **a.** jubileo / **b.** retirado
8. aficiones — **a.** pasatiempo / **b.** oficio
9. aumento — **a.** hacer más grande / **b.** hacer más pequeño
10. ama de casa — **a.** madre de familia / **b.** señora de la limpieza
11. tareas domésticas — **a.** trabajo en la oficina / **b.** trabajo en la casa

LECTURA

Cuestión de familias

En este artículo vas a explorar los efectos que la vida moderna tiene en la familia hispana, prestando atención especial al matrimonio, la tercera edad (*the elderly*) y el papel de la mujer que trabaja fuera de casa. Antes de leer, anota en un papel las primeras cuatro o cinco cosas que se te ocurren al pensar en una familia hispana. ¿Qué es lo primero que piensas? Guarda tus anotaciones para comprobarlas después de la lectura.

PARA LA FAMILIA hispana la vida moderna ha transformado **en gran medida** los valores tradicionales. En primer lugar, se observa un mayor **índice** de divorcios, a pesar de las limitaciones que tradicionalmente **impone** la iglesia católica.

Al igual que en Estados Unidos, en un país como España, hay una tendencia entre **las parejas** a **retrasar** el matrimonio. Las parejas se casan cada vez más tarde y tienen menos hijos que en el pasado. También es más frecuente que las parejas decidan vivir juntas sin casarse. Ⓜ

Ⓜomento de reflexión

Indica si la siguiente idea resume el contenido del párrafo anterior.

La tendencia general entre los hispanos es casarse menos o hacerlo más tarde y tener menos hijos que en el pasado.

Sí   No

LA VIDA MODERNA HA TRANSFORMADO igualmente la realidad de las personas mayores. En el pasado era frecuente que los abuelos vivieran con uno de los hijos al llegar a una edad avanzada pero hoy en día las personas mayores son más independientes. Esta nueva generación de **jubilados** se dedica más a sus propias **aficiones**, a viajar, y también a pasar tiempo con la familia. Sin embargo, el tipo de abuelo que depende de sus hijos todavía existe en ciertos grupos urbanos y comunidades rurales.

Momento de reflexión

Indica si la siguiente idea es correcta.

En el presente las personas mayores generalmente dependen de los hijos.

    Sí   No

Momento de reflexión

¿Es esto verdad?

Las mujeres hispanas que trabajan fuera de casa tienen toda o casi toda la responsabilidad de la casa y los hijos.

    Sí   No

En el medio urbano hispano, como en otras partes del mundo, se observa un gran **aumento** del número de mujeres que trabajan fuera de casa. Este hecho ha tenido un fuerte impacto en la vida familiar. Pero a pesar de este cambio, las obligaciones de la mujer en su papel de **ama de casa** no han disminuido demasiado. Es común que una mujer que trabaja fuera de casa sea responsable de todas las **tareas domésticas** y de la educación de los hijos de forma exclusiva. En los últimos años los estudios indican que en los matrimonios más jóvenes los hombres participan cada vez más en las tareas domésticas y el cuidado de los hijos.

No se puede hablar de una familia hispana, como no se puede hablar de una familia americana o francesa o italiana. El concepto de la familia hispana es relativo, depende de la cultura de un país determinado, de la clase social y de muchos otros factores.

2–3. La familia hispana. ¿Aprendieron algo nuevo sobre la familia hispana al leer el artículo? En parejas, comparen las notas que escribieron antes de la lectura. ¿Coinciden sus ideas con la información que presenta el artículo? Si no es así, revisen la lista y modifiquen las ideas anteriores usando la información de la lectura.

2–4. Palabras en acción. En parejas, una persona debe hacer las preguntas correspondientes al estudiante A y la otra debe hacer las preguntas correspondientes al estudiante B. Presten atención a las respuestas de la otra persona. ¿Tienen ideas más o menos similares? ¿En qué se parecen? Si no tienen las mismas ideas sobre estos asuntos, ¿en qué se basan las mayores diferencias entre sus opiniones?

Estudiante A:

1. En muchas familias, los padres **imponen** su voluntad sobre sus hijos, incluso cuando estos son adultos. ¿Piensas que esto es necesario? ¿Por qué?

2. ¿Qué es lo primero que piensas al escuchar la palabra **jubilado**? ¿Qué diferencias culturales crees que hay entre los jubilados hispanos y los estadounidenses? ¿Crees que tienen las mismas **aficiones**?

Estudiante B:

1. ¿Crees que ha habido un **aumento** en el número de padres que se quedan en casa a cuidar de los hijos en los últimos años? ¿Cuál crees que es la razón de esto?

2. ¿Piensas que en los matrimonios jóvenes las **tareas domésticas** se reparten igualmente entre los esposos o crees que la mujer hace casi todo el trabajo? ¿Crees que la cultura de cada familia influye mucho al decidir quién se ocupa de la casa? ¿Por qué?

2–5. ¿Existe una familia típica?

4 **A.** Como se menciona en el artículo, cada familia es un mundo diferente. Aún así, hay ciertas cosas que las familias de una misma cultura suelen tener en común. En grupos de cuatro, completen una tabla con información sobre una familia típica estadounidense. Aquí tienen algunas ideas sobre el tipo de información a incluir:

- edad de la pareja al casarse
- tipo de boda
- tiempo transcurrido entre la boda y el nacimiento del primer hijo
- número total de hijos
- persona que contribuye más dinero a la familia
- persona que se ocupa de la casa y la comida
- persona que se ocupa de los hijos
- persona que toma las decisiones que afectan a todos

B. Ahora, modifiquen la información para crear una segunda tabla con información que refleje a una familia hispana típica. Pueden buscar datos en Internet o entrevistar a alguna familia hispana de su comunidad para obtener más información. ¿Cuáles son las diferencias más obvias? ¿Hay algún elemento en común? ¿Cuál?

Mi padre es jubilado

Por si acaso			
bisabuelo/a	*great grandfather/mother*	madrastra	*stepmother*
casarse	*to get married*	padrastro	*stepfather*
cuñado/a	*brother/sister-in-law*	primo/a	*cousin*
divorciarse	*to get a divorce*	tener hijos	*to have children*
gemelo/a	*twin*	trabajar por horas	*to work part time*
guardería infantil	*child care, day care center*	viudo/a	*widower/widow*
hermanastro/a	*stepbrother/stepsister*		

Impersonal/Passive se to Express a Nonspecific Agent of an Action

Uses of **se:**

1. The impersonal **se** (**se** + *third-person singular verb*) is used to indicate that people are involved in the action of the verb but no specific individuals are identified as performing the action. The impersonal **se** translates the impersonal English subjects *one, you, people,* or *they.*

   Se dice que las familias hispanas son más numerosas que las estadounidenses.
   People say *that Hispanic families are larger than American families.*

   No se debe pensar que las estadísticas siempre reflejan la realidad.
   One should not think *that statistics always reflect reality.*

2. You can use **se** as a substitute for the passive voice in Spanish. Use **se** with the third-person form of the verb. The verb is in the third-person singular when the sentence refers to a singular noun. If the sentence refers to a plural noun, the verb is in third-person plural.

   Se abrió una nueva guardería infantil cerca de mi casa.
   *A new daycare center **was opened** near my house.*

   En el pasado, **se imponían** muchas restricciones a las mujeres.
   *Many restrictions **were imposed** on women in the past.*

See *Apéndice gramatical 2* for information on the passive voice, resultant state, no-fault **se, hacer** in time expressions.

2–6. Identificación. Uno de tus compañeros ha escrito un texto sobre algunas características de la dinámica familiar hispana para el periódico universitario. El problema es que ha escrito el primer párrafo usando **se** y los otros dos párrafos usando la primera persona del plural. Antes de publicar el texto, identifica el uso de **se** en el primer párrafo. Después, edita los dos últimos párrafos para que tengan el mismo estilo.

> **MODELO**   **En esta cultura nosotros respetamos a las personas mayores de la familia.**
>
> **En esta cultura se respeta a las personas mayores de la familia.**

¿Cómo mantener intacta la dinámica familiar?

1. En el seno de algunas familias hispanas se respeta la figura de la persona mayor. Igualmente, se respeta la autoridad del padre, el hermano mayor, el abuelo, el tío o el padrino a cargo de la familia, según las circunstancias.

2. También cuidamos el buen nombre de la familia, lo cual puede producir fuertes reacciones sociales cuando cuestionamos o perdemos el honor familiar. Por eso, para muchas familias hispanas es muy importante "el qué dirán", es decir, la opinión que tienen los demás sobre la familia.

3. Ofrecemos apoyo afectivo y material a los miembros de la familia en todo momento. Por esta razón, usamos poco los servicios de ayuda pública. En nuestras familias los hijos sienten la obligación de cuidar a sus padres cuando éstos son mayores.

2–7. Hablando de estereotipos.
De la misma manera que algunas personas en EE.UU. tienen estereotipos sobre los hispanos, en otros países también hay estereotipos sobre Estados Unidos y los estadounidenses.

A. En parejas, creen una lista breve de cuáles pueden ser esos estereotipos. Incluyan un mínimo de cinco.

B. Ahora, lean la siguiente lista de estereotipos y determinen: a) si son ciertos, y b) cuál es su origen probable.

> **MODELO**
> Me parece que el comentario número uno es un estereotipo incorrecto porque...
>
> Me parece que el comentario número uno tiene su origen en la popularidad de McDonalds...

1. En muchos países europeos **se cree** que los estadounidenses comen comida rápida todos los días.
2. En Estados Unidos **se come** más en restaurantes que en los países hispanos.
3. En otros países **se piensa** que la familia estadounidense media se muda de casa cada seis o siete años.
4. En Estados Unidos **se adoptan** muchos niños de otros países porque la gente es muy rica.
5. En Estados Unidos **se pasa** menos tiempo con los hijos que en los países hispanos.

2–8. Con tus propias palabras.
¿Recuerdan el artículo que escribió su compañero para el periódico universitario? Ahora el director del periódico quiere incluir un artículo similar sobre la familia estadounidense. En parejas, escriban un pequeño artículo, usando **se**, para publicarlo en la próxima edición. Aquí tienen algunas ideas sobre los temas que pueden tratar en su artículo.

1. la importancia de las personas mayores
2. el honor familiar (el buen nombre de la familia)
3. el uso de los servicios de ayuda pública
4. el afecto entre los miembros de la familia

2-9. Estereotipos hispanos. En parejas, una persona va a hacer el papel de un entrevistador hispano que está investigando la actitud de los estadounidenses hacia los hispanos. La otra persona debe responder a las preguntas usando expresiones impersonales, para reflejar el punto de vista de la sociedad estadounidense, no sólo su propia opinión. Estas expresiones pueden ser útiles para la entrevista.

> se piensa   se considera   se cree   se describe   se comenta   se discute

MODELO

¿Piensan los estadounidenses que todos los hispanos tienen pelo castaño y ojos color café?

En general, se piensa que la mayoría de los hispanos tiene el pelo castaño y los ojos color café pero sabemos que esto no es verdad porque...

1. ¿Creen los estadounidenses que la mayoría de los hispanos come comida picante?
2. En general, ¿piensan ustedes que los hispanos tienen un nivel de educación bajo?
3. ¿Creen que todos los hispanos hablan en voz alta y hacen muchos gestos con las manos?
4. ¿Qué piensan los estadounidenses con respecto a la costumbre de echarse la siesta?

2-10. Tradición familiar.

A. En parejas, expliquen cómo se celebran estas ocasiones especiales en la mayoría de las familias estadounidenses. ¿Qué actividades se hacen? ¿Qué comida se prepara?

MODELO

En las fiestas de cumpleaños generalmente se dan regalos.

1. el Día de Acción de Gracias
2. los cumpleaños
3. las bodas
4. los santos
5. el Día de la Independencia

B. Ahora, cada uno de ustedes debe elegir un país de habla hispana e investigar cómo se celebran estas ocasiones en ese país (si se celebran). Cuando tengan toda la información necesaria, preparen un breve informe oral para presentarlo al resto de la clase.

¿CÓMO LO DICES?

vas: *Es un asunto como bastante complicado.*
cómo ▮ adv. **1** De qué modo o de qué manera
¿Cómo lo has pasado? ‖ **a cómo**; a qué precio ¿

Cómo pedir y dar información

¿Me puedes explicar cómo usar <u>se</u> en español?

Lo siento pero no tengo ni idea.

Requesting and providing information are common functions in our communication with others. We request and give information in the course of interviews, surveys, asking and giving directions, and in daily conversations with family, friends, and co-workers. The following expressions will be useful when requesting and providing information. Remember that when the context of the conversation is formal, you use the **usted** form.

To request information:

Dime/ Dígame...	Tell me, . . .
¿Me puedes/ puede decir...?	Can you tell me . . .?
¿Me puedes/ Me puede explicar...?	Can you explain to me . . .?
Quiero saber si...	I'd like to know if . . .
Quiero preguntar si...	I'd like to ask if . . .
Otra pregunta...	Another question . . .

To provide information:

La verdad es que...	The truth is . . .
Permíteme/ Permítame explicar...	Let me explain . . .
Con mucho gusto.	I'll be glad to.
Yo opino (creo) que...	I think that . . .
Lo siento, pero no lo sé.	I am sorry, but I don't know.
No tengo ni idea.	I have no idea.

2–11. Palabras en acción. ¿Sabes qué expresiones puedes usar para responder a estas preguntas? ¡Demuéstralo!

1. ¿Me puedes ayudar a hacer la tarea de mañana?
2. No comprendo, ¿qué quieres decir?
3. Buenos días, señor. ¿Qué desea?
4. ¿Qué quieres saber sobre el tema de la familia?

2–12. Estudios y familia. El departamento de psicología de tu universidad está haciendo un estudio sobre las costumbres familiares de los estudiantes. En grupos de tres, representen la situación a continuación usando las expresiones para pedir y dar información.

Estudiante A: Tú eres el/la entrevistador/a (*interviewer*) y ésta es la información que necesitas obtener de los estudiantes B y C. El/La estudiante B es una persona de tu edad. Háblale usando la forma **tú**. El/La estudiante C es una persona mayor. Háblale usando la forma **usted**.

1. Inicia la conversación. (¡Recuerda que lo practicaste en la *Unidad 1*!)
2. Haz preguntas para obtener información personal: nombre, apellido/s, edad, especialización, lugar de residencia, número de miembros de la familia, hermanos mayores y menores y miembros de la familia extendida que viven con la persona entrevistada. Elabora preguntas adicionales basadas en las respuestas.
3. Haz preguntas para obtener información sobre la relación del entrevistado con su familia: frecuencia de sus visitas a la residencia familiar, ocasiones especiales que pasa y no pasa con la familia, tiempo que dedica en el campus a mantener contacto con la familia (cartas, llamadas telefónicas, correo electrónico). Elabora preguntas adicionales basadas en las respuestas.

Estudiante B: Tú eres un/a estudiante de la edad de tu entrevistador/a. Contesta sus preguntas usando algunas de las expresiones que has aprendido para dar información.

Estudiante C: Tú eres un/a estudiante no tradicional y tu edad es el doble de la de tu entrevistador/a. Contesta las preguntas usando algunas de las expresiones que has aprendido para dar información. Usa la imaginación para inventar detalles de la vida de una persona mayor.

CURIOSIDADES

2–13. Crucigrama. Este crucigrama te ayudará a recordar palabras en español para designar las relaciones familiares. ¡Buena suerte!

HORIZONTALES

1. dos hermanos que nacieron el mismo día
2. los hijos de tus hermanos
3. tus progenitores (¡mira el diccionario!)
4. el esposo de esta mujer murió

VERTICALES

5. progenie (¡mira el diccionario!)
6. los padres de tus padres
7. este hombre ya no está casado
8. estas personas son los hermanos de tus padres

Entre amigos

Entrando en materia

2-14. Tu red de amigos. En parejas, una persona debe hacer las preguntas del estudiante A y la otra las preguntas del estudiante B. Después, hablen sobre el tema para ver si tienen preferencias similares en cuanto a las amistades.

Estudiante A: ¿Tienes muchos amigos? En tu opinión, ¿existe un número ideal de amigos? ¿Tienes más amigos o amigas? ¿Hablas de las mismas cosas con tus amigos que con tus amigas? ¿Por qué?

Estudiante B: ¿Qué cualidades son más importantes para ti en un amigo o amiga? ¿Cómo conociste a tu mejor amigo/a? ¿Por qué consideras a esta persona como tu mejor amigo o amiga? ¿Crees que tú eres un buen amigo/una buena amiga? ¿Por qué?

2–15. Vocabulario en contexto. En la miniconferencia de este *Tema* vas a escuchar una presentación sobre las relaciones entre amigos. Para prepararte, identifica la definición que corresponde a las expresiones escritas en negrita.

Expresiones en contexto

B 1. Dos personas que tienen una **amistad** verdadera saben que pueden contar la una con la otra en cualquier situación.

D 2. La **vida** de un estadounidense promedio tiene una duración de setenta años.

F 3. Cuando dos culturas están en contacto, la fricción es inevitable; **por lo tanto**, las dos partes deben esforzarse por negociar las diferencias.

4. Las familias estadounidenses cambian de **lugar** de residencia frecuentemente.

C 5. La vida de un estadounidense tiene un promedio de setenta años y la vida de un español tiene un promedio de setenta y dos. La vida del español es más **duradera**.

G

E 6. Los estadounidenses entienden las relaciones interpersonales de manera diferente a los hispanos; **sin embargo**, los estadounidenses y los hispanos tienen otras cosas en común.

A 7. El **entorno** cultural determina lo que es o no es aceptable.

Definiciones

a. el conjunto de aspectos sociales que condicionan nuestra conducta
b. el tipo de relación entre amigos
c. donde está algo o alguien
d. ciclo de años hasta el momento de la muerte
e. palabra que indica contraste
f. palabra que indica consecuencia
g. adjetivo aplicado a cosas con una larga vida

2-16. Cognados. En la miniconferencia van a escuchar algunos cognados. ¿Saben la definición de estas palabras? Primero, escojan la definición en español para cada palabra. Después, tomen turnos para pronunciar cada palabra, concentrándose en pronunciar las vocales correctamente en español.

9 especializado	6 movilidad	1 calificar	8 mayoría	5 disolver
4 manipuladora	10 contribuir	7 visitante	3 intimidad	2 mutuo

1. dar un nombre o clasificar en una categoría
2. recíproco
3. un estado que requiere la compañía de un grupo de personas cercano a nosotros
4. una persona que usa a otras personas
5. hacer desaparecer, eliminar
6. lo opuesto de estado estático, habilidad para cambiar de lugar
7. invitado
8. grupo predominante
9. dedicado a una actividad específica
10. dar, asistir, cooperar en algo

La interpretación del término *amistad* y el etnocentrismo

Ahora tu instructor/a va a presentar una miniconferencia.

2-17. Las ideas fundamentales. Piensa en las ideas fundamentales del texto.

1. ¿A quiénes se aplica la información de la miniconferencia?
2. ¿Cuál es el tema (o temas) principal(es)?

Ahora escribe dos o tres frases expresando la idea principal.

> **MODELO** La información se aplica a los estadounidenses de todos los grupos étnicos.
>
> Uno de los temas es el de las relaciones dentro de la familia.

2–18. Palabras en acción. En parejas, escriban un párrafo breve sobre la amistad, usando tantas palabras como puedan de la lista de abajo. Pueden consultar la lista de vocabulario de la unidad si tienen dudas sobre el significado de alguna palabra.

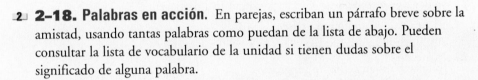

compartir conocido/s desleal incómodo rechazo supervivencia

> **MODELO** Nosotros pensamos que compartir las mismas ideas es un elemento importante en una amistad...

2–19. Más detalles. En grupos de cuatro, organicen un debate sobre uno de los puntos siguientes. Dos personas deben presentar opiniones a favor y las otras dos, opiniones en contra.

1. Las relaciones amistosas de los estadounidenses son más superficiales que las de los hispanos.
2. Los hispanos y los estadounidenses no pueden establecer amistades fuertes porque tienen demasiadas diferencias culturales.
3. La movilidad de la población no influye sobre las relaciones amistosas. Los amigos verdaderos no cambian durante toda la vida, no importa dónde vivamos.
4. A los hispanos no les gusta tener amigos estadounidenses porque piensan que son irresponsables, desleales y poco honorables.
5. La sociedad estadounidense valora más a los amigos que la sociedad hispana.

Preterit and Imperfect in Contrast

In the course of a narration in Spanish you will have to use both the preterit and imperfect tenses to refer to the past.

The **preterit tense** is used to talk about completed past events.

> Mi amigo Antonio no me **anunció** su visita.
>
> *My friend Antonio did not **announce** his visit to me.*

As you can see in the previous sentence, the event (Antonio's giving notice) is viewed as completed, over, or done with.

The **imperfect** is also used to refer to the past, but in a different way:

1. To refer to habitual events, repetitive actions, and to events that *used to happen* or things *you used to do*

> Antonio nunca **anunciaba** sus visitas.
>
> *Antonio **would** never **announce** his visits.*

2. To describe a scene or to give background to a past event

> La casa de Antonio **era** grande.
>
> *Antonio's house **was** big.*

3. To talk about an action in progress

> Antonio **llamaba** a la puerta cuando el teléfono sonó.
>
> *Antonio **was knocking** on the door when the telephone rang.*

4. To tell time in the past

> ¿Qué hora **era** cuando llegó Antonio?
>
> *What time **was it** when Antonio arrived?*
>
> **Eran** las 9:00 de la noche.
>
> *It **was** 9:00 p.m.*

5. To indicate age in the past

> Antonio **tenía** cinco años cuando vino a EE.UU.
>
> *Antonio **was** five years old when he came to the U.S.*

6. To express a planned action in the past

> Antonio me dijo el mes pasado que se **iba** a casar (**se casaba**) con Marta.
>
> *Last month, Antonio told me that he **was going** to marry Martha.*

See *Apéndice gramatical 2* for more about preterit/imperfect contrast.

2–20. Identificación. Aquí tienes el testimonio de Antonio, un mexicano que emigró con su familia a Estados Unidos hace ya muchos años. Identifica si los verbos que usa Antonio están en pretérito o en imperfecto y explica por qué él eligió cada uno, teniendo en cuenta el contexto.

Recuerdo bien mis primeros años de vida en México. Éramos cinco hermanos en mi familia y vivíamos bien, en una casa que tenía muchas habitaciones. Mi padre trabajaba como ingeniero para una compañía y mi madre era instructora de escuela. Pero un día todo esto cambió.

El 24 de marzo de 1964 nos despedimos de nuestros amigos y familiares. Aquel 24 de marzo, no sólo dijimos adiós a nuestros parientes sino también a nuestra cultura.

2–21. Del pasado al presente. Lee con atención la siguiente pregunta: ¿Crees que las experiencias que viviste de niño en tu familia determinan cómo te relacionas ahora con los demás?

Primero, lee las respuestas que dos hispanos de diferentes países escribieron a esta pregunta. Después, escribe tu propia respuesta en un párrafo corto e intercámbiala con un compañero o compañera. ¿Son muy diferentes sus respuestas?

Bueno, mi familia estaba muy unida y a mis padres no les daba vergüenza ser románticos delante de mí o de mis hermanos. Aunque una vez sí que se pusieron colorados (blushed) cuando mis hermanos y yo los pillamos (caught) haciendo manitas (holding hands) por debajo de la mesa. Yo soy ahora muy cariñosa con mis amigos y amigas, y creo que es por lo que vi en casa de pequeña.

Mis padres se querían mucho pero no lo demostraban demasiado en público. Mi padre era muy serio con nosotros pero nos daba cariño a su manera (in his own way). Por ejemplo, el día que me gradué de la escuela secundaria me dijo con lágrimas en los ojos (tears in his eyes) que ése era el día más feliz de su vida. Yo soy un poco tímido en mis relaciones con los demás, sobre todo con las chicas. Es difícil decir si esto tiene algo que ver con mi experiencia familiar de niño. No lo sé.

2–22. El amor en la época de mis abuelos. Antonio ha escrito un texto hablando de cómo era la vida cuando sus abuelos eran jóvenes, pero ha olvidado indicar cuál es el verbo correcto para cada frase. Una vez más, tú tienes que hacer de editor y arreglar el texto, incluyendo el verbo en el tiempo adecuado según el contexto. ¿Te animas?

En la época de mis abuelos las costumbres (*fueron / eran*) diferentes de las de hoy. Cuando mi abuelo (*terminó / terminaba*) el servicio militar (*tuvo / tenía*) veinte años. Poco después (*conoció / conocía*) a mi abuela, que (*fue / era*) la mujer más hermosa de Guadalajara, según mi abuelo. Durante dos años, mi abuelo sólo (*vio / veía*) a mi abuela los domingos por la mañana en la iglesia, y sólo la (*pudo / podía*) ver en compañía de otras personas, nunca a solas. El día que mis abuelos (*se casaron / se casaban*) fue la primera vez que se les (*permitió / permitía*) estar solos. ¡Cómo han cambiado los tiempos!

2–23. En aquella época. En grupos de cuatro, van a crear una historia oral, desde el punto de vista de una mujer hispana que tiene ahora 60 años, y que está recordando sus amores de la juventud. Hagan un círculo y asignen a una persona la función de secretaria, para que tome notas. La primera persona empieza la narración con una sola oración. Después, la persona de su derecha continúa con la siguiente oración, basándose en la información que dio la primera persona. Cada uno tiene veinte segundos para pensar una oración y decirla. El grupo que antes complete una historia lógica, gana.

> **MODELO**
> **Estudiante A: Cuando yo era joven, vivía en un pueblecito de Venezuela.**
> **Estudiante B: En mi pueblecito había muchos chicos guapos e inteligentes.**
> **Estudiante C: Un día, cuando yo salía de casa para ir a comprar...**

2–24. Mi mejor amigo. ¿Quién era tu mejor amigo/a cuando eras pequeño/a? ¿Recuerdas bien a esa persona? Piensa en los detalles que hacían a esa persona tan especial para ti. Después, escribe un ensayo corto narrando tu relación con esa persona. Aquí tienes algunas sugerencias sobre la información que puedes incluir. Cuando termines, revisa la ortografía, los tiempos verbales (asegúrate de que usaste el imperfecto y el pretérito correctamente) y entrégaselo a tu instructor/a.

¿Quién era?
¿Dónde se conocieron?
¿Dónde vivía?
¿Qué tenía de especial esta persona?
¿Qué actividades hacían juntos?
¿Continúa la relación?
Si la relación continúa, ¿cómo es ahora en comparación al pasado?

Comparatives

Comparisons are used to express equality or inequality. Comparisons of equality are formed in three different ways:

1. When we compare with an adjective or adverb ➔ **tan** + *adjective/adverb* + **como**

The adjective always agrees with the noun. Adverbs do not show agreement.

> Los amigos son **tan** importantes **como** la familia.
>
> *Friends are **as** important **as** family.*
>
> Las buenas amistades no se disuelven **tan** rápidamente **como** las amistades superficiales.
>
> *Good friendships do not dissolve **as** quickly **as** superficial friendships.*

2. When we compare with a noun ➔ **tanto/a, tantos/as** + *noun* + **como**

Tanto agrees with the noun in gender and number.

> Rosa tiene **tantos** amigos **como** una estrella de cine.
>
> *Rosa has **as many** friends **as** a movie star.*

3. When we compare with a verb ➔ *verb* + **tanto como**

The expression **tanto como** always follows the verb and shows no agreement.

> Mis padres me respetan **tanto como** yo los respeto.
>
> *My parents respect me **as much as** I respect them.*

Comparisons of inequality are expressed in two ways:

1. With adjectives, adverbs, and nouns ➔ **más/menos** + *adjective, adverb, noun* + **que**

As with comparisons of equality, the adjective agrees with the noun, and adverbs show no agreement.

> Marisol y Anita son **más** altas **que** Juan.
>
> *Marisol and Anita are **taller than** Juan.*
>
> Tengo **más** amigos norteamericanos **que** hispanos.
>
> *I have **more** North American friends **than** Hispanic friends.*
>
> Anita habla **más** lentamente **que** Marisol.
>
> *Anita speaks **more** slowly **than** Marisol.*

2. With verbs ➔ *verb* + **más/menos** + **que**

> Yo salgo **más que** mis padres.
>
> *I go out **more than** my parents.*

2–25. Identificación. A continuación tienen una serie de opiniones sobre las diferencias entre hombres y mujeres en las relaciones afectivas. En parejas, determinen si están de acuerdo o no con cada afirmación. Después, identifiquen si es una comparación de igualdad o desigualdad. Luego, escriban seis comparaciones adicionales sobre este tema. Tres de ellas deben reflejar el punto de vista de una mujer. Las otras tres deben reflejar el punto de vista de un hombre. ¡Sean tan objetivos como puedan!

1. Las mujeres son **más** fieles (*faithful*) **que** los hombres.
2. Las mujeres se casan **más** tarde **que** los hombres para disfrutar de la juventud.
3. Los hombres tienen **tantos** detalles (*gestures*) románticos **como** las mujeres.
4. A los hombres les gusta flirtear (*flirt*) **menos que** a las mujeres.
5. Las mujeres son **tan** sentimentales **como** los hombres.
6. Las mujeres hablan **más** por teléfono **que** los hombres.
7. Los hombres compran **tanta** ropa **como** las mujeres.
8. Las mujeres se acuerdan **menos** de los pequeños detalles **que** los hombres.

2–26. Romances chapados a la antigua (*old-fashioned romances*).
En grupos de cuatro, dos de ustedes van a entrevistar a una mujer hispana casada y los otros dos, a un hombre hispano casado. Si no conocen a ningún hispano en su comunidad, su instructor/a les dará ideas. Primero preparen las preguntas de la entrevista (el tema debe ser el noviazgo de esa persona). Determinen cuándo y dónde van a hacer la entrevista. Finalmente, preparen un informe oral para presentarlo en clase. Pueden filmar la entrevista y presentarla (con permiso de la persona entrevistada). Aquí tienen ideas sobre el tipo de información que necesitan:

cómo se conocieron, a dónde iban cuando salían, si dormían alguna vez fuera de casa, si mantenían muchas conversaciones telefónicas, quién pagaba cuando salían, a qué edad se casaron, cómo presentaron a su pareja a la familia, cuánto duró el noviazgo, qué tipo de boda tuvieron, etc.

2–27. ¿Quién es más atrevido/a? ¿Quién es más atrevido (*daring*) en las relaciones amorosas, el hombre o la mujer? A continuación tienen las opiniones de un grupo de estudiantes de Buenos Aires. ¿Piensan como ellos? En parejas, determinen si están de acuerdo o no con las opiniones de estas personas. Después, entrevisten a varios compañeros y preparen un documento comparando sus opiniones con las de estos estudiantes argentinos. ¡Usen comparativos para señalar semejanzas y diferencias!

Melinda, 20 años

Me gusta cuando es el muchacho el que toma la iniciativa porque yo no me atrevo (*dare*) a hacer eso. Creo que sí, que en general los chicos son menos tímidos que las chicas.

Raúl, 18 años

Las chicas que yo conozco no son nada inocentes. Son más atrevidas y más locas que nosotros. A mí me gustan mucho las chicas lanzadas (*daring*).

Anselmo, 20 años

Las muchachas son más inocentes y yo creo que eso las perjudica. También creo que son más tímidas que los chicos en general.

Lucía, 18 años

Yo soy más lanzada que la mayoría de mis novios. No me preocupa si tengo que dar yo el primer paso. ¡A mi último novio lo invité yo a salir la primera vez!

Fernando, 19 años

Hoy por hoy (*nowadays*), las chicas son más atrevidas que los chicos. Yo lo prefiero así porque soy bastante tímido y necesito un empujoncito (*little push*).

¿CÓMO LO DICES?

vas: *Es un asunto como bastante complicado.* **cómo** ∎ adv. **1** De qué modo o de qué manera *¿Cómo lo has pasado?* ‖ **a cómo**; a que precio; á

Cómo contar anécdotas

No vas a creer lo que me pasó el otro día. Estaba en un restaurante con mi novia y mi ex novia me llamó por el teléfono móvil. Mi novia se puso furiosa conmigo.

¿Sí? ¿Y qué pasó después?

How do we tell stories and how do we react when others tell us something that happened to them? Here is how you do it.

Use these expressions when telling a story or anecdote to someone:	
Escucha/Escuche, te/le voy a contar...	*Listen, I am going to tell you …*
Te/Le voy a contar algo increíble...	*I am going to tell you something unbelievable ….*
No me va/s a creer...	*You are not going to believe me …*
Fue divertidísimo...	*It was so much fun …*
Y entonces...	*And then …*
Fue algo terrible/ horrible/ espantoso.	*It was something terrible/horrible/awful.*

Use these expressions to react to a story:

¡No me digas! ¡No me diga!	You are kidding me!
¿Sí? No te/le puedo creer. ¡Es increíble!	Really? That's incredible!
¿Y qué pasó después?	And what happened then?
Y entonces ¿qué?	And then what?

2-28. Vocabulario en acción. Completa estas anécdotas con expresiones para contar una historia y para reaccionar a una historia; los tres puntos indican dónde necesitas una expresión.

[nota manuscrita: fue divertidísimo]

[nota manuscrita: No me va a creer]

1. —...lo que pasó el domingo en la fiesta caribeña... pero allí estaba el mismo Antonio Banderas. La fiesta duró hasta las cuatro de la mañana y todos bailamos como locos...

   —Reacción... *[nota manuscrita: ¡No me diga!]*

2. —Ayer mi compañero de cuarto y yo tuvimos una pelea fuerte por causa de sus amigos,...

   —Reacción... *[nota manuscrita: ¿Y qué pasó después?]*

3. —Mi hermano pequeño se sentó a la mesa... empezó a jugar con la sopa, que acabó en la cabeza de mi padre.

   —Reacción...

2-29. Situaciones. En parejas, cada persona debe seleccionar una de las situaciones de la lista y contarle a su pareja lo que le ocurrió. La otra persona debe reaccionar de forma apropiada, usando las expresiones anteriores cuando sea posible. ¡Usen la imaginación y sean tan creativos como puedan!

1. lo que pasó cuando tuviste un accidente de tráfico con un conductor que no hablaba inglés
2. lo que pasó cuando encontraste a tu mejor amigo/a cenando a solas con tu novio/a
3. lo que pasó cuando eras pequeño y entraste en el cuarto de tus padres sin llamar a la puerta
4. lo que pasó la primera vez que fuiste a una fiesta salsera en casa de tu vecino
5. lo que pasó cuando te enamoraste de una persona que no hablaba tu idioma
6. lo que pasó durante tu primer día en la clase de español

CURIOSIDADES

2-30. Test: ¿Seleccionaste bien a tu pareja?

1. En este test se describen nueve aspectos de la personalidad que son muy importantes para mantener una relación estable y duradera con la pareja. Examina hasta qué punto eres compatible con tu pareja. Para obtener el resultado, suma todos los puntos obtenidos y luego divide el resultado entre dos. Si el producto final es menos de 45, debes pensar seriamente en cambiar de pareja. ¡Buena suerte!

Físico

Llevamos una vida sana   0 1 2 3 4
Nos preocupamos por mantener la higiene   0 1 2 3 4
Comemos saludablemente   0 1 2 3 4
Dormimos bien   0 1 2 3 4
Consumimos fármacos/ estimulantes/
   alcohol   0 1 2 3 4
Suma: _____

Emocional

Somos fieles a nuestros compromisos   0 1 2 3 4
Verbalizamos nuestros sentimientos   0 1 2 3 4
Respetamos las decisiones de los demás   0 1 2 3 4
Solucionamos los problemas fácilmente   0 1 2 3 4
Hacemos muestras de afecto y ternura   0 1 2 3 4
Suma: _____

Social

Tenemos amigos   0 1 2 3 4
Nos gusta divertirnos   0 1 2 3 4
Somos sociables con la gente nueva   0 1 2 3 4
Somos tolerantes con los demás   0 1 2 3 4
Nos preocupamos por los demás   0 1 2 3 4
Suma: _____

Intelectual

Nuestras ideas sobre la educación
   son parecidas   0 1 2 3 4
Nos gusta enseñar a los demás   0 1 2 3 4
Nos interesa aprender cosas nuevas   0 1 2 3 4
Nos gusta leer   0 1 2 3 4
Tenemos una mente creativa   0 1 2 3 4
Suma: _____

Profesional

Tenemos deseos de superación profesional   0 1 2 3 4
Somos organizados   0 1 2 3 4
Somos honrados   0 1 2 3 4
Tenemos una actitud similar ante el dinero   0 1 2 3 4
Nos gusta nuestro trabajo   0 1 2 3 4
Suma: _____

Comunicación

Nos escuchamos el uno al otro con
   interés y respeto   0 1 2 3 4
Somos tolerantes con las opiniones
   del otro   0 1 2 3 4
Hablamos con facilidad de nuestros
   sentimientos   0 1 2 3 4
Somos muy egocéntricos cuando hablamos   0 1 2 3 4
Suma: _____

Crecimiento personal

Reconocemos nuestros errores   0 1 2 3 4
Estamos dispuestos a mejorar   0 1 2 3 4
Pedimos y aceptamos consejos   0 1 2 3 4
Sentimos curiosidad, buscamos la verdad   0 1 2 3 4
Creemos que siempre tenemos razón   0 1 2 3 4
Suma: _____

Intereses y aficiones

Nos gusta viajar   0 1 2 3 4
Disfrutamos mucho el tiempo libre   0 1 2 3 4
Hacemos deporte   0 1 2 3 4
Tenemos pasatiempos   0 1 2 3 4
Somos constantes, terminamos los
   proyectos que empezamos   0 1 2 3 4
Suma: _____

2. Escribe un párrafo de 50 a 70 palabras resumiendo los resultados del
test. No te olvides usar las formas comparativas.

Así nos divertimos

Entrando en materia

En esta sección vas a aprender un poco más sobre las preferencias de algunos hispanos para pasar su tiempo libre y las vas a comparar con tus propias experiencias.

2–31. Tus preferencias. En grupos de tres, completen una tabla con información sobre lo que cada persona hace en las siguientes situaciones. Después, presenten la información al resto de la clase.

- actividades de los sábados por la mañana, por la tarde y por la noche
- actividades de los domingos por la mañana, tarde y noche
- actividades del verano y del invierno
- actividades que hacen cuando se reúnen con su familia
- actividades durante los días de clase/ trabajo y el fin de semana

> **Por si acaso**
>
> dar un paseo   *to go for a walk*
> invitar a alguien a comer/ cenar   *to treat someone to lunch/dinner*
> levantar pesas   *to lift weights*
> matar el tiempo   *to kill time*
> tener una cita   *to have a date*
> tiempo libre   *free time*

2–32. Vocabulario en contexto. Las expresiones siguientes se encuentran en la entrevista que vas a leer. Usando el contexto de la oración determina el significado de las expresiones en negrita.

1. **El paseo** es una actividad muy común para nosotros y, contrariamente a lo que pueda parecer, no nos **aburrimos** haciéndolo.
   a. El paseo nos parece agradable.
   b. El paseo consiste en montar en burro.

2. Marta **echa de menos** a su familia y sus costumbres en España.
   a. Marta extraña a su familia.
   b. Marta tiene una familia pequeña.

3. En algunos países hispanos los bares cierran muy tarde, a las cuatro o cinco de la **madrugada**.
   a. muy tarde por la mañana
   b. muy temprano por la mañana

4. En Madrid hay tanta gente en los lugares públicos los fines de semana que no **se encuentra un sitio donde ir**.
   a. Todos los lugares están llenos de gente.
   b. Hay poca gente en las calles.

LECTURA

Pasando el rato

Esta breve entrevista apareció en una hoja informativa del departamento de lenguas románicas de una universidad estadounidense con motivo de la celebración de la Semana de Diversidad. Las personas entrevistadas, una joven española y un joven mexicano conversan informalmente con la entrevistadora sobre sus preferencias para pasar el tiempo libre.

ENTREVISTADORA: Muchas gracias a los dos por participar en esta breve entrevista que va a tratar sobre sus preferencias para pasar sus ratos de ocio. Mi objetivo es publicar esta charla informal en la Hoja Informativa del departamento para poder así compartir sus comentarios con los alumnos del programa elemental de español. A ver Marta, tú que eres de España. Cuéntanos qué hacen los españoles para pasarlo bien.

MARTA: Pues, por ejemplo, un día como hoy, domingo por la tarde, **no encuentras en Madrid ni un sitio a donde ir** porque hay mucha gente por la calle. A los españoles nos gusta mucho salir a pasear e ir a los bares con amigos.

ENTREVISTADORA: Bueno, la verdad es que a los estadounidenses también les gusta hacer esas cosas. ¿Qué dices tú Pedro?

PEDRO: En México, por ejemplo, es como lo que describe Marta en Madrid. Hay mucha gente por las calles dando un paseo. El **paseo** es una actividad muy común para nosotros y, contrariamente a lo que pueda parecer, no nos **aburrimos** haciéndolo. La gente sale a la calle, normalmente bien vestida, a caminar por parques, plazas y otros lugares públicos donde se encuentra con amigos o conocidos. Es común tanto en los pueblos como en la ciudad.

MARTA: En España la gente joven sale de noche a las discotecas o a los bares. Allí, la edad de beber no es tan problemática como aquí. No te piden el carnet de identidad en la entrada de los bares ni nada por el estilo. Allí se entra a los bares sin problema. También, las discotecas están abiertas hasta las cuatro o cinco de la mañana, así que cuando salimos de noche no regresamos a casa hasta la **madrugada**. Aquí en Estados Unidos cierran los bares mucho más temprano.

ENTREVISTADORA: Ah, ya veo. Por una parte, tienen más libertad para beber alcohol que los jóvenes estadounidenses pero yo me pregunto si eso no tendrá efectos en los índices de alcoholismo de la población española joven.

MARTA: No sé exactamente cuáles son las estadísticas en España, pero leí un artículo que decía que el índice de alcoholismo de los países mediterráneos es el más alto del mundo.

PEDRO: En México también tenemos problemas con el alcohol, creo que es algo universal. Nosotros le dedicamos mucho tiempo a la familia durante los ratos libres. Por ejemplo, en mi familia siempre nos reunimos a comer los domingos. Pero claro, mis hermanos y yo vivíamos con mis padres cuando íbamos a la universidad. Sin embargo, aquí en Estados Unidos la norma es que la gente joven no viva con sus padres cuando asiste a la universidad.

MARTA: En mi casa también tenemos muchas reuniones familiares y la verdad es que las **echo mucho de menos**. Todos los domingos, vienen a comer a casa de mis padres mis hermanos con sus esposas e hijos. Se llena la casa de gente y nos lo pasamos muy bien. Después de comer normalmente vemos un poco la tele o charlamos tomando café hasta que llega la hora de salir a la calle a dar un paseo.

ENTREVISTADORA: Bueno, no tenemos tiempo para más. Les agradezco mucho su participación.

2–33. ¿Comprendiste? Indica qué oraciones se refieren correctamente al contenido de la entrevista. Corrige las oraciones incorrectas.

1. La entrevista se publicó en el departamento de español de una universidad mexicana.
2. Las respuestas de los entrevistados revelan muchas diferencias entre México y España.
3. El paseo es una actividad que aburre a los dos entrevistados.
4. En España los establecimientos públicos donde se sirve alcohol cierran más o menos a la misma hora que en EE.UU.
5. Según los entrevistados, no es raro que sus familias se reúnan todas las semanas para comer.
6. Pedro menciona que la mayoría de los universitarios mexicanos viven en residencias estudiantiles mientras asisten a la universidad.

2–34. Vocabulario en acción. Tu instructor/a de español te ha pedido que ayudes a un estudiante que no sabe tanto español como tú. Este estudiante ha escrito una lista de las palabras que no entendió en la lectura. Explícale lo que significan con tus propias palabras en español. Puedes describir la palabra, o usar sinónimos o antónimos. Repasa la información sobre el circunloquio en el *Tema 1* si necesitas ayuda.

> **MODELO** bien vestido/a
> elegante, que lleva ropa buena/ bonita

1. paseo
2. reunirse
3. carnet de identidad
4. pasarlo bien/ mal
5. madrugada
6. sitio
7. índice de alcoholismo

2–35. Comparación y contraste. En la sección *Entrando en materia* hablaron de sus preferencias para pasar el tiempo libre. En grupos de tres, revisen sus respuestas para completar estos pasos.

1. ¿Qué semejanzas y diferencias hay entre su grupo y lo que describen Marta y Pedro?
2. Escriban un breve resumen de las semejanzas y diferencias que encontraron y compártanlo con la clase.

Direct- and Indirect-Object Pronouns to Talk About Previously Mentioned Ideas

In your review of direct-object pronouns in the previous unit, you learned that direct-object pronouns answer the question *what* or *whom* and that the use of pronouns will allow you to speak and write Spanish more smoothly, without repeating words over and over. In this *Tema*, you will review your knowledge of indirect-object pronouns and how direct- and indirect-object pronouns are used together.

Indirect Objects and Sequence of Object Pronouns

Indirect objects answer the question *to whom* or *for whom*. The indirect-object pronouns are as follows:

me	*to/for me*	nos	*to/for us*
te	*to/for you*	os	*to/for you (in Spain)*
le	*to/for him/her/it/you*	les	*to/for them/you*

As you can see, the indirect-object pronouns are the same as the direct-object pronouns except for the third person.

The following are important rules to remember.

1. An indirect-object pronoun always precedes the verb in negative commands.

   No hables.→ No **le** hables.   *Don't talk to him/her.*

2. Indirect-object pronouns are attached to affirmative commands.

   Hábla**le** claramente al instructor.   *Speak clearly to your instructor.*

3. When both direct- and indirect-object pronouns appear together, the direct object follows the indirect object.

   ¿Quién **te** dio **una mala nota**?   *Who gave you a bad grade?*
   La profesora Falcón **me la** dio.   *Professor Falcón gave **it to me**.*

When both direct- and indirect-object pronouns are in the third person, the indirect-object pronoun **le** is replaced by **se**.

¿Cuándo **le** entregaste **la composición**?	*When did you turn in **your composition to him/her**?*
Se la entregué ayer.	*I turned **it** in **to him/her** yesterday.*

2–36. Identificación. Mucha gente dedica parte de su tiempo libre a salir con amigos/as especiales (*dating*). En parejas, lean lo que dicen estos personajes y decidan si están de acuerdo con sus opiniones. Luego, identifiquen los pronombres de complemento directo. Después, preparen una lista de seis recomendaciones para un amigo que está a punto de salir en su primera cita.

> **Modelo** **Si no tienes bastante dinero para pagar la cena, no se lo pidas a ella.**

La cita ideal: Secretos para tener éxito (*to be successful*).

A los muchachos no les gusta esperar mucho. No les hagas esperar más de lo necesario, sólo lo justo. Eso es lo que yo te recomiendo.

Las flores son siempre un buen regalo para mi novia. Yo siempre se las regalo en ocasiones especiales. Te las recomiendo.

2–37. Las reglas del juego.

A. ¿Cuáles fueron tus "reglas" (*rules*) con respecto a la primera cita? ¿Hiciste las siguientes cosas en tu primera cita?

	Sí	No
1. **Le** pediste dinero prestado a tu amigo/a.	____	____
2. **Le** hablaste de tu ex-novio/a.	____	____
3. **Le** compraste un regalo.	____	____
4. **Le** dijiste a todo que "sí".	____	____
5. **Le** pagaste la cena.	____	____

 B. Ahora, en parejas, comparen sus respuestas a la sección anterior y hablen de qué fue lo mejor y lo peor que hicieron durante su primera cita.

> **Modelo** **Lo peor fue que le pagué la cena a mi amigo/a en un restaurante carísimo y después no lo/la volví a ver nunca más...**

2–38. Mala suerte. ¿Te acuerdas del estudiante que tenía problemas con el español durante la lectura? Bueno, pues ahora te ha pedido que le ayudes con su composición para esta semana. Obviamente él no sabe usar los complementos directos/ indirectos. Ayúdalo corrigiendo las partes en negrita con los pronombres apropiados.

La anécdota que voy a contar ocurrió la semana pasada. Era el cumpleaños de una compañera de clase y por eso *la* invité **a mi compañera** a salir el sábado por la noche. Así que salí en mi coche y compré un regalo **para mi** *le* **compañera**; yo le quería dar **el regalo a mi compañera** *se lo* durante la cena. Después fui a buscar **a mi compañera,** *le* pero de repente me di cuenta de que no sabía su dirección. *la* Resulta que ella no me había dado **la dirección**. No tenía mi agenda de teléfonos así que no podía llamar **a mi amiga.** *le* Para colmo, en un descuido, salí del coche y cerré **mi coche** *lo* con las llaves dentro. ¡Qué desastre! Así que llamé a la policía desde un teléfono público. Cuando llegaron, expliqué **a los oficiales** que mis llaves estaban dentro del coche. Entonces, ellos abrieron **el coche** *lo* y recuperaron **las** *las* **llaves**. Ni qué decir tiene (*needless to say*), ya era muy tarde. Decidí volver a mi apartamento para evitar más desgracias. Cuando llegué a mi apartamento llamé a mi amiga para disculparme.

 2–39. ¿Qué haces en estas situaciones? En parejas, hablen sobre lo que hacen normalmente en estas situaciones. Recuerden sustituir nombres con pronombres en las respuestas, para evitar las redundancias.

> **MODELO**
> **Necesitas dinero para salir esta noche. Tu madre está de visita en el campus. ¿Qué hace tu madre cuando le pides dinero?**
> **Me lo da porque es generosa y siempre me da lo que le pido.**
> **No me lo da porque tiene problemas económicos este mes.**

1. Un amigo y tú van a comer a un restaurante. Tu amigo te dice que ayer lo despidieron de su trabajo por no llegar a tiempo y no tiene dinero para pagar. ¿Qué haces tú? ¿Qué hace él?
2. Tú necesitas un traje elegante para salir esta noche pero no tienes dinero para comprar uno nuevo. Tu compañero/a de cuarto tiene un traje perfecto, para la ocasión, pero a él/ella no le gusta prestar su ropa. ¿Qué haces? ¿Qué hace tu compañero/a?
3. Tienes dos entradas para un concierto de música clásica. A ti no te gusta la música clásica en absoluto pero a un/a vecino/a muy atractivo/a le encanta. ¿Qué haces?
4. Un compañero de la clase de español a quien no conoces muy bien te pide dinero prestado para poder ir al partido de fútbol este sábado. ¿Qué haces?

2-40. ¿Qué pasó? En parejas, cada uno/a de ustedes debe explicarle a la otra persona lo que pasó en la situación que se indica abajo. Recuerden que deben contar la historia con tanto detalle como sea posible y que pueden inventar sucesos.

Estudiante A: Tuviste una cita con un chico argentino guapísimo/una chica argentina guapísima que no hablaba ni una palabra de inglés. Explícale a tu pareja qué hiciste para causar una buena impresión durante la cita y cuál fue el resultado final.

Estudiante B: Tú eres un/a estudiante argentino/a que acaba de llegar a Estados Unidos y no sabes nada de inglés. El día de tu llegada conociste a una persona fascinante en el aeropuerto, y decidiste ir a cenar con ella. Cuéntale a tu pareja qué pasó durante la cena.

¿CÓMO LO DICES?

vas: Es un asunto como bastante complicado.
cómo ▌ adv. **1** De qué modo o de qué manera ¿Cómo lo has pasado? ‖ **a cómo**; a qué precio ¿...

Comparar experiencias

Juan me invitó a un restaurante fenomenal y me regaló un ramo de rosas rojas en nuestra primera cita.

Mi experiencia con Pedro fue completamente diferente. No me regaló nada y cenamos en McDonalds.

A common thing to do when we are exchanging stories or anecdotes with friends is to compare how our experiences are similar or different.

Use these expressions to indicate that your experience was similar:

Eso me recuerda (a mi amigo/a, a mi hermano/a..., una ocasión).	*That reminds me of (my friend, brother/sister, . . . , an occasion).*
Mi (amigo/a, hermano/a) es como el/la tuyo/a.	*My (friend, brother/sister) is like yours.*
Es como el día en que...	*It's like the day when . . .*
Mi experiencia en... fue muy parecida.	*My experience in . . . was very similar.*

Use these expressions to indicate that your experience was different:

Mi experiencia con... fue completamente diferente.	*My experience with . . . was completely different.*
La impresión que tengo de... es completamente opuesta.	*The impression I have of/about . . . is completely the opposite.*
La persona que describes es muy diferente de la que yo conozco.	*The person you're describing is very different from the one I know.*

Mi experiencia con... fue parecida y diferente al mismo tiempo.	My experience with . . . was similar and different at the same time.
Lo que me pasó en... fue un poco parecido, la diferencia es que...	What happened to me in . . . was a bit similar; the difference is that . . .

2–41. Vocabulario en acción. ¿Fueron tus experiencias similares o diferentes a las experiencias de estas personas? Escribe tus opiniones usando las expresiones adecuadas.

1. Conozco a un padre que se enfadó con su hijo por una cuenta de teléfono de 800 dólares.
2. Leí que una pareja de jóvenes se casó a los 15 años de edad.
3. Me contaron que una profesora de español suspendió a un estudiante en un examen por mascar chicle. En mi opinión, esta sanción es justa.
4. Vi en las noticias locales que un joven se comió 50 hamburguesas en una tarde.
5. Me enteré de que una estudiante no hizo el examen final de su clase de español por no despertarse a tiempo la mañana del examen.

2–42. Un amigo común. Durante una conversación, tú y tu pareja se dan cuenta de que tienen un amigo en común, Manolo Camaleón. Inventen los detalles de la conversación, en la que comparan sus impresiones y opiniones sobre Manolo. Usen su imaginación y los detalles que se incluyen para representar este diálogo.

Estudiante A: Manolo y tú eran compañeros de cuarto en la universidad. Manolo nunca limpiaba el cuarto, escuchaba música de salsa cuando tú tenías que estudiar y siempre salía con las personas que a ti te gustaban.

Estudiante B: Manolo es ahora tu colega en una organización no lucrativa (*nonprofit*) que lucha contra el consumo de tabaco, alcohol y drogas. Es un buen amigo tuyo y vas a invitarlo a cenar la semana próxima para que conozca a tu novio/a.

Naranjas atadas, de Diana Paredes

Diana Paredes nació en Lima, Peru. Comenzó a pintar a los ocho años de
edad. Su arte sorprende a muchos por la atención que reciben los detalles y por
la destreza de la artista en la expresión de emociones. Recibió su formación en
la Academia de Arte Cristina Galvez, la Academia Miguel Gayo y el Instituto
de Arte de Fort Lauderdale.

Tied Oranges, Oil on canvas, by Diana Paredes.

2-43. Observaciones artísticas. En parejas, miren la obra con atención
durante unos minutos. Después, respondan a las siguientes preguntas. ¿Están
de acuerdo en sus respuestas?

1. ¿Qué tipo de materiales usa Diana Paredes?
2. Describan los colores de la obra.
3. Expliquen la relación entre el título y la obra.
4. Expliquen la relación entre el título y los temas de la unidad que
    están estudiando.
5. Piensen en otro título para esta obra.

LEER PARA ESCRIBIR

Entrando en materia

Otra actividad que llena las horas de ocio tanto de hispanos como estadounidenses es el cine. No son muchos los actores hispanos conocidos en Estados Unidos pero hay algunas excepciones. Un ejemplo es el reciente éxito cinematográfico de Antonio Banderas. En el siguiente artículo, Antonio Banderas describe cómo llegó a ser actor y cómo consiguió la fama en Estados Unidos. También habla muy abiertamente (*openly*) de su relación con Melanie Griffith.

> **Usar lo que ya sabemos**
>
> *Antes de leer esta entrevista con Antonio Banderas, piensa en lo que ya sabes del tema. Por ejemplo, sabes que las entrevistas normalmente tienen un formato particular de preguntas y respuestas. También sabes que las entrevistas a estrellas de cine suelen girar en torno a varios temas familiares: sus relaciones personales, sus problemas, sus éxitos en la pantalla, etc. Después, usa tu conocimiento de la sociedad estadounidense y piensa en lo siguiente: si tú hicieras la entrevista, ¿qué preguntarías? ¿Qué tipo de información crees que le gustaría al público? Anota los temas que se te ocurran, y después, compara tus notas con los temas de la entrevista. ¿Son similares? ¿Diferentes? ¿Pudiste predecir lo que la entrevistadora iba a preguntar?*

2–44. Un vistazo rápido. Mira rápidamente todos los párrafos que componen el artículo. ¿En qué párrafos (P1, 2, 3, etc.) se encuentran estas ideas?

1. Descripción de sus primeros pasos (*first steps*) como actor de teatro en el sur de España.
2. Banderas habla de sus primeras películas en el cine español.
3. Dificultades económicas en Madrid.
4. Relación amorosa con Melanie Griffith.
5. Banderas reflexiona sobre su éxito en Estados Unidos y sus planes para el futuro.

2-45. Vocabulario en contexto. Teniendo en cuenta el contexto de la lectura, ¿qué crees que significan estos verbos? Selecciona la opción correcta (a, b, c).

1. asistir
   Desde el momento que **asistí** a mi primera obra de teatro me obsesionó la idea de ser actor.
   a. atendí
   b. dije "sí"
   c. fui

2. cobrar
   Durante tres años trabajé de camarero, de dependiente en unos grandes almacenes (*department stores*), y actué en teatros experimentales **sin cobrar** ni una peseta (*prior currency in Spain*).
   a. un tipo de serpiente
   b. sin dar dinero
   c. sin recibir dinero

3. proponer
   Cuando me **propusieron** hacer esta película no hablaba ni una palabra de inglés, pero el director no lo sabía.
   a. pidieron
   b. sugirieron
   c. mandaron

4. preguntarse
   Todo el mundo **se preguntaba,** ¿quién es ese Antonio Banderas?
   a. hablaba
   b. quería saber
   c. discutía

5. ponerse rojo
   Ella me miró y me contestó: "Esa no es una pregunta para una dama".
   Así que contesté: "Lo siento" y **me puse rojo**.
   a. pinté
   b. tuve vergüenza
   c. me enojé

6. apoderarse
   El amor **se apoderó** completamente de nosotros. No podíamos estar separados.
   a. nos enamoramos totalmente
   b. el amor tenía mucho poder
   c. a y b

7. distanciarse
   Es como mirar un cuadro (*painting*), necesitas **distanciarte** un poco para apreciarlo.
   a. estar de pie
   b. estar cerca
   c. estar a distancia

Antonio Banderas se confiesa

P1 Crecí en Málaga, Andalucía. Mi padre era policía y mi madre profesora. Cuando tenía catorce años anuncié que quería ser actor. Nadie me comprendió. Yo era como un animal **extraño** en mi familia. Desde el momento que **asistí** a mi primera obra de teatro me obsesionó la idea de ser actor. En contra de su voluntad, mi madre me matriculó en la Escuela Local de Arte Dramático, con la condición de que también estudiara para ser profesor. Durante cuatro años, pasé todo mi tiempo en el escenario y la verdad es que no fui mucho a mis clases. Lo que a mí me interesaba era la práctica.

P2 Durante los veranos organizábamos pequeñas giras y viajábamos por los pueblos de Andalucía en un camión de segunda mano. Actuábamos en las calles, en cualquier parte en la que hubiera público. Nos financiaba una condesa con la que yo flirteaba en aquellos días.

P3 La idea de hacer cine o ir a Hollywood nunca se me pasó por la cabeza. Yo pensaba que el teatro era algo mucho más serio que el cine, sobre todo porque en aquellos días el teatro era una forma de atacar el régimen de Franco.

P4 Me fui a Madrid con 18 años. Durante tres años trabajé de camarero, de dependiente en unos grandes almacenes y actué en teatros experimentales **sin cobrar** ni una peseta. La verdad es que no tenía ni para el autobús y a veces tenía que caminar 10 kilómetros para llegar a una audición. Ⓜ

P5 En 1982 hice mi primera película, *Laberinto de pasiones*, con Pedro Almodóvar. Durante diez años actué en películas de Almodóvar, *Mujeres al borde de un ataque de nervios*, *Átame*... Mi primer papel en una película estadounidense fue en 1992, en *Los reyes del mambo*. Cuando me **propusieron** hacer esta película no hablaba ni una palabra de inglés, pero el director no lo sabía. Recuerdo que él hablaba y hablaba y yo no comprendía nada de lo que decía. Me matriculé en un curso de inglés y aprendí mi papel fonéticamente.

P6 Mi fama en Estados Unidos se originó en una aparición que hice en el documental de Madonna *Truth or Dare*. Madonna intentó seducirme y separarme de mi esposa. Aquella relación con Madonna me dio la popularidad equivalente a un anuncio de dos páginas en el *New York Times*. Todo el mundo **se preguntaba** ¿quién es ese Antonio Banderas?

P7   Vi a Melanie en persona por primera vez en la ceremonia de entrega de los Oscars. Pero no hablé con ella hasta el rodaje de *Two Much*. Cuando Melanie llegó al rodaje fui a presentarme yo mismo. Hablamos un poco, "...así que tú eres Melanie. Yo soy Antonio, ¿qué tal?" Yo dije: "¿Cuántos años tienes?" Ella me miró y me contestó: "Esa no es una pregunta para una dama". Así que contesté: "Lo siento" y **me puse rojo**. Ella me miró y me dijo su edad, 37 años, y yo dije: "Estupendo". Luego, no sé, algo sucedió pero no lo recuerdo.

P8   El amor **se apoderó** completamente de nosotros. No podíamos estar separados ¿Qué podíamos hacer? No se puede luchar contra el amor. Hay quien piensa que mi matrimonio con Sara Leza se rompió a causa de Melanie. La realidad es que mi matrimonio estaba ya deteriorado y no hay ninguna conexión entre la ruptura con mi mujer y Melanie.

P9   Mi éxito en el cine me ha dado mucho dinero pero los únicos lujos que me he permitido han sido comprarme una casa en Madrid y otra en el sur de España. Un día estás en la cima, y a la semana siguiente, por culpa de un fracaso, vuelves a estar abajo. Si, de repente, las cosas me van mal en Estados Unidos, siempre puedo volver a España y hacer pequeñas películas.

P10   Algún día volveré a mi hogar. Ocurre algo extraño cuando dejas tu país. Es como mirar un cuadro, necesitas **distanciarte** un poco para apreciarlo. Pasa lo mismo cuando vives en otras culturas y con otras gentes, empiezas a extrañar el lugar al que realmente perteneces. (M)

Momento de reflexión

Pon una X al lado de las oraciones que mejor describan el contenido de estos párrafos que acabas de leer.

☐ *1. En los párrafos 5 y 6, Antonio describe cómo se hizo famoso como actor.*

☐ *2. El párrafo 6 dice que Antonio se divorció de su mujer a causa de una relación con Madonna.*

☐ *3. En los párrafos 7 y 8 Antonio describe cómo él y Melanie Griffith se enamoraron.*

Momento de reflexión

Pon una X al lado de las oraciones que mejor describan el contenido de estos párrafos que acabas de leer.

☐ *1. En el párrafo 9, Antonio habla con mucha seguridad sobre su futuro profesional en Estados Unidos.*

☐ *2. En el párrafo 10, Antonio usa un tono nostálgico para referirse a España.*

2-46. Vocabulario en acción. ¿Puedes explicar en tus propias palabras el significado de estas expresiones? P1, P2, etc. indica el párrafo del texto donde se encuentra la expresión.

1. Yo era como un animal extraño en mi familia. [P1]

2. Yo pensaba que el teatro era algo mucho más serio que el cine. [P3]

3. Aquella relación con Madonna me dio la popularidad equivalente a un anuncio de dos páginas en el *New York Times*. [P6]

4. ...siempre puedo volver a España y hacer pequeñas películas. [P9]

5. Es como mirar un cuadro, necesitas distanciarte un poco para apreciarlo. [P10]

2-47. Y ustedes, ¿qué piensan? En parejas, una persona debe hacer las preguntas correspondientes al estudiante A y la otra persona las correspondientes al estudiante B. Pueden hacerle preguntas adicionales a su pareja si necesitan aclaraciones.

Estudiante A: ¿Qué imagen da Banderas de su madre? ¿Por qué? Banderas habla de su relación con una condesa. ¿Qué opinas de mantener una relación con otra persona por cuestiones financieras? ¿Te parece bien o mal? ¿Por qué? ¿Crees que las diferencias culturales entre dos personas como Melanie y Antonio influyen mucho en el éxito de la relación? ¿Por qué?

Estudiante B: ¿Crees que es fácil o difícil que un actor hispano triunfe en Estados Unidos? ¿Por qué? ¿Qué actitud general piensas que tienen los estadounidenses hacia el cine de otros países? ¿Por qué crees que tienen esa actitud? ¿Qué cosas crees que se pueden aprender sobre otra cultura al ver una película de ese país? ¿Crees que el cine ayuda a eliminar estereotipos o crea más?

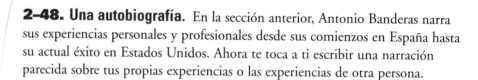

PONLO POR ESCRITO

2-48. Una autobiografía. En la sección anterior, Antonio Banderas narra sus experiencias personales y profesionales desde sus comienzos en España hasta su actual éxito en Estados Unidos. Ahora te toca a ti escribir una narración parecida sobre tus propias experiencias o las experiencias de otra persona.

Preparación

Piensa en los siguientes puntos:

1. ¿Quiénes serán los lectores de mi composición?
2. ¿Qué información voy a incluir en la introducción?
3. ¿Qué tema/s voy a incluir en cada párrafo?
4. ¿Qué información voy a incluir en la conclusión?

Ahora piensa en cómo vas a organizar la información en tu redacción. Aquí tienes algunas sugerencias.

1. Narrar las experiencias en orden cronológico.

> **MODELO** Nací y crecí en una familia que para muchos parecía una familia de locos, y quizás en algunos casos tenían razón, pero era mi familia y yo la quería con locura. Cuando era niño/a mi padre...

2. Hacer la narración desde la perspectiva de un hecho en el presente.

> **MODELO** Hoy me llamó Roberto García por teléfono. Para que lo sepan, Roberto García y yo nos vimos por última vez en la fiesta de graduación de la escuela secundaria. Recuerdo muy bien aquella fiesta. Roberto era el chico más atractivo de todos y yo tenía el honor de ser su compañera...

3. ¿Otros modelos de organización diferentes?

A escribir

1. Comienza tu redacción con una introducción interesante.

> **MODELO** **En ese día frío del que tanto hablaba mi madre cuando yo era pequeño, en ese día frío decía, nací yo. Llegué al mundo a la hora del té, a las cuatro de la tarde...**

2. Desarrolla el contenido y organización que hayas seleccionado. Por ejemplo, si quieres describir el ambiente familiar en el que creciste y una experiencia importante durante la niñez y la juventud, puedes usar el ejemplo a continuación como guía.

> **MODELO** **La vida en casa era muy tranquila. Mamá siempre en la cocina, papá siempre en su trabajo, y mis hermanos y yo siempre metidos en problemas. Recuerdo una vez que...**

3. Si quieres describir tu vida fuera del ambiente familiar en el presente, puedes usar este ejemplo como guía.

> **MODELO** **Ahora que no estamos ya en casa, mis hermanos y yo seguimos dando problemas pero, claro, son de otro tipo...**

4. Escribe una conclusión que resuma de forma interesante el contenido de los párrafos.

> **MODELO** **Y así es como llegué a ser quien soy hoy: un muchacho tímido, algo romántico, interesado en la cocina y también en la política... Una buena combinación, en mi opinión...**

5. Al escribir tu narración recuerda lo que has aprendido sobre el pretérito e imperfecto usados juntos. También usa las comparaciones, el **se** impersonal y los pronombres de objeto directo e indirecto si es necesario.

6. Las expresiones de la lista te servirán para hacer transiciones entre diferentes ideas.

a diferencia de, en contraste con	*in contrast to*
al fin y al cabo	*in the end*
después de todo	*after all*
en resumen	*in summary*
igual que	*the same as, equal to*
mientras	*while*
sin embargo	*however*

Revisión

Para revisar tu redacción usa la guía de revisión del Apéndice C. Después de hacer tu revisión, escribe la versión final y entrégasela a tu instructor/a.

Resumen de la parte 1. *El detective Lorenzo Fresnos está en su despacho, espera una visita. Se queda dormido en su sillón y cuando despierta hay una mujer en su despacho; él supone que es la visita que espera. Él nunca ha visto a la mujer antes, pero ella le habla como si se conocieran. Fresnos espera que ella le hable de que su esposo tiene una amante, pero ella habla de temas que no están relacionados con las actividades de un detective.*

Final absurdo (parte 2)

—Escuche... —se suavizó[1] Fresnos. Pero ella no le escuchaba.

—¡Pues para eso le he venido a ver, precisamente! ¡No reniegue[2] ahora de su responsabilidad! ¡Yo no digo que la culpa[3] sea toda suya, pero usted, por lo menos, me tenía que haber avisado[4]!

—¿Avisado? ¿De qué? —se desconcertó Fresnos.

—¡Avisado, advertido, puesto en guardia[5], qué sé yo! ¡Haberme dicho que usted se desentendía[6] de mi suerte[7], que todo quedaba en mis manos! Yo estaba convencida de que usted velaba[8] por mí, por darle un sentido a mi vida...

Aquella mujer estaba loca. Era la única explicación posible. No era la primera vez que tenía clientes desequilibrados. Eso sí, no parecía peligrosa; se la podría sacar de encima por las buenas[9]. Se levantó con expresión solemne.

—Lo siento, señora, pero estoy muy ocupado y...

A la mujer se le puso una cara rarísima: la boca torcida[10], los labios temblorosos, los ojos mansos[11] y aterrorizados.

—Por favor, no se vaya... no se vaya... no quería ofenderle murmuró[12], ronca[13]; y luego empezó a chillar[14]: ¡Es mi única oportunidad, la única! ¡Tengo derecho a que me escuche! ¡Si usted no...! Y de pronto se echó a llorar.

Si algo no soportaba[15] Fresnos era ver llorar a una mujer. Y el de ella era un llanto total, irreparable, de una desolación arrasadora[16]. <<Está loca>>, se repitió, para serenarse[17]. Se volvió a sentar. Ella, al verlo, se calmó. Sacó un pañuelito de encaje[18] para enjugarse los ojos y volvió a sonreír con una sonrisa forzada. <<La de un náufrago[19]

1. *mellowed*
2. *forsake*
3. *fault*
4. *warned*

5. *put on guard*
6. *relinquish responsibility*
7. *fate*
8. *watched over*

9. *he could get rid of her without fuss*

10. *contorted*
11. *gentle*
12. *whispered*
13. *hoarse*
14. *shout*
15. *couldn't bear*
16. *crushing*
17. *calm down*
18. *little lace handkerchief*
19. *shipwrecked man*

Antes de leer

En ocasiones, los adjetivos que utiliza el autor de una novela nos proporcionan mucha información adicional sobre los personajes. Haz una primera lectura de esta parte, fijándote en las descripciones que el narrador incluye sobre la mujer y sobre el detective. Basándote en los adjetivos que se presentan, intenta deducir cuáles son los rasgos más definidos de la personalidad de cada personaje. Esto te ayudará a predecir sus reacciones y comentarios en las secciones siguientes de la novela.

intentando seducir a una tabla>> , pensó Fresnos. Él mismo se quedó sorprendido: le había salido una metáfora preciosa, a la vez original y ajustada. Y entonces tuvo una idea. Pues Fresnos, como mucha gente, aprovechaba sus ratos libres para escribir, y tenía secretas ambiciones literarias. Y lo que acababa de ocurrírsele[20] era que esa absurda visita podía proporcionarle[21] un magnífico tema para un cuento. Empezó a escucharla, ahora sí, con interés.

—Hubiera podido fugarme[22], ¿sabe? —decía ella—. Sí, le confieso que lo pensé. Usted... —se esforzaba visiblemente en intrigarle, en atraer su atención—, usted creía conocer todos mis pensamientos, ¿verdad?

Lorenzo Fresnos hizo un gesto vago, de los que pueden significar cualquier cosa. Estaría con ella un rato más, decidió, y cuando le pareciese que tenía suficiente material para un relato, daría por terminada[23] la visita.

—¡Pues no! —exclamó la mujer, con tono infantilmente burlón[24]—. Permítame que le diga que no es usted tan omnisciente como cree, y que aunque he sido un títere[25] en sus manos, también tengo ideas propias. —Su mirada coqueta suavizaba apenas[26] la agresividad latente en sus palabras. Pero Fresnos estaba demasiado abstraído pensando en su cuento para percibir esos matices[27].

—...cuando me paseo por el puerto, ¿recuerda? —continuaba ella. En medio de aquel revuelo de gaviotas[28] chillando, que parecen querer decirme algo, transmitirme un mensaje que yo no sé descifrar. —Se quedó pensativa, encogida[29]. <<Como un pajarito>>, pensó Fresnos, buscando símiles. <<Un pajarito con las plumas mojadas>>—. O quizá el mensaje era, precisamente, que no hay mensaje —murmuró ella.

20. *it occurred to him*
21. *provide him*

22. *run away*

23. *would end*

24. *scoffing*
25. *puppet*
26. *hardly*

27. *nuances*

28. *seagulls*
29. *pensive, shrunken*

2–49. Nuestra interpretación del cuento. Contesta estas preguntas según la lectura.

1. ¿Qué segmentos indican que Lorenzo Fresnos no tiene interés en la visita de la mujer?
2. ¿Qué piensa Lorenzo Fresnos de la mujer? ¿Por qué?
3. ¿Qué actividad hace Lorenzo Fresnos en su tiempo libre?
4. ¿En qué momento Lorenzo Fresnos decide que escuchar a la mujer puede ser interesante?
5. ¿Qué piensa la mujer de Lorenzo Fresnos?
6. Resume el problema de la mujer.

2–50. Representación. En parejas, representen una situación confusa similar a la que tiene lugar entre Fresnos y la mujer. Una persona debe asumir el papel de detective, quien cree que la mujer necesita sus servicios. La otra persona debe asumir el papel de la mujer, quien no necesita los servicios de un detective y se encuentra en su oficina por motivos que éste no conoce.

1. Determinen el motivo de la visita de la mujer (usen la información del cuento y su imaginación).
2. Representen la siguiente situación asumiendo los papeles correspondientes.

Estudiante A: Como detective, tú recibes a la mujer en tu oficina pero crees, erróneamente, que ella necesita tus servicios.

Estudiante B: Tú eres la mujer, que no necesita los servicios del detective. Explícale cuáles son los motivos de tu visita.

aburrirse	to get bored	extraño/a	strange
afición *f*	hobby	financiar	to finance
agradecer (zc)	to thank	flirtear	to flirt
al igual que	same as	fracaso *m*	failure
ama de casa *f*	housewife	gira *f*	tour
amistad *f*	friendship	guardería infantil	daycare
anuncio *m*	ad	imponer (g)	to impose
apoderarse	to get hold of	índice *m*	rate
asistir	to attend	intimidad *f*	privacy
atender (ie)	to pay attention	jubilado/a	retired
aumento *m*	increase	lealtad *f*	loyalty
calificar	to describe, to rate	lugar *m*	place
carnet de identidad *f*	ID card	madrugada *f*	dawn
cima *f*	top	manipulador/a	manipulative
cobrar	to charge	matricularse	to register, to sign up
compartir	to share	mayoría *f*	majority
condesa *f*	countess	movilidad *f*	mobility
conocido/a	acquaintance	mutuo/a	mutual
contribuir (y)	to contribute	nada por el estilo	nothing like that
crecer (zc)	to grow up	obsesionarse	to become obsessed
cuidado *m*	care	papel *m*	role
cultivar	to cultivate, to foster	pasarse por la cabeza	to cross one's mind
cuñado/a	brother/sister-in-law	paseo *m*	stroll
dependiente/a *m/f*	shop assistant	población *f*	population
desleal	disloyal	ponerse rojo/a	to blush
deteriorar	to deteriorate	por lo tanto	therefore
dificultar	to make difficult, to pose an obstacle	preguntarse	to wonder
		presentarse uno mismo	to introduce oneself
dinámica *f*	dynamics	proponer (g)	to propose
disminuir (y)	to decrease	rechazo *m*	rejection
disolver (ue)	to dissolve	retrasar	to delay
distanciarse	to step back	rodaje *m*	shooting (as in film)
divorciarse	to get divorced	ser interesado/a	to be self-serving, selfish
duradero/a	lasting	sin	without
echar de menos	to miss	sin cobrar	without getting paid
en contra de su voluntad	against his/her will	sin embargo	however, nevertheless
		sin previo aviso	without warning or notice
encontrar (ue)	to find	sitio	place
en gran medida	in great part	supervivencia *f*	survival
entorno *m*	environment, setting	tareas domésticas *f*	household chores
escenario *m*	stage	temprano/a	early
estar de acuerdo	to agree	tener hijos	to have children
estrecho/a	close, intimate	trabajar por horas	hourly work
estupendo/a	great, fantastic	vestido/a	dressed
exigencia *f*	demand	vida *f*	life
exito *m*	success	visitante *m/f*	guest
expectativa *f*	expectation	viudo/a	widow/widower

3

Nuestra comunidad bilingüe

Nací en Maracaibo, Venezuela. Mi padre, médico venezolano, trabajaba para una empresa estadounidense. Como resultado, viví entre estadounidenses toda mi vida. Me eduqué en escuelas de Venezuela y EE.UU. Esta combinación me ha dado la habilidad de poder apreciar mi cultura de origen y la cultura asimilada.

Como estadounidense de ascendencia mexicana, he disfrutado de dos culturas distintas pero bastante conectadas. Me crié en Los Ángeles, California, donde el español es casi tan común como el inglés. Afortunadamente, soy bilingüe y esto me ha dado la oportunidad de convivir y trabajar con gente de diversas culturas. Mi ascendencia mexicana me ha servido de inspiración para aprender otros idiomas e interesarme por otras culturas. Ahora vivo en Nueva York, donde es fácil encontrarse con gente de todas partes del mundo.

Ser bicultural

Entrando en materia

3–1. Lo que sabemos. En parejas, piensen en las ideas que tienen sobre los inmigrantes a Estados Unidos. Después, lean las siguientes oraciones y determinen si están de acuerdo o en desacuerdo. Justifiquen sus respuestas.

- Todos los inmigrantes hispanos llegaron a EE.UU. al mismo tiempo.
- En muchos de los países hispanohablantes hay diversidad racial.
- No hay diferencias de clase social entre los hispanos inmigrantes.
- Todos los hispanos en Estados Unidos son de la misma raza.

3–2. Vocabulario en contexto. Mira el contexto de estas palabras en la lectura e identifica la definición que corresponde a cada palabra.

G	**1.** inestabilidad	**a.** sinónimo de *hacer* o *producir*
e	**2.** racial	**b.** sinónimo de *características*
A	**3.** crear	**c.** una persona de Estados Unidos
	4. estadounidense	**d.** sinónimo de *incorrecto*
F	**5.** incluir	**e.** adjetivo derivado de *raza*
B	**6.** rasgos	**f.** un elemento de unión entre dos o más partes
H	**7.** valores	**g.** falta de equilibrio
I	**8.** lazo	**h.** sinónimo de *creencias* o *forma de ver la vida*
D	**9.** erróneo	**i.** sinónimo de *contener*

Arte Mestiza, (detail), Acrylic concrete, 10x200ft., by Emanuel Martinez.

◀ **Por si acaso**

Antes de 1848, los estados de Utah, Nevada, California, Arizona, Nuevo México y áreas de Colorado y Wyoming eran territorio mexicano. El español se habló antes que el inglés en estos estados.

LECTURA

Ser hispano en Estados Unidos

DE ARTURO FOX

Por si acaso

1959 es una fecha histórica que marca el triunfo de la Revolución Cubana y de su líder, Fidel Castro, que continúa en el poder.

M omento de reflexión

¿Verdadero o falso?
- [ ] 1. Parte de la población hispana en Estados Unidos está distribuida de esta manera:

   los mexicano-americanos en el suroeste del país, los cubanos en la Florida y los puertorriqueños en el estado de Nueva York.

- [ ] 2. La Florida, el suroeste de Estados Unidos y Nueva York son las únicas áreas geográficas donde se han asentado las diversas comunidades hispanas.

- [ ] 3. Muchos hispanos de Guatemala, Nicaragua y El Salvador han emigrado a Estados Unidos en las últimas décadas.

VIRTUALMENTE TODAS LAS naciones de Hispanoamérica están representadas en la comunidad hispana de Estados Unidos, pero el 80% de ella proviene de México, el 14% de Puerto Rico y el 6% de Cuba. Los estados del suroeste que bordean la frontera con México, es decir California, Arizona, Nuevo México y Tejas contienen la mayor concentración de mexicano-americanos. En el estado de Nueva York reside la mayor parte de la población puertorriqueña, y la Florida, a 90 millas de Cuba, ha sido el destino natural de los cubanos, especialmente desde que en 1960 tuvo lugar el éxodo de exiliados opuestos al régimen de Fidel Castro.

En las últimas décadas, por otra parte, ha habido una tendencia hacia la dispersión, especialmente entre la población puertorriqueña, que de la ciudad de Nueva York se ha trasladado hacia otras ciudades del mismo estado, o a otros estados como Nueva Jersey, Connecticut e Illinois. En el área de Chicago reside ya el mayor núcleo de puertorriqueños fuera de la ciudad de Nueva York. En menor escala, los cubanos han ido formando importantes comunidades fuera de la Florida, notablemente en la costa este de Estados Unidos. Los mexicano-americanos han mostrado menor tendencia a la dispersión.

Cuatro de cada cinco de ellos todavía viven en los estados del suroeste.

Otro fenómeno ha sido la multiplicación de las nacionalidades representadas en Estados Unidos. Nueva York ha recibido una importante inmigración dominicana desde los años 60. Durante la década de los 70 la **inestabilidad** política de Centroamérica comenzó a producir una constante corriente de emigrantes, refugiados políticos y económicos de Nicaragua, Guatemala y El Salvador. Este grupo se ha concentrado especialmente en California. Los nicaragüenses, además, se han establecido en considerable número en el área de Miami. **M**

¿Qué características permiten identificar a un individuo como "hispano"? Un criterio que ciertamente no debe usarse es el **racial**, ya que no existe una "raza hispana". El hecho es, sin embargo, que los dos grupos principales que **crearon** la imagen de los hispanos en Estados Unidos, los mexicano-americanos y los puertorriqueños, estaban formados en gran parte por personas de color, lo cual creó en la mente del **estadounidense** la asociación de lo hispano con la categoría "nonwhite".

¿Pero es correcto, en realidad, hablar de una "minoría hispana" o de una "comunidad hispana" en la que se **incluyan** todos los grupos hispanos de Estados Unidos? Algunos contestan esta pregunta de forma negativa debido a las notables diferencias económicas, étnicas y culturales que existen entre esos grupos. No obstante, es posible decir que existe una colectividad hispana en Estados Unidos con suficientes **rasgos** comunes para merecer tal nombre. Las distintas comunidades hispanas de este país no sólo comparten los más obvios indicadores culturales de origen hispano, el español como idioma, el catolicismo como religión predominante y un sistema común de **valores**, sino también un **lazo** de unión adicional y no menos importante: el hecho de que la sociedad estadounidense suele percibir a los hispanos como un grupo más o menos uniforme. **Errónea** o no, ésta es una percepción con la que el hispano tiene que enfrentarse en su vida diaria. La pregunta "Are you Hispanic?" demanda una respuesta afirmativa tanto del argentino como del peruano asentados en Estados Unidos, antes de que uno u otro pueda aclarar su nacionalidad de origen. **Ⓜ**

Ⓜomento de reflexión

¿Verdadero o falso?

☐ 1. No hay hispanos de raza blanca.

☐ 2. La comunidad hispana de Estados Unidos es esencialmente de raza negra.

☐ 3. Los estadounidenses a menudo piensan que la comunidad hispana es un grupo uniforme.

3-3. ¿Comprendiste? En parejas, completen la tabla de abajo con información de la lectura.

Países de origen de los diferentes grupos	Tres diferencias entre los grupos	Tres aspectos comunes entre los grupos	Dos razones que explican la emigración de estos grupos

3-4. Palabras en acción. En parejas, preparen un párrafo corto incluyendo algunas ideas sobre el artículo que acaban de leer. Incluyan tantas palabras de la lista como sea posible. Después, intercambien su párrafo con los de otras parejas para comparar sus puntos de vista.

conservar	erróneamente	inestabilidad	dictadura
variedad racial	progresar	estadounidenses	

3–5. Impresiones. En parejas, cada estudiante debe hacerle las preguntas correspondientes a la otra persona. Respondan teniendo en cuenta lo que acaban de aprender en la lectura y lo que ustedes piensan acerca del tema de los inmigrantes. Justifiquen sus respuestas. Pueden hacer preguntas adicionales para clarificar ideas.

Estudiante A: ¿Cuál crees que es la causa de la inmigración? ¿Crees que hay muchas personas que emigran de Estados Unidos a otros lugares? ¿Por qué?

Estudiante B: ¿Conoces a algún inmigrante hispano? ¿Qué sabes de esta persona? ¿Crees que la inmigración es buena o mala para un país? ¿Por qué?

ATENCIÓN A LA ESTRUCTURA

Introduction to the Subjunctive

All verb tenses you have studied so far in *Más allá de las palabras* are part of the indicative mood.

In this unit you will learn more about another mood, the subjunctive, which you may have studied in previous Spanish classes. Tenses grouped in the subjunctive mood are used mostly in the dependent clause of certain compound sentences. Spanish speakers use the subjunctive to make statements that convey nonfactual messages or messages that imply emotion, uncertainty, judgment, or indefiniteness.

There are four tenses in the subjunctive mood. In this unit you will learn the forms of the present subjunctive and its uses.

Forms of the Present Subjunctive

To form the present subjunctive of regular verbs start with the first person (**yo**) of the present indicative. In **-ar** verbs, change the **-o** to **-e, -es, -e, -emos, -éis, -en**. In **-er** and **-ir** verbs, change the **-o** to **-a, -as, -a, -amos, -áis, -an**.

PRESENT INDICATIVE SUBJUNCTIVE

Infinitive	yo Form	Present	
caminar	camino	camine	caminemos
		camines	caminéis
		camine	caminen
comer	como	coma	comamos
		comas	comáis
		coma	coman
escribir	escribo	escriba	escribamos
		escribas	escribáis
		escriba	escriban

Irregular verbs that have the **yo** form of the present indicative as a basis for the present subjunctive: **decir, hacer, oír, poner, salir, tener, venir,** and **ver.**

digo	diga, digas, diga, digamos, digáis, digan
hago	haga, hagas, haga, hagamos, hagáis, hagan
oigo	oiga, oigas, oiga, oigamos, oigáis, oigan
pongo	ponga, pongas, ponga, pongamos, pongáis, pongan
salgo	salga, salgas, salga, salgamos, salgáis, salgan
tengo	tenga, tengas, tenga, tengamos, tengáis, tengan
vengo	venga, vengas, venga, vengamos, vengáis, vengan
veo	vea, veas, vea, veamos, veáis, vean

Stem-Changing Verbs

-ar and **-er** stem-changing verbs undergo the same vowel-change pattern in the subjunctive that you have learned for the indicative.

cerrar	cierre, cierres, cierre, cerremos, cerréis, cierren (e ➔ ie)
contar	cuente, cuentes, cuente, contemos, contéis, cuenten (o ➔ ue)
defender	defienda, defiendas, defienda, defendamos, defendáis, defiendan (e ➔ ie)
volver	vuelva, vuelvas, vuelva, volvamos, volváis, vuelvan (o ➔ ue)

-ir stem-changing verbs undergo an additional change in the **nosotros** and **vosotros** forms, **e ➔ i** and **o ➔ u**.

preferir	prefiera, prefieras, prefiera, prefiramos, prefiráis, prefieran (e ➔ ie, i)
dormir	duerma, duermas, duerma, durmamos, durmáis, duerman (o ➔ ue, u)

Irregular Verbs

dar	dé, des, dé, demos, deis, den
estar	esté, estés, esté, estemos, estéis, estén
ir	vaya, vayas, vaya, vayamos, vayáis, vayan
saber	sepa, sepas, sepa, sepamos, sepáis, sepan
ser	sea, seas, sea, seamos, seáis, sean
haber	haya, hayas, haya, hayamos, hayáis, hayan

Uses of the Present Subjunctive

Present Subjunctive in Noun Clauses

The subjunctive occurs in the dependent clause when the verb in the independent clause expresses:

1. uncertainty, doubt, or denial
2. emotion
3. advice, suggestion, or recommendation

What is the difference between a dependent and an independent clause?

An independent clause is one that can stand alone like a simple sentence expressing a complete thought; a dependent clause cannot stand alone and does not express a complete thought. Note the difference between dependent and independent clauses in the example below.

Independent Clause	Dependent Clause
Muchas personas dudan	que la educación bilingüe sea buena.
Many people doubt	*that bilingual education is a good thing.*

First Use of the Subjunctive: After Expressions of Uncertainty, Doubt, or Denial

When the verb in the independent clause expresses uncertainty, doubt, or denial, use subjunctive in the dependent clause.

Among verbs that express doubt are **dudar, no estar seguro, negar** (*deny*), **no creer,** and **no pensar**.

ATTENTION: **Pensar** and **creer** only trigger subjunctive in the dependent clause when they are in the negative form. Thus, if the independent clause bearing **pensar** or **creer** is affirmative, we get the following:

Independent Clause	Dependent Clause
Otras personas piensan	que la educación bilingüe **es** buena.
Other people think	*that bilingual education is a good thing.*
Otras personas creen	que la educación bilingüe **es** buena.
Other people believe	*that bilingual education is a good thing.*

Impersonal expressions (those without a specific subject) of doubt or uncertainty also require the use of the subjunctive. When they express certainty, use the indicative in the dependent clause; when they express uncertainty, use the subjunctive.

Certainty = Indicative

Es seguro (*It is certain*)
Es cierto (*It is true*)
Es verdad (*It is true*)
Está claro (*It is clear*) } que la educación bilingüe **es** beneficiosa.
Es obvio (*It is obvious*) (*that bilingual education is beneficial.*)
Es evidente (*It is evident*)

Uncertainty = Subjunctive

Es (im)posible (*It is (im)possible*)
Es (im)probable (*It is (im)probable*) } que la educación bilingüe **sea** beneficiosa.
No es seguro (*It is not certain*) (*for bilingual education to be beneficial.*)
Es dudoso (*It is doubtful*)

See *Apéndice gramatical 3* for information on the infinitive vs. the subjunctive.

Opiniones

Una buena forma de aprender sobre otras culturas es leer publicaciones dirigidas a ese público en particular. En Estados Unidos hay muchas revistas escritas por latinos para latinos. Si lees alguna de estas revistas, podrás practicar el español y ponerte al día en cuanto a las preocupaciones, problemas, modas y demás de la comunidad hispana en nuestro país. A continuación te presentamos dos cartas publicadas en una revista latina. En estas cartas, los lectores expresan su opinión acerca de la revista en general.

3–6. La gente opina. En parejas, lean las siguientes cartas al editor, prestando atención al uso del subjuntivo. Después, completen los pasos que se indican.

Siempre leo su revista con mucho interés porque hay mucha información sobre la cultura hispanoamericana.

Doy clases de inglés a inmigrantes. La mayoría de mis alumnos son de América Latina. Creo que la información de su revista da modelos excelentes de hispanos con éxito (*success*) en EE.UU. Estos modelos dan mucha motivación a mis alumnos. Dudo que alguien cuestione (*dispute*) el valor (*value*) de *Más* para la comunidad hispana en EE.UU.

Daniel Weber, Albuquerque, NM

Más, muchas gracias por la referencia a los hispanos judíos (*Jewish*). No creo que muchas personas tengan esta información. No todos los hispanos son católicos, un grupo de nosotros somos judíos. Su artículo reconoce que el grupo hispano es muy diverso. Gracias.

Alvin J. García, Tampa, FL

1. Las dos cartas dicen que la revista *Más* ofrece algo positivo para la comunidad hispana. ¿Qué aspecto positivo se menciona en cada carta?
2. Escriban una breve carta al editor basándose en estas dos cartas como modelos. Incluyan por lo menos un comentario positivo y un comentario negativo sobre algún aspecto de la revista (puede ser inventado). ¡Recuerden que las opiniones y los sentimientos requieren el subjuntivo!

3–7. La política y los hispanos.

Aquí tienes un pequeño artículo que el editor de *La Universidad* ha escrito sobre el tema de los hispanos y la política en Estados Unidos. Cambia los infinitivos a la forma verbal apropiada, en el subjuntivo o el indicativo, según tu opinión sobre estos temas. ¡Recuerda, el subjuntivo es subjetivo!

En EE.UU. los políticos creen que los hispanos (1) _forman_ (formar) un grupo demográfico importante. Eso no va a ser suficiente para que los hispanos tengan más poder y representación en el gobierno, pero (2) _es_ (ser) un buen punto desde donde comenzar.

Si las leyes de inmigración se reforman pronto, es posible que los hispanos (3) _den_ (dar) más votos al Partido Republicano en las próximas elecciones. Para los políticos, el problema es que muchos hispanos dudan que el gobierno (4) _haga_ (hacer) algo significativo para mejorar la vida de la comunidad hispana.

Después, claro, está el problema de la comunicación. Para conseguir votos es importante (5) _comunicarse_ (comunicarse) con la gente en su propio idioma, y yo personalmente (6) _dudo_ (dudar) que muchos políticos estadounidenses (7) _hablen_ (hablar) bien español.

Sin embargo, con tantos ciudadanos estadounidenses que (8) _son_ (ser) de origen hispano, es posible que (9) _hayan_ (haber) muchos más políticos hispanos en el futuro.

Tal vez así, los hispanos se sentirán finalmente integrados a la política del país.

3-8. ¿Eres bicultural? Hablar otro idioma es una forma de aprender sobre otra cultura. Aquí tienes algunas preguntas de personas hispanas que conoces. Responde teniendo en cuenta las diferencias culturales. Puedes responder usando expresiones como **(no) dudar, (no) pensar, (no) creer,** etc.

> **MODELO** **Tu instructora de danza te dice:**
> **Tienes que sacar una A en el examen final de salsa para obtener la beca de baile.**
> **No creo que pueda sacar una A en el examen final porque no tengo mucho ritmo.**

1. Tu vecina chilena te dice:
   El bautizo de mi hijo es el domingo y vamos a tener una comida familiar. ¿Quieres venir?
2. Tu amigo mexicano te pregunta:
   ¿Cómo celebran "la quinceañera" las mujeres de tu familia?
3. Tu compañero de cuarto, que acaba de llegar de España, te comenta:
   Esta noche quiero salir de fiesta hasta las cinco o las seis de la mañana. ¿Qué bares me recomiendas?
4. Tu instructor de español, que es dominicano, te dice:
   Necesito ideas sobre algún lugar interesante para celebrar mi santo este año. ¿Tienes alguna sugerencia?

3-9. Más estereotipos. ¿Recuerdan la discusión de la unidad anterior sobre los estereotipos? Aquí tienen una serie de estereotipos reales sobre los hispanos. Usen lo que saben sobre la cultura hispana para escribir una reacción positiva o negativa para cada estereotipo. Estas son algunas expresiones que pueden resultar útiles:

(no) creo	(no) dudo	(no) pienso	(no) es probable
es (im)posible que	(no) es cierto		

> **MODELO** **Todos los hispanos hablan el mismo idioma. No hay variaciones regionales.**
> **¡Dudo que todos los hispanos hablen el mismo idioma, sin variaciones regionales!**

1. Las mujeres hispanas siempren llevan tacones altos para ir al trabajo.
2. Todos los inmigrantes hispanos son pobres y vienen a Estados Unidos para hacerse ricos.
3. Los mexicanos trabajan muy despacio y por muy poco dinero.
4. La comida de todos los países hispanos es muy picante (*spicy*).
5. Los hispanos siempre hablan en voz muy alta y hacen mucho ruido.

3–10. Una prueba. En parejas, lean la descripción que acompaña a la ilustración. Cada estudiante debe escribir una afirmación verdadera y otra falsa sobre el contenido del texto. La otra persona debe reaccionar adecuadamente.

MODELO Estudiante A: **La mayoría de los inmigrantes hispanos llegó en los años 70.**
Estudiante B: **Dudo que esa afirmación sea verdadera. El texto dice que el mayor número llegó en los años 80.**

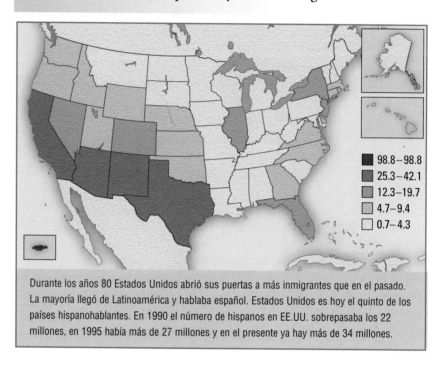

98.8–98.8
25.3–42.1
12.3–19.7
4.7–9.4
0.7–4.3

Durante los años 80 Estados Unidos abrió sus puertas a más inmigrantes que en el pasado. La mayoría llegó de Latinoamérica y hablaba español. Estados Unidos es hoy el quinto de los países hispanohablantes. En 1990 el número de hispanos en EE.UU. sobrepasaba los 22 millones, en 1995 había más de 27 millones y en el presente ya hay más de 34 millones.

3–11. Cóctel hispano de noticias. En parejas, lean estos titulares imaginarios de un periódico hispano. ¿Cuáles les parecen más probables? Reaccionen usando la lógica y las expresiones anteriores. Después, preparen tres o cuatro titulares de noticias que ustedes **sí** piensan que pueden ocurrir en la comunidad hispana.

MODELO **Cuba devolverá las propiedades (*properties*) de los cubanos que se exiliaron en los sesenta.**
No es probable que Cuba devuelva las propiedades de los cubanos.

1. El gobierno de EE.UU. va a abrir las fronteras a todos los inmigrantes.
2. El español será el idioma oficial de California algún día.
3. Los emigrantes cubanos son esencialmente refugiados políticos.
4. En el año 3000 los estudiantes van a poder aprender español sólo por computadora.
5. ¡Nuevo en el mercado: hay un libro de texto para aprender español en una semana!

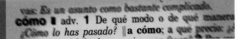

Cómo expresar tus opiniones

¿Qué te parece mi nuevo color de pelo?

Creo que el color púrpura te sienta bien.

When talking about a subject, you will express your opinions and also react to the other person's opinions on the subject. The following expressions will help you hold a discussion more effectively in Spanish.

Expressing your opinion:

Creo que	*I think that*
En mi opinión	*In my opinion*
Me parece absurdo (una tontería).	*It seems absurd (silly) to me.*
Me parece interesante.	*I think it is interesting.*
Me parece...	*I think (It seems to me) . . .*
Prefiero...	*I prefer . . .*

Reacting to the opinions of others:

(No) Estoy de acuerdo.	*I (dis)agree.*
(No) Tienes razón.	*You are (not) right.*
¿Por qué dices eso?	*Why do you say that?*
Absolutamente	*Absolutely*
Por supuesto	*Of course*
Yo también	*Me too*
A mí también (me gusta, me molesta)	*Me too*
Yo tampoco	*Me neither*
A mí tampoco (me gusta, me molesta)	*Me neither*

Asking for opinions:

¿Qué crees (opinas) (piensas)?	*What do you think?*
¿Qué te parece?	*What do you think?*

2 **3-12. Palabras en acción.** El departamento de humanidades de su universidad ha decidido cambiar los requisitos de graduación para asegurarse de que todos los estudiantes tengan una buena cultura y educación a nivel internacional antes de graduarse. Aquí tienen un resumen de las nuevas normas. En parejas, lean la información y expresen su opinión sobre cada punto. Después, entrevisten a otra pareja para saber su opinión. ¿Están de acuerdo?

Estos son los nuevos requisitos adicionales de graduación para todos los estudiantes de humanidades. Se deben cumplir en sustitución de los requisitos anteriores.

1 Todos los estudiantes deben estudiar un mínimo de dos idiomas durante los cuatro años de la carrera.

2 Todos los estudiantes deben pasar un mínimo de seis meses viviendo en una comunidad de inmigrantes donde se hable uno de los idiomas que estudian.

3 Todos los estudiantes deben participar en una campaña política que defienda algún interés particular de la cultura que estudian.

4 Todos los estudiantes deben demostrar un amplio conocimiento del idioma y la cultura que estudian. Para demostrar este conocimiento, los estudiantes deben:
- saber preparar un mínimo de tres platos típicos de esa cultura
- conocer la música y los bailes tradicionales asociados con esa cultura
- saber cuáles son las costumbres establecidas durante las celebraciones importantes
- conocer la historia y el origen de esa cultura y ese idioma

5 Todos los estudiantes deben conocer las obras más importantes en la pintura, literatura y otras artes de esa cultura. Los estudiantes que contribuyan sus propias obras de arte a alguna comunidad de esa cultura recibirán puntos adicionales.

---

4 **3-13. Debate.** En grupos de cuatro, elijan uno de los temas de la lista para debatir en clase. Dos estudiantes deben expresar opiniones a favor y los otros dos en contra. Usen las expresiones de la página 105 cuando sea necesario.

1. Los inmigrantes ilegales en EE.UU.: el gobierno debe reforzar (*reinforce*) la vigilancia en las fronteras para evitar la entrada de más trabajadores ilegales.
2. La educación bilingüe: el estado de California debe reconsiderar las consecuencias de la proposición 227, según la cual el inglés debe ser la única lengua en la educación.
3. El estudio de una lengua extranjera a nivel universitario: requisito, ¿sí o no?
4. El estudio de las matemáticas y las ciencias a nivel universitario: requisito, ¿sí o no?
5. Regulaciones para favorecer y facilitar la educación universitaria para los hispanos.

¡Uno, dos, tres, quiero saber! This is a fun game to test your knowledge of Spanish. Here's how you play.

- The class is divided in teams of three or four members; each team has a name (A, B, C or **Los listos de la clase, Los cerebros universitarios**, etc.)

- Each team must sit in front of the class and respond to the questions asked by the instructor in linear order. The order may not be altered, so if student number 3 knows the answer to a question being asked of student number 1, he or she has to wait his or her turn and may not help student number 1.

- The instructor draws the questions from **El baúl de las preguntas**. Each team has 30 seconds to give as many responses as possible. A secretary writes down the number of correct answers. Each correct answer equals one point. The team who scores more points wins the contest.

> **MODELO** Tu instructor/a pregunta:
> En treinta segundos, nombra formas del presente de subjuntivo de cualquier verbo. Por ejemplo, **coma.** Uno, dos, tres, quiero saber. *o*
> En treinta segundos, nombra latinos famosos de la política, los deportes, los negocios, de la televisión, la música o el cine. Por ejemplo, **Ricky Martin.** Uno, dos, tres, quiero saber.

Uno, dos, tres, quiero saber is the signal for the team to start answering the question. The instructor or a student assigned by the instructor will call time after thirty seconds.

Ser bilingüe

Entrando en materia

3–14. Analizando las palabras.

- Menciona un sinónimo de la palabra *lengua*.
- La palabra *bilingüe* tiene dos partes. Marca las dos partes de la palabra.
- Explica el significado de las dos partes de la palabra *bilingüe*.
- Menciona dos palabras que contengan una de las dos partes.

2 3-15. Vocabulario en contexto. En parejas, identifiquen la definición que corresponde a las expresiones marcadas en negrita en el contexto en que aparecen.

Expresiones en contexto

1. Una persona es multilingüe cuando habla **al menos** dos lenguas. B
2. La población **mundial** es de 6 mil millones de personas. D
3. Se **estima** que para el año 2050 el número de personas bilingües en EE.UU. será mayor que el de hoy. A
4. Muchas personas **cuestionan** los beneficios de la educación bilingüe. F
5. La **veracidad** de las palabras se confirma en las acciones. G
6. La **mitad** de cien es cincuenta. C
7. La historia de El Dorado es un **mito**. e

Definiciones

a. calcular aproximadamente
b. sinónimo de *como mínimo*
c. sinónimo de *cincuenta por ciento*
d. adjetivo derivado de la palabra *mundo*
e. una historia, idea o creencia popular que no tiene base científica u objetiva
f. sinónimo de *poner en duda*
g. cualidad de ser verdad

3–16. Adivinar el significado. Selecciona la mejor opción para reflejar el significado de las palabras en negrita.

1. Es un **hecho** que el bilingüismo es tan común como el monolingüismo.
   a. Es un dato comprobado.
   b. Es un tipo de bilingüismo.
2. Los niños **carecen** de la experiencia de los adultos.
   a. Los niños son más bajos que los adultos.
   b. Los niños no tienen la experiencia de los adultos.
3. La lengua **materna** es la lengua nativa.
   a. Cualquier lengua que la madre enseña a su hijo.
   b. La primera lengua que aprende una persona.
4. Es una **falacia** que las mujeres puedan aprender una lengua extranjera más rápidamente que los hombres.
   a. Es una falsedad.
   b. Es una creencia.
5. Generalmente, las personas que **apenas** hablan inglés tienen poco contacto con anglohablantes.
   a. Las personas que hablan poco inglés.
   b. Las personas que tienen pena de hablar inglés.
6. Es posible hablar bien el español **aun** si empiezas a aprenderlo después de los dieciséis años.
   a. Es posible hablar bien el español incluso si empiezas a hablarlo después de los dieciséis años.
   b. Es posible hablar español solamente si empiezas a hablarlo después de los dieciséis años.

50% de la población mundial es bilingüe

Antes de escuchar

Si escuchas con atención a un hispanohablante, te darás cuenta de que es difícil determinar dónde empieza una palabra y dónde termina. Esto ocurre porque en español existe el enlace, o *linking* en inglés. El español no tiene las pausas del inglés después de cada palabra. Por eso, los hispanos conectan una palabra con otra. Antes de escuchar la miniconferencia de esta unidad, es importante que tengas un poco de práctica con los enlaces. A continuación tienes tres frases para practicar este tipo de pronunciación. Primero, lee las frases normalmente. Después, intenta unir el sonido de la última sílaba de cada palabra con el primer sonido de la palabra siguiente. Tu instructor/a te puede ayudar. ¡Ánimo!

Es importante empezar a estudiar y a hacer la tarea al atardecer.

Se estudia anatomía en esta universidad.

Antonio es un hombre especial y agradable.

Ahora tu instructor/a va a presentar una miniconferencia.

3-17. Palabras en acción. Completa estas oraciones con la expresión apropiada de la lista: **pubertad, cuestionan** (*to question*), **falacia, norma, carecen**.

1. Las personas monolingües _cuestionan_ de la experiencia de otra lengua diferente de la nativa.

2. La _pubertad_ es un período de la vida de una persona entre los once y los diecisiete años.

3. El bilingüismo no es una excepción, es una _norma_.

4. Algunas personas _carecen_ las ventajas de ser bilingüe.

5. Es una _falacia_ que el monolingüismo sea un fenómeno más común que el bilingüismo.

3-18. Más detalles. En parejas, contesten estas preguntas y después comparen sus respuestas con las de otros grupos. ¿Entendieron todos lo mismo?

1. ¿Cuál de estos mitos tiene más importancia para ustedes? ¿Por qué?

2. ¿Están de acuerdo con la opinión del autor sobre todos estos mitos? ¿Hay algún punto con el que no estén de acuerdo? ¿Cuál?

3. Como estudiantes de español, ¿qué lección práctica pueden derivar de la información sobre el tercer mito?

4. ¿Creen que la relación entre la edad y el estudio de una lengua extranjera es un factor determinante en la habilidad de hablar otro idioma correctamente?

1) No aprenden después de pubertad
2) Nadie conoce un lengua perfectamente
3) Es falsa que inventen otro país y aprender suficiente de lengua
4) La mayoría la población es multi lengua

Común en el mundo

Second Use of the Subjunctive: After Expressions of Emotion

In *Tema 7*, you studied the use of present subjunctive to express uncertainty, doubt, or denial. In the following section you will learn information about the use of the subjunctive when there is an expression of emotion or opinion in the independent clause.

When the verb in the independent clause expresses emotion, use the subjunctive in the dependent clause.

> Los padres de niños bilingües **tienen miedo** de que sus hijos **pierdan** una de las dos lenguas.
>
> *The parents of bilingual children **are afraid** that their children **may lose** one of their two languages.*
>
> **Me pone triste** que ya **no haya** educación bilingüe en California.
>
> *It saddens me that **there is no** bilingual education in California any longer.*

Impersonal expressions of emotion also trigger the subjunctive in the dependent clause.

> **Es bueno** que los padres de los niños bilingües **hablen** las dos lenguas en casa.
>
> *It's good for the parents of bilingual children **to speak** the two languages at home.*

The following are some of the most common expressions of emotion.

Estoy contento/a de que…	Me entristece/Me pone triste que…
Me alegro de que…	Siento que…
Me sorprende que…	Temo que…
Tengo miedo de que…	Me gusta que…
Me preocupa que…	Odio que…
Detesto que…	Me molesta que…

Es bueno (malo, lamentable, fantástico, increíble, interesante) que…

See infinitive vs. subjunctive in *Apéndice gramatical 3*.

3–19. La gente opina. En parejas, lean las opiniones de algunos hispanos sobre el bilingüismo en la pagina 113. Primero, identifiquen los hechos y las emociones en cada opinión (recuerden que las emociones suelen expresarse con el subjuntivo). Después, escriban un párrafo respondiendo a una de las tres opiniones. Es importante que incluyan algunos datos objetivos, pero también que expresen sus sentimientos sobre este tema. No olviden usar el subjuntivo para expresar dudas.

El lugar de la lengua española en EE.UU.

Opinión 1: Me criaron en el Valle de San Joaquín, California, viendo películas mexicanas y escuchando la música de Pedro Infante, Jorge Negrete y Los Panchos, entre muchos otros. El español fue mi primer idioma. Ahora, cuando limpio la cocina o doblo la ropa, me encanta escuchar la música de los mariachis o baladas mexicanas en la radio. Somos 27 millones de hispanos en Estados Unidos. El español se ha hablado en Nuevo México desde el año 1600. Hablo español e inglés y no quiero perder ninguno de los dos. Los latinos reconocemos que aprender inglés es muy importante, pero me molesta que para aprender inglés tengamos que perder el español.

Opinión 2: LOS ÁNGELES, 5 de junio, 1998. Los hijos de la Sra. Gómez participaron en un programa de educación bilingüe. Hoy sus hijos tienen excelentes puestos de trabajo gracias a su dominio (*mastery*) del inglés y del español. Por eso, a la Sra. Gómez le parece importante que los colegios ofrezcan clases en las dos lenguas. Su familia dio un voto negativo a la Proposición 227 porque significa el fin de 30 años de educación bilingüe en California.

Opinión 3: El Sr. Feria votó a favor de la Proposición 227. "Honestamente, estoy sorprendido de que la gente esté en contra de esta proposición. La única manera de aprender inglés es por medio de la inmersión total", dijo el Sr. Feria. "Nunca participé en un programa bilingüe y hoy no podría ser instructor de vuelo sin hablar bien el inglés".

4 **3–20. ¿Qué piensan ustedes?** En grupos de cuatro personas, van a preparar un póster de dos partes para exponer sus opiniones sobre la educación bilingüe. Dos personas van a preparar la parte superior del póster, que debe incluir reacciones positivas hacia la educación bilingüe en los programas de educación primaria del país. Las otras dos personas van a preparar la parte inferior del póster, que debe incluir reacciones negativas hacia la educación bilingüe. Después, su instructor/a seleccionará los mejores pósters para exhibirlos en el tablón de anuncios de la clase. Aquí se incluyen algunas expresiones útiles.

es vergonzoso que (it *is a shame that*)	me molesta que	es una pena que
es extraordinario/ fantástico que	siento que	es intolerable que
me parece bien que		

> **MODELO**
> Parte superior: Me parece maravilloso que los niños reciban una educación bilingüe.
> Parte inferior: Es una pena que por la educación bilingüe, los niños no aprendan inglés cuando son pequeños.

2

3–21. Tu situación personal. En parejas, una persona va a hacer el papel de un/a estudiante peruano/a. La otra persona es un/a estudiante estadounidense. Ustedes comparten el mismo cuarto y las diferencias personales están causando muchos problemas. Hoy, van a tener la oportunidad de decirle a la otra persona cómo se sienten. La otra persona debe responder de forma diplomática (no hay más cuartos disponibles, ¡así que necesitan llevarse bien!). Aquí tienen algunas expresiones útiles.

(no) gustar
(no) enojar
(no) molestar
(no) odiar

> **MODELO**
> Estudiante peruano/a: Odio que tu novio/a esté en nuestro cuarto todo el día.
> Estudiante estadounidense: Me molesta que tú nunca intentes hablar inglés.

vas: Es un asunto como bastante complicado.
cómo ■ adv. 1 De qué modo o de qué manera
¿Cómo lo has pasado? ‖ a cómo; a qué precio; ¿

Cómo expresar tus sentimientos

Se me olvidó el vocabulario y saqué una F en el examen de español.

¿De verdad?, ¡qué mala suerte!

In addition to the expressions that require the subjunctive in the dependent clause, there are other ways to communicate your feelings or react to the feelings of others.

Expressions of compassion:

¡Pobrecito/a!	*Poor thing!*
¡Lo siento mucho!	*I am very sorry!*
¡Qué mala suerte!	*What bad luck!*
¡Qué lástima/ pena!	*What a pity!*

Expressions of surprise:

¡Qué sorpresa!	*What a surprise!*
¡Eso es increíble!	*That's incredible!*
¡No me digas!	*You don't say!*
¡Qué suerte!	*What luck!*
¿De verdad?	*Really?*

Expressions of anger:

¡Ya no aguanto más!	*I can't stand it anymore!*
Siempre es lo mismo.	*It is always the same thing.*
Estoy harto/a de...	*I am fed up with . . .*
¡Es el colmo!	*It is the last straw!*

3–22. ¿Cuál es la expresión apropiada? Ahora que ya resolviste tus diferencias con tu compañero/a de cuarto, es el momento de demostrar tu solidaridad hacia esta persona. Responde a estos comentarios de tu compañero/a, con una expresión adecuada.

1. ¿Sabes? Mi gato se rompió una pata ayer y ahora no puede caminar.
2. Mi novio/a ya no va a molestar más. El sábado le propuso matrimonio a otra persona.
3. Si saco buenas notas en mis clases de inglés, mi padre me va a regalar un Ferrari.
4. Oye, ayer me puse tu chaqueta nueva para ir a una cita y la manché (*stained*) de café.
5. No tengo bastante dinero para llamar a mi país todas las semanas.

3–23. Situaciones. En parejas, seleccionen dos de las siguientes situaciones y represéntenlas. Preparen la situación durante cinco minutos y usen las expresiones útiles para expresar sus sentimientos o para reaccionar a los sentimientos de la otra persona.

Situación 1

Estudiante A: Eres un/a estudiante hispano/a y no has sido admitido en la fraternidad/sororidad a la que pertenece tu amigo/a. Te quejas de tu situación porque crees que es un caso de discriminación étnica.

Estudiante B: Reacciona al problema de tu amigo/a con sorpresa. Tú no crees que sea un caso de discriminación étnica.

Situación 2

Estudiante A: Te acabas de enterar de que no te puedes graduar sin pasar el examen final de español. Tú estudias ingeniería y no entiendes por qué tienes que hacer ese examen. Estás muy enojado/a.

Estudiante B: Reacciona a la situación con compasión. Háblale a tu amigo/a de los beneficios que aprender español puede aportar a su carrera profesional.

Situación 3

Estudiante A: Tienes un/a vecino/a de Puerto Rico que escucha música latina a todas horas. Tú has llegado al límite de tu paciencia porque la música está muy alta y no puedes estudiar.

Estudiante B: Reacciona con sorpresa a las quejas de tu vecino/a.

El préstamo léxico

Uno de los efectos del bilingüismo y de las lenguas en contacto es que el vocabulario de las dos lenguas adopta y adapta palabras de la lengua vecina. El inglés presenta muchos ejemplos de este fenómeno que se llama préstamo (*borrowing*) léxico.

3–24. Identificación de préstamos léxicos. En parejas, miren la lista de las palabras en inglés. ¿Pueden identificar la palabra española que originó cada una? Después, van a crear su propia lista de préstamos léxicos. Su instructor/a les va a decir cuándo pueden comenzar. La pareja que prepare la lista más larga en un minuto ¡gana!

Palabras inglesas: calaboose (*jail*), Montana, alligator, lasso, hoosegow (*jail*), canyon, buckaroo, villa

Palabras españolas: villa, lagarto, vaquero, juzgado, montaña, cañón, calabozo, lazo

Lenguas en contacto

¿Se dice chequear o comprobar?

Entrando en materia

3–25. Observaciones. Mira las ilustraciones de la lectura a continuación.

- ¿Cuál es el tema de la conversación?
- La palabra **espanglish** aparece en la conversación. ¿Sabes el significado del término espanglish?

3–26. Vocabulario en contexto. Antes de leer, completa las siguientes oraciones con una palabra de la lista, para familiarizarte con el vocabulario.

actual	lectores	informática	echar una mano	tema
enviar	polémico	traductor	gracioso (cómico)	

1. El _tema_ central de esta unidad es la lengua española.
2. Mi hermano se ríe cuando hablo español porque piensa que es un idioma muy _gracioso_.
3. El bilingüismo en EE.UU. es un tema _polémico_ porque hay muchas personas a favor y en contra.
4. _Echar una mano_ es una forma coloquial para decir "ayudar".
5. A mí me gusta la música _actual_, como el hip-hop. La música antigua no me gusta.
6. Un _traductor_ es una persona que cambia un texto de una lengua a otra.
7. Mandar una carta es sinónimo de _enviar_ una carta.
8. La _informática_ es la ciencia de la computación.
9. Las personas que leen un texto son los _lectores_ de ese texto.

LECTURA

¿Qué es el espanglish?

El espanglish o spanglish, como sugiere la palabra, es una forma de hablar que combina el español y el inglés (Span: **Spa**nish, -glish: En**glish**) usada por algunos de los hablantes bilingües de origen hispano que residen en EE.UU. Esta mezcla entre las dos lenguas predomina en el vocabulario y también en la sintaxis. El uso del espanglish, que se origina en el habla de la calle, es cada vez más común en los medios oficiales de comunicación como la radio y la televisión e incluso está presente en la literatura. Los detractores del espanglish lo consideran un ataque contra el idioma español o una forma de degradar el idioma. Los defensores ven el espanglish como un rasgo más de las culturas fronterizas, las cuales son híbridas en sus costumbres, comidas, música y arquitectura.

A continuación hay algunos ejemplos de espanglish: la carpeta (de *carpet*), la troca (de *truck*), la grocería (de *groceries*), vacumear (de *to vacuum*), la marqueta (de *market*), el rufo (de *roof*).

Muchos estudiantes usan sin darse cuenta términos en espanglish en la clase de español, especialmente cuando no saben el significado de alguna palabra o cuando no están seguros de cómo se dice algo. ¿Puedes pensar en una ocasión en la que usaste una palabra que combinaba el español y el inglés?

Una presentación sobre el espanglish

Marta tiene que preparar una presentación sobre el fenómeno del espanglish para una clase de comunicación. Ha leído algunos artículos en la Red sobre el tema. En esta conversación, Marta habla de su presentación con un amigo hispano de su clase.

3–27. ¿Comprendiste? Antes de seguir adelante con la lectura, ¿puedes identificar la siguiente información?

1. El tema central de la conversación entre Marta y Santiago.
2. El tipo de ayuda que Santiago le ofrece a Marta.
3. ¿Qué característica debe tener la presentación de Marta?
4. ¿Qué le recomienda Santiago a Marta?

A continuación tienes el artículo *Ciberidioteces* que Santiago le recomendó a Marta.

Ciberidioteces

La guerra entre el espanglish y el español

Carta al director de *Web*

Estimado señor Martos:

Acabo de leer el artículo de la página tres de su revista y me he quedado tan sorprendido que no he podido resistirme a **enviarle** este mensaje. Soy **traductor** de cuestiones técnicas y de **informática** del inglés al español y me gustaría comunicarle mi reacción a la carta que usted les escribió a los lectores de la revista *Web*.

Me sorprende que usted use términos como "linkar" y que critique a los que usan "enlazar". Tampoco es aceptable que usted recomiende a sus lectores que lean el glosario de ciberespanglish creado por Yolanda Rivas. Debo decirle que Yolanda Rivas es una estudiante peruana que estudia en EE.UU. y que casi ha olvidado su español. A mí me da igual si usted habla ciberespanglish, lo que me preocupa más es que aconseje a los lectores de su revista que lo usen. Tengo la sospecha de que con su defensa del ciberespanglish usted intenta esconder su limitado conocimiento de la lengua española.

Un saludo cordial,
Xosé Castro Roig, Madrid

3-28. Después de leer. En parejas, completen los siguientes pasos.

1. Dediquen unos minutos a comentar sus opiniones sobre el tema de la carta anterior. ¿Están de acuerdo con el autor? ¿En desacuerdo? ¿Por qué? ¿Saben quién es Yolanda Rivas? ¿Han leído alguno de sus artículos en espanglish? Pueden visitar cualquier buscador de Internet y escribir ese nombre para encontrar algunos ejemplos.

2. Después, escriban una carta al director de *Web* apoyando el punto de vista del lector o apoyando el punto de vista de la revista. Deben incluir una introducción y una despedida, además de las expresiones que aprendieron en el tema anterior para expresar sus opiniones. Intenten usar tantas palabras del vocabulario como puedan.

3. Ahora, cada grupo debe encontrar a una pareja que haya escrito una carta apoyando el punto de vista opuesto al suyo. Lean el argumento en contra y determinen quién presentó la respuesta más convincente.

ATENCIÓN A LA ESTRUCTURA

In the previous conversation between Marta and Santiago, you read how Santiago gave a recommendation to Marta when he said "Te recomiendo **que lo leas**." In this section you will learn how to give recommendations and advice to others using the subjunctive.

Third Use of the Subjunctive: After Expressions of Advice and Recommendation

When the verb in the independent clause expresses advice, recommendation, or makes a request, use subjunctive in the dependent clause.

Independent Clause	Dependent Clause
Advice:	
El instructor **aconseja**	que los estudiantes **estudien**.
*The instructor **recommends***	*that the students **study**.*
Suggestion:	
Sugiero	que **busques** información en la Red.
I suggest	*that **you look for** the information on the Web.*
Request:	
El estudiante **quiere**	que el instructor **explique** el subjuntivo.
*The student **wants***	*the instructor **to explain** the subjunctive.*

The following expressions are commonly used to give advice, to give suggestions, or to make requests:

aconsejar que	preferir que	rogar que (*to beg*)
desear que	es importante que	es necesario que
permitir que	insistir en que	es aconsejable que
querer que	prohibir que	decir que (*when a*
sugerir que	recomendar que	*synonym with*
pedir que	mandar que	**querer, pedir**)

See more on using the subjunctive with **decir** in *Apéndice gramatical 3.*

3–29. En clase. Aquí hay una serie de afirmaciones sobre la clase de español. Identifica las cosas que haces o no haces en clase. Presta atención a las formas verbales.

Lo hago   No lo hago

1. Mi profesor/a <u>recomienda</u> que le**amos** el material el día antes de clase.
2. Mi profesor/a <u>insiste en</u> que los estudiantes siempre habl**en** español en clase.
3. Mi profesor/a <u>sugiere</u> que los estudiantes de esta clase estudi**en** la gramática en casa.
4. Mi profesor/a <u>prohíbe</u> que los estudiantes com**an** en clase.
5. Mi profesor/a <u>desea</u> que los estudiantes escrib**an** todas las composiciones del libro de ejercicios.

3–30. ¿Qué hago? El instructor de Marta le ha dado un papel con algunas recomendaciones para preparar su presentación. El problema es que a Marta se le cayó el café encima del papel y ahora no sabe qué ponía al principio de cada frase. ¿Puedes ayudarla a completar las recomendaciones? Aquí tienes algunas expresiones útiles.

aconsejar que	permitir que	recomendar que	sugerir que
querer que	prohibir que	insistir en que	decir que
desear que	mandar que		

MODELO   **...un tema interesante.**
Te sugiero que escojas un tema interesante.

1. ...el tema conmigo antes de preparar la presentación.
2. ...un esbozo (*outline*) de las ideas más importantes.
3. ...un esbozo muy largo.
4. ...información para hablar durante diez minutos.
5. ...más de diez minutos.
6. ...tu presentación varias veces.
7. ...notas extensas durante la presentación.

3₃ 3-31. El consultorio cultural. Un grupo de estudiantes hispanos ha abierto un consultorio de asuntos culturales en el sitio web de la universidad. Todos los estudiantes pueden enviar cartas electrónicas para pedir consejos sobre temas relacionados con el idioma o la cultura. Hoy, ustedes están trabajando como voluntarios en este consultorio y deben responder a una de las cartas.

1. Primero, determinen cuál es el problema de la persona que envió la carta. Después, hablen sobre las posibles soluciones para ese problema.
2. Preparen una carta de respuesta para el/la estudiante. Deben aconsejarle y recomendarle algunas soluciones al problema.
3. Comparen su carta con las de otros grupos, para determinar qué grupo logró encontrar la mejor solución.

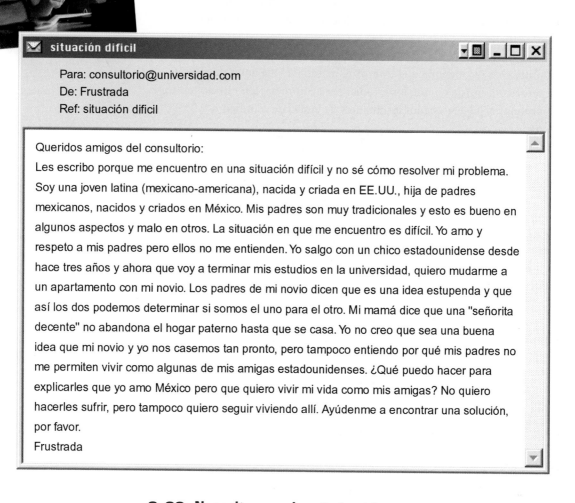

✉ **situación dificil**　　　　　　　　　　　　　　　▼◧ _□ ✕

Para: consultorio@universidad.com
De: Frustrada
Ref: situación dificil

Queridos amigos del consultorio:

Les escribo porque me encuentro en una situación difícil y no sé cómo resolver mi problema. Soy una joven latina (mexicano-americana), nacida y criada en EE.UU., hija de padres mexicanos, nacidos y criados en México. Mis padres son muy tradicionales y esto es bueno en algunos aspectos y malo en otros. La situación en que me encuentro es difícil. Yo amo y respeto a mis padres pero ellos no me entienden. Yo salgo con un chico estadounidense desde hace tres años y ahora que voy a terminar mis estudios en la universidad, quiero mudarme a un apartamento con mi novio. Los padres de mi novio dicen que es una idea estupenda y que así los dos podemos determinar si somos el uno para el otro. Mi mamá dice que una "señorita decente" no abandona el hogar paterno hasta que se casa. Yo no creo que sea una buena idea que mi novio y yo nos casemos tan pronto, pero tampoco entiendo por qué mis padres no me permiten vivir como algunas de mis amigas estadounidenses. ¿Qué puedo hacer para explicarles que yo amo México pero que quiero vivir mi vida como mis amigas? No quiero hacerles sufrir, pero tampoco quiero seguir viviendo allí. Ayúdenme a encontrar una solución, por favor.

Frustrada

3-32. Necesito consejos. En la página 125 tienes una nota electrónica que Marta le escribió a su instructor con algunas preguntas sobre su proyecto. Por el contenido de la nota, es obvio que Marta no está muy alerta en clase. ¿Qué recomendaciones le da el instructor? Imagina que eres el instructor García y escribe una respuesta al mensaje de Marta.

proyecto

Para: profegarcía@universidad.com
De: Marta
Ref: proyecto

Estimado instructor García:

Todavía tengo dudas con respecto al proyecto. Quiero que me ayude con consejos o sugerencias si es posible. Éstas son mis dudas:
No sé cuántas páginas debo escribir, ¿debe ser un informe muy largo?
Tampoco me acuerdo si usted dio las referencias bibliográficas en clase.
Finalmente, ¿usted cree que el tema de mi presentación, el uso del espanglish en EE.UU., será de interés para los estudiantes de la clase?

Muchas gracias por su ayuda y perdone las molestias,
Marta Montero: rmont@span.mu.edu
Teléfono: (803) 555-5555

¿CÓMO LO DICES?

vas: Es un asunto como bastante complicado. **cómo** adv. 1 De qué modo o de qué manera ¿Cómo lo has pasado? || a cómo; a qué precio:

Pedir y dar consejos

These are common expressions used to ask for and give advice.

To ask for advice:

¿Qué debo hacer?	What should I do?
¿Qué sugieres?	What do you suggest?
¿Qué me aconsejas/ recomiendas?	What do you recommend?
¿Qué te parece?	What do you think?
No sé qué voy a hacer.	I don't know what I'm going to do.

To give advice:	
¿Por qué no...?	Why don't you . . . ?
Te digo que sí (no).	I am telling you yes (no).
Trata de...	Try to . . .
¿Has pensado en...?	Have you thought about . . . ?
Tienes que...	You have to . . .
La otra sugerencia es que...	The other suggestion is that . . .

3–33. Palabras en acción. Selecciona las expresiones de *¿Cómo lo dices?* que mejor respondan a estas preguntas.

1. ¿Qué dices si no estás seguro de cómo resolver un problema? *Que deber hace*
2. ¿Qué expresión usas para saber lo que piensa otra persona? *Que te parece*
3. ¿Qué expresión/ones usas para pedir una sugerencia o recomendación?
4. Cuando le das consejos a otra persona, ¿qué expresión usas para convencerla (*convince him/her*)?
5. ¿Qué expresión usas para dar soluciones alternativas a un problema?

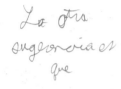

La otra sugerencia es que

tiene que

3–34. Situaciones. En parejas, elijan una de las siguientes situaciones para representarla frente al resto de la clase. Recuerden que deben usar las expresiones para pedir y dar consejos siempre que sea posible.

Situación 1

Estudiante A: Tú eres el director de estudios internacionales de la universidad. Tienes que seleccionar a los mejores candidatos para estudiar en una universidad española durante un año con todos los gastos pagados. También debes aconsejar a los estudiantes que estén interesados en el programa, para que tomen las clases necesarias.

Estudiante B: Tú eres un/a estudiante de español de primer año que está muy interesado/a en el programa internacional. El problema es que normalmente la universidad no acepta a estudiantes de primer año en este programa. Convence al director de que eres la persona ideal para estudiar en España el próximo año.

Situación 2

Estudiante A: Tú eres el padre/la madre de un/a niño/a que acaba de empezar el primer grado. Tu hijo/a no habla inglés y quieres asegurarte de que la escuela ofrece clases bilingües para niños/niñas como tu hijo/a. Habla con el/la instructor/a para explicarle tu situación.

Estudiante B: Tú eres instructor/a de una clase de primer grado en una escuela pública. Tu escuela no ofrece clases bilingües pero tú hablas español muy bien. Habla con el padre/la madre de tu estudiante y recomiéndale qué hacer en su situación.

El gran muro de Los Ángeles, de Judith Baca

ILLUSION OF PROSPERITY

El mural de la fotografía es una parte del Gran Muro de Los Ángeles, que mide media milla de longitud. Judith Baca supervisó durante cinco veranos a 215 jóvenes artistas que trabajaron en la creación de este enorme mural, que se completó en 1983. El mural representa la historia de California. El detalle que ves aquí es una sección de 250 pies en la que se representa la problemática social de los años 50.

3–35. Mirándolo con lupa. En parejas, examinen en detalle las imágenes del mural. Después completen los pasos que se indican a continuación.

1. Describan todos los elementos que están representados. ¿Hay algún símbolo en el mural? ¿Algún elemento representativo?

2. Formulen una o dos hipótesis sobre el significado del mural. Deben poder apoyar su hipótesis con ejemplos de cosas específicas que se reflejen en el mural. Después, presenten su hipótesis al resto de la clase para comparar su opinión con las de los demás.

Entrando en materia

Las pistas visuales

Hay ciertos tipos de textos que casi siempre van acompañados de dibujos o fotografías, como folletos publicitarios, artículos periodísticos y otros. Además de fotos e ilustraciones, hay otras pistas visuales que podemos usar para obtener información antes de leer un texto. Por ejemplo, ciertas partes del artículo pueden estar escritas en un tipo de letra especial o en un tamaño diferente para llamar la atención del lector. La lectura de esta sección incluye varios tipos de pistas visuales. Antes de leer el contenido, encuentra todas las pistas visuales que puedas y anota la información que te sugieren. Después, lee el texto para verificar si tus predicciones fueron acertadas.

MÁS allá

3–36. Antes de leer. Mira las ilustraciones que acompañan la lectura. ¿Puedes predecir el tema de esta lectura? Como ves, el folleto informativo está dividido en varias partes. ¿Puedes adivinar el contenido de cada parte leyendo solamente los títulos?

Después, selecciona qué tipo de folleto es:

1. folleto turístico
2. folleto de una universidad
3. folleto educativo
4. folleto de una compañía
5. folleto médico

¿Qué información utilizaste para determinar qué tipo de folleto es?

3–37. ¿Por qué estudias español? Antes de seguir con la lectura, en parejas, piensen en las siguientes cuestiones y determinen si tienen la misma opinión.

1. ¿Por qué razones estudian español?
2. ¿Cuáles son los aspectos más frustrantes de ser estudiantes de español? ¿Y los más interesantes? ¿Por qué?
3. ¿Qué posibilidades futuras tienen para usar el español en una situación real?

3–38. Vocabulario en contexto. Respondan a estas preguntas sobre algunas expresiones de la lectura. Las expresiones están marcadas en negrita en el texto. Usen el contexto para comprender el significado de las expresiones. Si responden **no** a la pregunta, deben dar la respuesta correcta después de leer el folleto.

1. ¿Son las palabras **idioma** y **lengua** sinónimos?
   Sí   No

2. ¿La expresión **todas las puertas se te abrirían** significa que la persona que sabe una lengua extranjera tiene muchas oportunidades?
   Sí   No

3. ¿La palabra **destreza** es un cognado de la palabra inglesa *dexterity*?
   Sí   No

4. ¿La expresión **salir bien en los estudios** significa **tener éxito académico**?
   Sí   No

5. ¿La palabra **empleado** es un cognado de la palabra *amplify* en inglés?
   Sí   No

6. ¿La palabra **multiplicarán** es un cognado de la palabra *multiply* en inglés?
   Sí   No

Beneficios de aprender un idioma extranjero

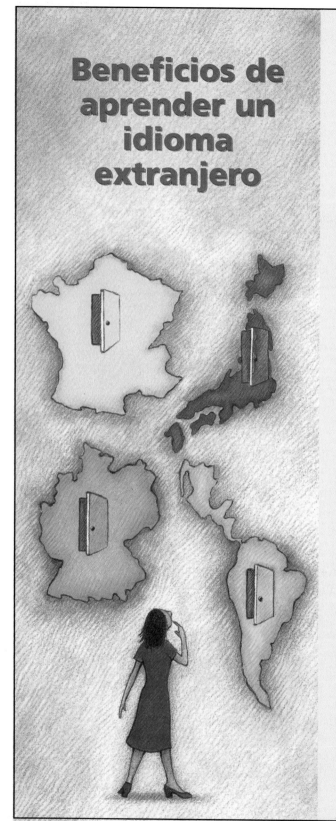

Aprender otras lenguas te ofrece oportunidades

El mundo está lleno de lenguas diversas y no hay que hacer mucho esfuerzo para darse cuenta de que la anterior afirmación es cierta. Piensa en **todas las puertas que se te abrirían** si hablaras una lengua extranjera: podrías leer el periódico y libros en el idioma, podrías entender películas y programas de televisión, podrías visitar múltiples sitios en Internet y podrías conocer gente y lugares nuevos.

Beneficios intelectuales

¿Sabías que el estudio de un segundo idioma puede mejorar las **destrezas** en matemáticas y en inglés, y que también puede mejorar los resultados de los exámenes SAT, ACT, GRE, MCAT y LSAT?

La investigación ha demostrado que los resultados de las partes verbal y cuantitativa del examen SAT son más altos con cada año de estudio de una lengua extranjera. Esto significa que cuanto más tiempo estudies un idioma, más posibilidades tendrás de **salir bien en los estudios** en general.

Beneficios profesionales

Cada vez hay más contacto empresarial entre Estados Unidos y otros países. Las empresas necesitan **empleados** que puedan comunicarse en otras lenguas y comprender cómo funcionan otras culturas. Al margen de la carrera que hayas elegido, saber una lengua extranjera siempre te dará ventajas.

Hay muchos norteamericanos que hablan otras lenguas además del inglés. Si has pensado en ser enfermero, médico, policía o dedicarte a los negocios, tus oportunidades de tener éxito profesional se **multiplicarán** por dos si hablas otro idioma. Los directores de empresa cuentan más con los empleados que saben más de un idioma porque los consideran valiosos instrumentos de comunicación y de expansión comercial.

Conocer otras culturas: Ir más allá del mundo que te rodea

Conéctate a otras culturas. Conocer otras culturas te ayudará a ampliar tus horizontes y a ser un ciudadano responsable. El hecho de que puedas comunicarte con otros y obtener información que va más allá del mundo anglosajón que te rodea, será una contribución positiva a tu comunidad y tu país.

Entusiásmate por saber otro idioma

Al igual que las matemáticas, el inglés y otras materias, aprender un idioma lleva tiempo. ¿Deberías continuar con el estudio de un idioma después de la escuela secundaria? ¡Sí! No pierdas el tiempo y el esfuerzo ya invertido; lo que hayas aprendido te servirá como base para continuar mejorando. No lo dejes.

Usa tu segundo idioma en el trabajo, busca oportunidades para usarlo en tu comunidad, escoge cursos de perfeccionamiento en la universidad y considera estudiar en el extranjero durante un verano, un semestre o un año entero.

3–39. ¿Comprendiste? Responde a las siguientes preguntas según la información presentada en el folleto.

1. ¿Qué puertas se abren para una persona que habla una lengua extranjera?
2. ¿Qué beneficios intelectuales se pueden derivar del conocimiento de otro idioma?
3. ¿Por qué es beneficioso hablar otro idioma en el campo profesional?
4. ¿Qué significa la expresión **ciudadano responsable** en el contexto de la lectura?

3–40. Ustedes tienen la palabra. En grupos de cuatro personas, completen los siguientes pasos.

1. Preparen un debate sobre la enseñanza obligatoria de un idioma extranjero desde el primer grado de la escuela elemental. Dos de ustedes deben apoyar este requisito y las otras dos personas deben estar en contra. Dediquen unos minutos a preparar sus argumentos y después, mantengan un debate de cinco minutos para convencer a la otra pareja de que su postura es la mejor.
2. Ahora, los cuatro miembros del grupo deben preparar un folleto para animar a estudiantes de otras culturas a aprender inglés. Deben incluir por lo menos diez ventajas o beneficios de estudiar inglés. Tengan en cuenta la información que leyeron en el folleto e incluyan tantos beneficios como puedan para convencer a los estudiantes de otros países de que aprender inglés es la mejor inversión que pueden hacer como estudiantes.

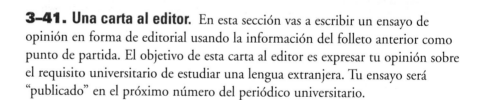

PONLO POR ESCRITO

3–41. Una carta al editor. En esta sección vas a escribir un ensayo de opinión en forma de editorial usando la información del folleto anterior como punto de partida. El objetivo de esta carta al editor es expresar tu opinión sobre el requisito universitario de estudiar una lengua extranjera. Tu ensayo será "publicado" en el próximo número del periódico universitario.

Preparación

Piensa en los siguientes puntos:

¿Qué postura (*position*) voy a expresar: a favor, en contra, neutral?
¿Quién es el/la lector/a de mi carta?
¿Cómo voy a comenzar la carta?
¿Qué argumentos voy a usar para apoyar mi opinión?
¿Cómo voy a concluir la carta?

A escribir

1. Presenta el objetivo de tu carta.

   MODELO   **En esta carta quiero dar mi opinión sobre el requisito de estudiar una lengua extranjera que existe en varias universidades...**

2. Desarrolla el tema/los temas de tu carta. Aquí tienes un posible formato para organizar la información.

   - Describe el origen del requisito. ¿Por qué se ha establecido el requisito en tantas universidades estadounidenses?
   - Compara la presencia del requisito entre los diferentes estados de EE.UU. o entre las diferentes escuelas.
   - Presenta las diferentes posturas que hay sobre la existencia del requisito.
   - Defiende una postura y no olvides dar argumentos de apoyo.

3. Termina la carta resumiendo los puntos más importantes en la conclusión.

4. Para expresar tu opinión puedes usar expresiones como éstas:

   es necesario que...
   creo/ no creo que...
   dudo que...
   es importante que...
   me molesta que...
   es fantástico que...

   Recuerda lo que has estudiado en esta unidad sobre cómo expresar opiniones.

5. Para hacer transiciones entre las ideas puedes usar las siguientes expresiones.

a diferencia de.../ en contraste con...	*as opposed to . . . /in contrast to . . .*
después de todo	*after all*
en general	*all in all*
en resumen	*in summary*
igual que	*same as, equal to*
por lo tanto	*therefore*
por una parte... por otra parte	*on the one hand . . . on the other hand*
sin embargo	*however*

Revisión

Escribe el número de borradores que te indique tu instructor/a y revisa tu carta usando la guía de revisión del Apéndice C. Escribe la versión final y entrégasela a tu instructor/a.

Resumen de partes 1 y 2. *El detective Lorenzo Fresnos recibe en su despacho la visita de una mujer. La mujer que está en su despacho le habla como si él la conociera y él está completamente desorientado; piensa que la mujer está loca.*

Final absurdo (parte 3)

Sacudió[1] la cabeza, volvió a fijar los ojos en Fresnos y prosiguió:

—Quería empezar de nuevo, despertarme, abrir los ojos y gobernar el curso de mi vida. Porque aquel día, por primera y desgraciadamente única vez, intuí mi ceguera[2].

—"¿Ceguera?", se asombró Fresnos.

—Esa ceguera espiritual que consiste en no querer saber que uno es libre, único dueño[3] y único responsable de su destino, aunque no lo haya elegido[4]; en dejarse llevar blandamente[5] por los avatares[6] de la vida.

—<<Ah, bueno>>, pensó Fresnos, algo decepcionado, que en su cuento podía utilizar la ceguera como símbolo, no sabía bien de qué, pero ya lo encontraría.

—Por un momento —continuó la mujer—, jugué con la idea de embarcarme en cualquier barco y saltar a tierra en el primer puerto. ¡Un mundo por estrenar[7]...! —exclamó inmersa en sus fantasías—. A usted no le dice nada, claro, pero a mí... Donde todo hubiera sido[8] asombro[9], novedad: con calles y caminos que no se sabe adónde llevan, y donde uno no conoce, ni alcanza siquiera a imaginar, lo que hay detrás de las montañas. ...Dígame una cosa —preguntó de pronto— ¿el cielo es azul en todas partes?

—¿El cielo? Pues claro ... —respondió Fresnos, pillado[10] por sorpresa. Estaba buscando la mejor manera de describir su rostro[11], su expresión. "Ingenuidad[12]" y "amargura[13]" le parecían sustantivos apropiados, pero no sabía cómo combinarlos.

—¿Y el mar?

—También es del mismo color en todas partes —sonrió él.

—¡Ah, es del mismo color! —repitió la mujer—. ¡Del mismo color, dice usted! Si usted lo dice, será verdad, claro... ¡Qué lástima!

---

1. *shook*

2. *blindness*

3. *master*
4. *has chosen*
5. *let oneself get carried away softly*
6. *ups and downs*

7. *immaculate, virgin, brand new*
8. *would have been*
9. *amazement*

10. *caught*
11. *face*
12. *naivety*
13. *bitterness*

Antes de leer

Muchas veces los escritores usan metáforas para describir sentimientos o situaciones que pueden resultar difíciles de expresar. Piensa en tu propia vida. ¿Hay ciertas situaciones o conversaciones en las que sueles usar muchas metáforas? Lee esta parte por primera vez y subraya todas las metáforas que encuentres. Después, trata de deducir el significado que el escritor quería transmitir con cada una. ¿Crees que son lo suficientemente claras? ¿Crees que pueden dar lugar a demasiadas interpretaciones?

Miró al detective y le sonrió más relajada.

—Me alegro de que hagamos las paces[14]. Me puse un poco nerviosa antes, ¿sabe? Y también me alegro —añadió, bajando la voz— de oírle decir lo del cielo y el mar. Tenía miedo de que me dijera que no había tal cielo ni tal mar, que todo eran bambalinas[15] y papel pintado.

Lorenzo Fresnos miró con disimulo[16] su reloj. Eran las nueve y cuarto. La dejaría hablar hasta las nueve y media, y luego se iría a casa a cenar; estaba muy cansado.

La mujer se había interrumpido. Se hizo un silencio denso, cargado. Afuera continuaba lloviendo, y el cono de luz cálida que les acogía parecía flotar en medio de una penumbra[17] universal. Fresnos notó que la mujer estaba tensa; seguramente había sorprendido su mirada al reloj.

—Bueno, pues a lo que iba[18]... —continuó ella, vacilante—. Que conste que no le estoy reprochando que me hiciera una desgraciada[19]. Al contrario: tuve instantes muy felices, y sepa usted que se los agradezco[20].

—No hay de qué —replicó Fresnos, irónico.

—Pero era —prosiguió[21] la mujer, como si no hubiera oído— una felicidad proyectada hacia el porvenir[22], es decir, consistía precisamente en el augurio[23] (creía yo) de una felicidad futura, mayor y, sobre todo, definitiva... No sé si me explico. No se trata de la felicidad, no es eso exactamente... Mire, ¿conoce usted esos dibujos que a primera vista no son más que una maraña[24] de líneas entrecruzadas, y en los que hay que colorear ciertas zonas para que aparezca la forma que ocultan? Y entonces uno dice: "Ah, era eso: un barco, o un enanito, o una manzana"... Pues bien, cuando yo repaso mi vida, no veo nada en particular; sólo una maraña.

14. *make peace*

15. *theatrical scenery*

16. *discretion*

17. *shadows*

18. *as I was saying*
19. *unhappy woman*
20. *thank*

21. *continued*
22. *future*
23. *omen*

24. *tangle*

3–42. Nuestra interpretación del cuento.

1. Explica por qué el diálogo entre la mujer y el detective no es el diálogo típico que tiene lugar en la oficina de un detective.
2. Clasifica los temas de los que habla la mujer en este diálogo.
3. Describe la actitud del detective durante la conversación.
4. ¿Por qué crees que la mujer pregunta sobre el color del cielo y del mar?

3–43. Recrear el diálogo. En parejas, escriban una versión abreviada (200 palabras) de este diálogo en sus propias palabras. Después, hagan una representación del diálogo.

CAJA DE PALABRAS

actual	*current, present*	inestabilidad	*instability*
al menos	*at least*	informática *f*	*computer science*
apenas	*hardly*	lazo	*tie*
aún	*even*	lector/a	*reader*
carecer (zc)	*to lack*	lengua materna *f*	*mother tongue*
ciudadano/a *m/f*	*citizen*	mitad *f*	*half*
conservar	*to keep, maintain*	mito *m*	*myth*
crear	*to create*	motivo *m*	*reason*
cuestionar	*to question*	multiplicar	*to multiply*
darle igual	*to be indifferent*	mundial	*worldwide*
destreza *f*	*dexterity, ability*	nivel *m*	*level*
dictadura *f*	*dictatorship*	norma *f*	*norm*
echar una mano	*to give a hand, to help*	olvidar	*to forget*
empleado/a	*employee*	polémico/a	*polemic, controversial*
enlazar	*to link*	progresar	*to progress*
enviar	*to send*	racial	*racial*
erróneo/a	*erroneous*	rasgos	*traits*
esconder	*to hide*	reconocer (zc)	*to acknowledge, admit*
estadounidense	*United States citizen*	salir bien/ mal	*to do well/ badly*
estimar	*to estimate*	sospecha *f*	*suspicion*
falacia *f*	*fallacy*	tema *m*	*theme, topic*
glosario *m*	*glossary*	traductor/a	*translator*
gracioso/a	*funny*	valores	*values*
hecho *m*	*fact*	variedad *f*	*variety*
incluir	*to include*	veracidad *f*	*truthfulness, veracity*

La diversidad de nuestras costumbres y creencias

En algunos países hispanohablantes, las mujeres se agarran del brazo mientras pasean y conversan. ¿Existe esta costumbre en tu cultura? ¿En qué situación puede ocurrir que dos mujeres estadounidenses se agarren del brazo?

Algunos la llaman la "Virgen Morena" y otros la "Virgen de Guadalupe". El 12 de diciembre los creyentes visitan el Santuario de la Virgen, situado al norte de la Ciudad de México, para pedirle que los ayude a resolver sus crisis y problemas o para darle las gracias por un favor concedido. La peregrinación al Santuario de la Virgen tiene lugar cada 12 de diciembre. ¿Has participado alguna vez en una peregrinación o conoces a alguien que lo haya hecho?

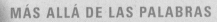

TEMA 10

Nuestras costumbres

Entrando en materia

Cuando hablamos con otras personas acompañamos las palabras con gestos (*body language*). Estas expresiones varían según la situación y pueden variar de una cultura a otra.

4–1. Expresiones de afecto. Basándote en tus propias costumbres, explica qué expresiones usas en las siguientes situaciones.

Situaciones

1. Alguien me presenta a otro/a estudiante.
2. Camino con mi amigo/a por la ciudad.
3. Camino con mi madre por la ciudad.
4. Veo a un buen amigo por primera vez después de un año.

Expresiones de afecto

a. Le doy la mano.
b. Le doy un abrazo.
c. Le doy un beso.
d. Agarro el brazo de la persona.
e. No uso ninguna de las opciones. Lo que hago en esa situación es...

4–2. Vocabulario en contexto. Las palabras y expresiones de la lista aparecen en la entrevista que vas a leer. Busca estas palabras en el texto y, usando el contexto, empareja cada palabra con la definición correspondiente.

1. por su cuenta
2. mejilla
3. alternar
4. agarrar (el brazo)
5. tapas
6. saludar

a. Es un sinónimo de *tomar*.
b. Hacemos esto cuando decimos cosas como *buenos días, hola, buenas noches*.
c. Ir a varios bares a beber y comer.
d. Es una parte de la cara.
e. Pequeñas porciones de comida que se sirven en los bares.
f. Independientemente

LECTURA

Costumbres de todos los días

Margarita (de México) y Tomás (de España) son los invitados de hoy en una clase de español de tercer semestre. Los estudiantes de la clase les preguntan sobre algunas costumbres de sus países.

ESTUDIANTE: Una pregunta para Tomás. Cuando **saludo** a una muchacha o un muchacho en un país hispano, ¿qué debo hacer?

TOMÁS: Depende del país. Por ejemplo, en España, con amigos del sexo opuesto, y entre mujeres, se dan dos besos, pero en otros países se da solamente un beso. Los hombres no se besan sino que se dan la mano o un abrazo. Bueno, hay que mencionar que la gente no se besa en la cara necesariamente. En la mayoría de los casos sólo se tocan las **mejillas**.

ESTUDIANTE: Tengo una pregunta para Margarita. En una ocasión vi un documental sobre México. Había dos mujeres y mientras caminaban, una mujer **agarraba** el brazo de la otra, ¿es ésta una costumbre normal entre las mujeres?

MARGARITA: Sí, es una costumbre, especialmente entre madres e hijas, pero también entre amigas. También lo hacen en otros países hispanos, no sólo en México.

ESTUDIANTE: Muy bien. Ahora quiero hacerles unas preguntas sobre otro tema. Aquí en Estados Unidos no se permite a los niños entrar en los bares. He oído que en España esto es diferente. ¿Es verdad?

Por si acaso

El bar y el pub
Los estadounidenses entienden el concepto "bar" de manera diferente a los españoles. En España hay una diferencia entre "bar" y "pub". El bar ofrece a los clientes una variedad de comidas y bebidas que incluye bebidas alcohólicas. El pub ofrece bebidas alcohólicas y no alcohólicas y, algunos establecimientos pueden servir comida, pero se limita normalmente a simples tapas o tentempiés (*finger foods or snacks*). El bar puede ser un lugar de reunión para toda la familia mientras que el pub, que es similar al concepto de "bar" del estadounidense, es un establecimiento para adultos donde raramente se admite la entrada de niños.

TOMÁS: Sí. En España los niños van con sus padres a los bares. Existe una costumbre que se llama **alternar**, que consiste en ir a varios bares, uno después de otro, y comer **tapas** acompañadas de un vaso de vino o de cerveza. Algunas familias hacen este recorrido de varios bares con sus hijos y grupos de amigos, especialmente los fines de semana. El ambiente de los bares españoles es muy diferente al de los bares de Estados Unidos. Por eso se permite que los niños entren acompañados por adultos.

ESTUDIANTE: Otra preguntita sobre los hijos... Un amigo mío de Venezuela me dijo que en su país es común que los hijos vivan en la casa de sus padres hasta que se casan. ¿No se van los jóvenes a vivir **por su cuenta** cuando asisten a la universidad?

MARGARITA: Mi hermano se fue de casa de mis padres a los treinta años, el día que se casó. Es frecuente que los hijos vivan con sus padres mientras hacen sus estudios universitarios y que no se independicen totalmente hasta que terminan sus carreras. No todo el mundo lo hace, hay jóvenes que se independizan antes, como se hace aquí en Estados Unidos. Aunque yo creo que esto no es sólo por cuestiones culturales, sino también por razones económicas y laborales.

4-3. ¿De qué hablaron? En parejas, cada persona debe hacerle las preguntas correspondientes a la otra persona. Después, compartan sus opiniones con el resto de la clase.

Estudiante A: De los temas mencionados en la entrevista, ¿cuál te parece más interesante? ¿Por qué? ¿Puedes pensar en alguna diferencia entre el lenguaje corporal de los hispanos en general y el de los estadounidenses?

Estudiante B: En la entrevista se menciona que hay varias razones por las que los jóvenes hispanos se quedan en casa de sus padres hasta que se casan. ¿Cuáles creen que son estas razones? ¿Qué ventajas y desventajas crees que tiene vivir con los padres a esta edad? ¿Por qué?

4-4. Vocabulario en acción. En parejas, respondan a estas preguntas según su propio comportamiento. ¿Hay alguna diferencia en su comportamiento?

1. ¿Cómo **saludan** a los amigos íntimos? ¿a las amigas íntimas?
2. ¿En qué circunstancias besan a otra persona en la **mejilla**?
3. ¿Tienen alguna costumbre parecida a la costumbre española de **alternar**?
4. ¿Han probado las **tapas** alguna vez? ¿Hay alguna costumbre similar en Estados Unidos?
5. ¿Desde qué edad viven **por su cuenta**? Imaginen que aún viven en casa de sus padres. ¿Qué aspectos de su vida serían diferentes?

ATENCIÓN A LA ESTRUCTURA

Using Relative Pronouns to Avoid Redundancy

Relative pronouns are used to join two sentences into a single sentence, resulting in a smoother, less redundant statement.

Éste es el bar. **El bar** tiene tapas estupendas.	*This is the bar. **The bar** has wonderful tapas.*
Éste es el bar **que** tiene tapas estupendas.	*This is the bar **that/which** has wonderful tapas.*

In English the relative pronoun can be omitted in sentences like:

I love the food that I ate in that restaurant. ➔ *I love the food I ate in that restaurant.*

In Spanish, **que** is never omitted.

Me gusta la comida **que** comí en ese restaurante.

Que

Use **que** in Spanish to express the relative pronouns *that/which/who*. **Que** can refer to both singular or plural nouns and it is the most common relative pronoun in everyday conversation. In the following examples, the antecedent is underlined (antecedent, i. e., the thing the relative pronoun refers back to).

Los <u>libros</u> **que** compraste eran excelentes.	*The <u>books</u> **that** you bought were excellent.*
El <u>hombre</u> **que** vino a cenar era mi jefe.	*The <u>man</u> **who** came to dinner was my boss.*
La <u>casa</u> de mi hermana, **que** tiene cuatro habitaciones, sólo tiene un baño.	*My sister's <u>house</u>, **which** has four rooms, only has one bathroom.*
Mi <u>hermano</u>, **que** tiene 25 años, se casó ayer.	*My <u>brother</u>, **who** is twenty-five, got married yesterday.*

One more thing: Observe that two of the relative clauses are set between commas and two of them aren't. The clauses without commas are said to be *restrictive* because they state a quality meant to single out an object or a person among a group of them. The clauses between commas are said to be *nonrestrictive* because they state a quality that is not meant to single out the object or person.

See *Apéndice gramatical 4* for more about relative pronouns.

Lo que

Use **lo que** when referring back to an idea rather than a noun.

No comprendí **lo que** dijo Margarita sobre la siesta.

*I didn't understand **what** Margarita said about siestas.*

4–5. Un viaje de fin de curso. Una costumbre muy común entre los estudiantes españoles es la de hacer un viaje cuando finaliza el año escolar. Tu clase de español ha decidido organizar un viaje de fin de curso. Aquí tienes las notas con los planes para el viaje. Combina las frases usando pronombres relativos para evitar las repeticiones innecesarias, antes de darle la información a tu instructor/a.

> **MODELO**
>
> **Organizaremos una gran fiesta antes de salir.**
> <u>La fiesta</u> va a durar toda la noche.
> **Organizaremos una gran fiesta antes de salir que va a durar toda la noche.**

1. Vamos a reservar un barco, <u>El barco</u> tiene capacidad para muchas personas.
2. Julia y Cecilia van a traer la música hispana. A la profesora le gusta <u>la música hispana</u>.
3. Invitaremos a los mejores profesores. <u>Los mejores profesores</u> saben bailar salsa.
4. Vamos a contratar a un cocinero para el viaje. <u>El cocinero</u> sabe preparar comidas hispanas.

4–6. Acontecimientos (*events*) memorables. Tu clase organizó una fiesta para recolectar fondos para el viaje de fin de curso. Tu instructor/a quiere saber cuáles fueron los acontecimientos más interesantes de esa fiesta y te ha pedido que completes las siguientes oraciones con todos los detalles posibles. ¡No te olvides de usar los pronombres relativos!

> **MODELO**
>
> **Me gustó mucho...**
> **Me gustó mucho la comida hispana que sirvieron en la fiesta.**

1. No voy a olvidar la alegría...
2. Detesté aquel lugar...
3. Me encantó un/a invitado/a...
4. Me enfadé con un músico...
5. Me alegró ver a un/a chico/a...
6. No me gustó la sangría...

4-7. Las fiestas hispanas en EE.UU. En parejas, lean las siguientes descripciones sobre algunas fiestas hispanas en EE.UU. Después, escriban una descripción adicional sobre alguna fiesta cultural que se celebre en su ciudad. Presten atención al uso de los pronombres relativos y los antecedentes, para evitar redundancias.

Descripción 1: El Carnaval de Miami, que se celebra durante dos semanas en marzo en la calle Ocho, en la parte de la Pequeña Habana, atrae cerca de un millón de personas cada año. Las personas que participan en este Carnaval acuden desde diferentes partes de EE.UU.

Descripción 2: La Fiesta Broadway, que tiene lugar en Los Ángeles en abril, presenta cada año más de cien actos artísticos que incluyen música y teatro.

Descripción 3: La Fiesta de San Antonio, que se celebra en San Antonio, Texas, dura diez días y atrae a unos tres millones de personas.

Descripción 4: ¿...?

4-8. ¡Qué cosa tan extraña! En parejas, uno/a de ustedes va a representar a un/a estudiante hispano/a. La otra persona va a ser un/a estudiante estadounidense. Explíquenle a la otra persona el significado de estas costumbres de su país. Después, intercambien los papeles para la segunda situación.

Estudiante hispano/a

1. potluck dinner
2. Saint Patrick's day
3. to kiss under the mistletoe
4. a tailgate party

MODELO   *Potluck dinner* es una comida que...

Estudiante estadounidense

1. Halloween
2. Mardi Gras
3. The 4th of July
4. April Fool's Day

MODELO   *Halloween* es una tradición que...

Por si acaso			
disfraces	costumes	reunirse	to meet, reunite
fuegos artificiales	fireworks	llamar a la puerta/ al timbre	to ring the bell
bandera	flag	compartir	to share
suerte	luck	sorprender a alguien	to surprise someone
desfile	parade	bromas, trucos	tricks, jokes

¿CÓMO LO DICES?

vas: Es un asunto como bastante complicado.
cómo ∎ adv. **1** De qué modo o de qué manera
¿Cómo lo has pasado? ‖ **a cómo**; a que precio ¿

Cómo dar explicaciones

> ¿Por qué tienes esa cara tan seria?

> Éste es un día que me pone muy triste porque Paco y yo rompimos el día de San Valentín el año pasado.

In the course of a conversation, you may be asked to explain why you did or said something. These expressions will help you offer explanations in Spanish.

porque, puesto que,	*because*
por eso, por esta razón	*for this reason*
a causa de, por motivo de, dado que	*because of, due to*

Me acosté tarde anoche y **por eso (por esa razón)** llegué tarde a clase.
*I went to bed late last night and **for this reason** I was late to class.*
Se canceló el partido de fútbol **a causa de** la lluvia.
*The game was cancelled **because of** rain.*
Me quejé de mi vecino **porque** tiene muchas fiestas por la noche.
*I complained about my neighbor **because** he gives many parties at night.*

Explanations may be expressed as a cause-effect relationship:

Dado que me distraje hablando por teléfono, no lavé los platos y **por esa razón** tuve una discusión con mi mamá.
***Since** I got distracted while talking on the phone, I didn't wash the dishes, and **for that reason** I had an argument with my mom.*

4–9. Vocabulario en acción. Usa la imaginación para escribir una explicación para cada una de estas preguntas. Intenta usar varias de las expresiones anteriores.

> **MODELO** ¿Por qué no entregaste la tarea hoy?
> No entregué la tarea hoy porque se me olvidó en casa.

1. ¿Por qué no estabas bien preparado hoy para la clase de español?
2. ¿Por qué saludaste a la chica hispana con un beso en la mejilla?
3. ¿Por qué le dijiste a tu jefe que sabías hablar español perfectamente?
4. ¿Por qué se te olvidó estudiar para el examen final de español?
5. ¿Por qué te enfadaste con tu compañero/a de apartamento?

4–10. Mi vecino el pesado. En parejas, sigan las instrucciones correspondientes a cada estudiante para representar esta situación.

Estudiante A:

- Inicia la conversación. Las ilustraciones representan los problemas que tienes con tu vecino.
- Explícale estos problemas a tu amigo/a y pídele consejos.

Estudiante B:

- Escucha a tu compañero/a. No mires sus dibujos.
- Si no comprendes lo que dice, pídele una aclaración.
- Dale consejos a tu compañero/a. Usar el subjuntivo cuando sea necesario.

Los acertijos (*riddles*) son problemas de lógica que requieren el uso de pensamiento creativo. Muchos acertijos contienen la solución del problema en la expresión misma.

4–11. Un acertijo. En parejas, lean el acertijo y presten atención a la pista (*clue*).

Felipe va a una fiesta que se está celebrando en el piso 12 de un edificio. Cuando sale de la fiesta, toma el ascensor y oprime el botón de la planta baja. Sin embargo, cuando vuelve a la fiesta, toma el ascensor y oprime el botón para el piso número 4. ¿Por qué?

Una de estas opciones es correcta:

a. El ascensor está averiado y sólo funciona hasta el piso número 4.

b. Felipe es muy bajo de estatura.

c. Felipe quiere visitar a un vecino que vive en el piso número 4.

Nuestras creencias

Entrando en materia

4–12. La Noche de las Brujas (*Halloween*). En parejas, hablen sobre las actividades típicas de la Noche de las Brujas. ¿Comparten las mismas tradiciones en esta fecha? Si no, ¿cuáles son las diferencias? ¿Qué significado tiene esta tradición para ustedes ahora? ¿Cómo la celebraban cuando eran pequeños/as? ¿Cómo la celebran ahora? ¿Saben cuál es el origen de esta tradición? ¿Creen que existe esta celebración en otras culturas? Den ejemplos.

4–13. Actitudes hacia el tema de la muerte. El tema de esta sección es la muerte. Antes de seguir adelante, vamos a ver qué piensas sobre este tema.

1. Selecciona las palabras que mejor reflejen tu opinión personal sobre la muerte.

Hablar de la muerte es:

interesante ____	triste ____	de mal gusto ____
aburrido ____	incómodo ____	importante ____
difícil ____	fácil ____	terapéutico ____
absurdo ____		

4 **2. ¿Cuál es su actitud frente a la muerte?** En algunas culturas la muerte es causa de alegría y se celebra con fiestas porque la persona que ha muerto ha pasado a una situación mejor. En grupos de cuatro, dos de ustedes deben presentar razones por las que los entierros (*burials*) deben ser alegres y festivos. Las otras dos personas deben presentar razones por las que los entierros deben ser serios en honor a la persona que ha muerto. ¿Qué pareja encontró los argumentos más convincentes?

> **MODELO**   Nosotros pensamos que en los entierros se debe celebrar una gran fiesta en honor a la persona muerta porque...
>
> Nosotros pensamos que celebrar fiestas en un entierro es una falta de respeto hacia la persona muerta porque...

4 **4-14. Descripción de fotos.** En parejas, miren las siguientes fotos sobre la celebración del Día de Difuntos (*Day of the Dead*) en México. Escriban una breve descripción sobre lo que ven en cada foto. ¿Tienen la misma opinión?

4–15. Vocabulario en contexto. Las expresiones en negrita forman parte de la miniconferencia que vas a escuchar. Indica el significado apropiado para cada palabra, seleccionando **a** o **b**.

1. Hablar de la muerte es algo que **se debe evitar** en ciertas culturas.
   a. no se debe hacer
   b. es común

2. El Día de Difuntos los familiares **acuden en masa** al cementerio a visitar a sus familiares muertos.
   a. van en grandes grupos
   b. manejan

3. **Ritualizar** la muerte significa que…
   a. se celebra con rituales
   b. se murió una señora que se llamaba Rita

4. Hay ciertas culturas que ven la muerte como parte **integral** de la vida.
   a. la muerte no es un tema popular en absoluto
   b. la muerte es normal en la vida diaria

5. En ciertas culturas la muerte se toma a broma e incluso se cuentan **chistes** sobre ella.
   a. la gente cuenta historias sobre la muerte que hacen reír
   b. la gente cuenta historias de terror sobre la muerte

Antes de escuchar

Cuando escuchas un texto por primera vez, hay muchos elementos que te pueden ayudar a comprender la idea general. Uno de esos elementos es el énfasis que el narrador pone en diferentes palabras y oraciones. Mientras escuchas, fíjate en qué palabras y expresiones enfatiza el narrador. El énfasis se puede expresar levantando la voz, haciendo un gesto con las manos o la cara, o cambiando el tono drásticamente. Ten en cuenta esta información mientras escuchas y anota los puntos que el narrador enfatiza. Después, usa esos datos para determinar cuál es el punto principal de la narración, según las expresiones del narrador.

Ahora tu instructor/a va a presentar una miniconferencia.

La lista a continuación contiene los temas centrales.

1. primera perspectiva sobre la muerte
2. segunda perspectiva
3. descripción del Día de Difuntos

4–16. ¿Comprendiste? Explica con tus propias palabras las dos perspectivas que se dan sobre la muerte. Después, reflexiona sobre las fotografías de la página 150 que representan el Día de Difuntos. ¿A qué perspectiva de las mencionadas crees que corresponden las fotos? ¿Existe en tu cultura un fenómeno similar a éste? ¿Con cuál de las dos formas de ver la muerte te indentificas tú? ¿Y tu familia? Explica tu respuesta.

4–17. Palabras en acción. En parejas, usen la imaginación y las palabras de la lista, para escribir una descripción sobre algo que ocurrió en un entierro al que asistieron. La situación debe ser realista, aunque pueden ser creativos si quieren.

> de mal gusto   en voz baja   incómodo/a   acudir en masa   disfraz

4–18. ¿Qué opinas? Nuestras ideas sobre la muerte están influidas por nuestra cultura, creencias y orientación espiritual. En grupos de cuatro, seleccionen uno de los temas a continuación. Cada persona debe adoptar una actitud diferente hacia el tema, y exponer su punto de vista. Los demás deben escuchar con una mente abierta y hacer preguntas para comprender mejor la perspectiva de cada persona.

1. el más allá: ¿existe? ¿cómo es?
2. la reencarnación
3. la comunicación con los muertos
4. la existencia del cielo y el infierno

4–19. Controversia. En parejas, seleccionen una de las siguientes situaciones para representarla en clase. Dediquen unos minutos a preparar sus argumentos antes de hacer la representación.

Situación A: Una persona tiene una enfermedad mortal y expresa su deseo de morir para poder descansar en paz. La otra persona es el médico. El deber de un médico es salvar la vida de sus pacientes siempre que sea posible. Hablen de la situación para encontrar una solución.

Situación B: Uno de ustedes es un senador del estado que quiere imponer una ley que haga obligatoria la donación de órganos después de la muerte, para salvar más vidas por medio de los transplantes. La otra persona es un senador que se opone a esta ley por razones religiosas. Intenten encontrar un punto común entre sus diferentes puntos de vista.

Situación C: Su ciudad no encuentra terreno para construir un cementerio nuevo. Uno de ustedes piensa que deben incinerarse (*cremate*) todos los cadáveres para solucionar el problema. La otra persona está en contra de la incineración por razones religiosas. Busquen una solución para el problema que sea aceptable para los dos.

ATENCIÓN A LA ESTRUCTURA

Imperfect Subjunctive in Noun and Adjective Clauses

In Unit 3 you learned the forms of the present subjunctive and how to use them. Now you will learn how to express desire, doubt, and emotion in the past. To do so, you need to learn the forms of the past subjunctive. To form the past subjunctive, follow these steps:

1. take the third person plural form of the preterite, e.g., comier**on**
2. drop the **-on** ➔ comier-
3. add **-a, -as, -a, -amos, -ais, -an** for all verbs

The **nosotros/as** form requires an accent in the stem. See the following chart:

INFINITIVE	THIRD PERSON PRETERITE FORM	PAST SUBJUNCTIVE	
caminar	caminar**on**	caminara	camináramos
comer	comier**on**	caminaras	caminarais
escribir	escribier**on**	caminara	caminaran
		comiera	comiéramos
		comieras	comierais
		comiera	comieran
		escribiera	escribiéramos
		escribieras	escribierais
		escribiera	escribieran

For stem-changing verbs, spelling-changing verbs, and irregulars, you will still base the imperfect subjunctive on the third person preterite. For example:

estar ➔ **estuvier**on ➔ estuviera, -as, -a...

hacer ➔ **hicier**on ➔ hiciera, -as, -a...

dormir ➔ **durmier**on ➔ durmiera, -as, -a...

See Appendix B for additional verb charts.

As you learned in Unit 3, the subjunctive occurs in the dependent clause when the independent clause includes an expression that conveys:

- advice, suggestion, or request
- opinion, doubt, or denial
- emotion

Q: How do I know when to use the past subjunctive as opposed to the present subjunctive?

A: If the verb in the independent clause expresses a past action, the verb in the dependent clause needs to be in the past subjunctive.

Advice, Suggestion, and Request

Independent Clause: Preterit
El año pasado mi instructor **sugirió**
*Last year my instructor **suggested***

Dependent Clause: Imperfect Subjunctive
que escribié**ramos** una composición sobre la Noche de las Brujas.
*that **we write** a composition about Halloween.*

Doubt or Denial

Independent Clause: Imperfect Indicative
Mi madre **dudaba**
*My mom **doubted***

Dependent Clause: Imperfect Subjunctive
que yo encontra**ra** decoraciones de la Noche de las Brujas en agosto.
*that I **would find** Halloween decorations in August.*

Emotion

Independent Clause: Imperfect Indicative
La Noche de las Brujas, a mi hermana le **encantaba**
*On Halloween, my sister **loved***

Dependent Clause: Imperfect Subjunctive
que nos **dieran** tantos caramelos.
*that people **would give** us so much candy.*

4–20. Identificación. Marta y Margarita intercambian algunos mensajes electrónicos acerca de una fiesta a la que fue Margarita durante la Noche de las Brujas.

1. Lee el mensaje de Margarita e identifica los verbos en imperfecto de subjuntivo. ¿Por qué crees que aparecen esas formas en subjuntivo?

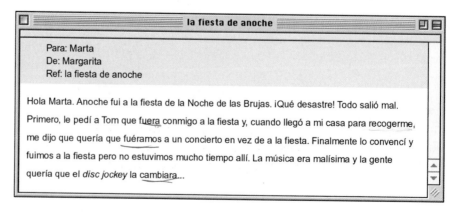

la fiesta de anoche

Para: Marta
De: Margarita
Ref: la fiesta de anoche

Hola Marta. Anoche fui a la fiesta de la Noche de las Brujas. ¡Qué desastre! Todo salió mal. Primero, le pedí a Tom que fuera conmigo a la fiesta y, cuando llegó a mi casa para recogerme, me dijo que quería que fuéramos a un concierto en vez de a la fiesta. Finalmente lo convencí y fuimos a la fiesta pero no estuvimos mucho tiempo allí. La música era malísima y la gente quería que el *disc jockey* la cambiara...

2. Aquí tienes la respuesta de Marta. Imagínate que tú no pudiste ir a la fiesta y tienes que contestar al mensaje de Margarita dándole una explicación de lo que pasó. Presta atención a los tiempos verbales en tu respuesta.

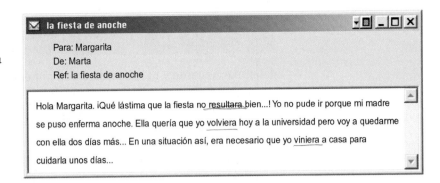

la fiesta de anoche

Para: Margarita
De: Marta
Ref: la fiesta de anoche

Hola Margarita. ¡Qué lástima que la fiesta no resultara bien...! Yo no pude ir porque mi madre se puso enferma anoche. Ella quería que yo volviera hoy a la universidad pero voy a quedarme con ella dos días más... En una situación así, era necesario que yo viniera a casa para cuidarla unos días...

4–21. ¿Son supersticiosos? Desgraciadamente Margarita no se creyó tu excusa. La verdad es que no fuiste a la fiesta porque una adivina (*fortune-teller*) te dijo que no fueras... Con la ayuda de tu compañero/a, cuéntale la verdad a Margarita, explicándole lo que te dijo la adivina. Deben incluir la siguiente información:

1. Qué te dijo la adivina.
2. Por qué te recomendó que no fueras a la fiesta.
3. Por qué te aconsejó que no le dijeras la verdad a Margarita.
4. Por qué era importante que siguieras sus consejos.

4–22. Sugerencias útiles. En parejas, representen esta situación. Después intercambien los papeles. Aquí tienen algunas expresiones útiles.

> ser importante   ser necesario   recomendar   pedir   aconsejar

Estudiante A: Tú vas a ir a una fiesta hispana en casa de una persona que te gusta mucho. Tu compañero/a de cuarto, que también está interesado/a en la misma persona, te dio consejos sobre cómo comportarte, qué hacer y qué decir en la fiesta. Seguiste sus consejos pero el resultado fue desastroso. Ahora estás cuestionando las sugerencias de tu compañero/a y le pides explicaciones.

Estudiante B: Tú estás secretamente interesado/a en la misma persona que tu compañero/a de cuarto. Tu compañero/a fue a una fiesta hispana en casa de esa persona y tú le diste consejos sobre cómo comportarse, qué hacer y qué decir... con la intención de que la otra persona no se interesara por tu compañero/a. El problema es que ahora tus intenciones han sido descubiertas y necesitas inventarte alguna excusa para justificar lo que dijiste...

MODELO

Estudiante A: ¡Tú me aconsejaste que hablara en voz muy alta con todo el mundo.

Estudiante B: No... yo no dije eso. Yo te aconsejé que hablaras en voz muy alta si la música estaba fuerte y las otras personas no te podían oír...

vas: Es un asunto como bastante complicado.
cómo ▌ adv. 1 De qué modo o de qué manera
¿Cómo lo has pasado? ‖ a cómo: a qué precio: ¿

Expresar acuerdo y desacuerdo enfáticamente

Srta. Smith, usted tiene que hacer más esfuerzo en mi clase. Intente entregar las tareas a tiempo.

Sí, por supuesto, profesor. Le doy toda la razón.

In Unit 3 you studied some expressions to react to the opinions of others showing agreement or disagreement. In this section you will learn a few expressions that are commonly used to react to others' opinions in a more emphatic way.

Strong agreement:

Eso es absolutamente/ totalmente cierto.	*That is totally true.*
Le/ Te doy toda la razón.	*You are absolutely right.*
Creo/ Me parece que es una idea buenísima.	*I think that is a great idea.*
Por supuesto que sí.	*Absolutely.*
Lo que dice(s) tiene absoluto sentido.	*You are making a lot of sense.*
Exactamente, eso mismo pienso yo.	*That is exactly what I think.*

Strong disagreement:

Eso es absolutamente/ totalmente falso.	*That is totally false.*
No tiene(s) ninguna razón.	*You are absolutely wrong.*
Creo/ Me parece que es una idea malísima.	*I think it is a terrible idea.*
Por supuesto que no.	*Absolutely not.*
Lo que dice(s) no tiene ningún sentido.	*You are not making any sense.*

4–23. Vocabulario en acción. Expresa enfáticamente tu acuerdo o desacuerdo con estos comentarios. Añade información a las expresiones para justificar tu propia opinión.

> **MODELO**
>
> Tu compañero/a de apartamento te dice: El casero (*landlord*) me ha dicho que una vez más no has pagado tu parte del alquiler. Estoy harto/a de esta situación.
>
> Tú dices: ¡Eso es abolutamente falso! Dejé un sobre con el dinero del alquiler en el buzón del casero hace ya una semana.

1. Un amigo hispano te dice: Los estadounidenses no saben divertirse. Los fines de semana, en vez de salir, se quedan en casa viendo películas y comiendo *Doritos*.

2. Tu instructor de español te comenta: El español es un idioma fácil de aprender. La gramática no tiene ninguna complicación y se puede aprender en un mes.

3. Un compañero de clase te comenta: Los españoles, los mexicanos y los argentinos son todos iguales, hablan exactamente igual y comen las mismas comidas.

4. Tu padre te dice: No es importante aprender otro idioma porque el inglés es el idioma más importante y si hablas inglés, no necesitas saber otra lengua.

4–24. Un día cultural. Un amigo y tú están pasando un día en México. No se pueden poner de acuerdo sobre qué hacer. Lean las instrucciones de la situación y representen el diálogo.

Estudiante A: Tú inicias la conversación. Quieres ir a ver una corrida de toros (*bullfight*) porque te parece fascinante. Tu ídolo era Paquirri, uno de los grandes toreros de la historia, y la corrida de hoy es un homenaje a él. Explícale a tu compañero/a por qué quieres ir, por qué tu idea es mejor que la suya, y por qué es importante que te acompañe.

Estudiante B: Tu compañero/a inicia la conversación. Estás en contra de las corridas de toros y piensas que son horribles. Explica por qué no quieres ir, expresando tu desacuerdo enfáticamente, sugiere una idea mejor e intenta llegar a un acuerdo con tu compañero/a.

4–25. Numerología. En algunas culturas, los números tienen un significado oculto que es importante en la vida de cada persona. ¿Sabes cuál es tu número personal? Sigue las instrucciones a continuación para calcularlo; después, puedes calcular el número de tus amigos. ¿Crees que la información es correcta?

Para saber el número que te corresponde debes sumar los números de tu fecha de nacimiento y reducirlos a un solo número. Por ejemplo, si has nacido el 26 de junio de 1982, debes hacer el siguiente cálculo:

2 + 6 (día) + 6 (mes) + 1 + 9 + 8 + 2 (año) = 34; 3 + 4 = 7.

El número 7 es tu número personal. Ahora ya puedes leer tu pronóstico para el próximo mes según tu propio número.

Los números 11 y 22 son números mágicos y no se pueden reducir. Si quieres aprender más sobre la numerología, visita *www.mifuturo.com*, para aprender más sobre tu destino mientras practicas el español.

1 Comienza para ti una etapa muy tranquila. Es una buena época para aclarar tus dudas sobre esa persona especial que acabas de conocer. Vas a dedicar más tiempo a los estudios. Déjate llevar por tus instintos y no te preocupes por la opinión de los demás.

2 En estos días vas a conseguir todo lo que quieras. Aprovecha la ocasión para atraer a esa persona que te gusta porque no va a poder resistir tus encantos (*charm*).

3 ¡Qué hiperactividad! Intenta tomarte las cosas con un poco más de calma, de lo contrario, puedes tener un accidente. Tendrás una ruptura con alguien especial en tu vida: tu mejor amigo/a o tu pareja. Pero esta ruptura te dejará aliviado/a (*relieved*).

4 ¡Muchos cambios en tu vida! Todos los cambios serán positivos. Es un buen momento para dedicarte a los estudios plenamente.

5 Necesitas cultivar tus dotes diplomáticas para conseguir tus objetivos. Tendrás que hacer el papel de mediador/a entre dos personas cercanas a ti.

6 Todo va muy bien. Tienes una actitud muy positiva y alegre. Eso siempre ayuda a la hora de hacer amigos. Vas a conocer a mucha gente nueva y vas a ser el centro de atención. Habrá tantas personas interesadas en ti que no sabrás a quién escoger.

7 ¡Buff! Todo te parece muy lento en estos días. Necesitas aplicarte una buena dosis de realismo y dejar de soñar despierto/a.

8 Estás lleno/a de energía. Las cosas te van de perlas (*very well*) y este mes vas a tener muchas ofertas lúdicas: fiestas, viajes, excursiones, etc. Quizás cambies de ciudad o hagas un viaje en el que conocerás a gente muy interesante.

9 Mira a tu alrededor porque muy cerca de ti encontrarás a tu amor ideal. Esta relación va a ser muy seria. Tu único problema serán los estudios, así que concéntrate si no quieres suspender (*fail*) tus clases.

Nuestra religión

Entrando en materia

4-26. **Celebrar un día especial.**

A. Indica un día especial que asocias con las siguientes actividades.

- beber champán
- comer pavo
- dar y recibir regalos
- reunirse con la familia
- ir de picnic

B. En parejas, hablen sobre estas celebraciones. ¿Cuál prefieren? ¿Por qué? ¿Hacen las mismas actividades en estas fechas? ¿Qué diferencias hay entre la forma en que las celebran?

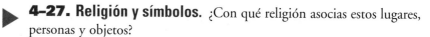

Por si acaso

Religiones del mundo hispano

El catolicismo es la religión predominante en el mundo hispano. Sin embargo, también se practican otras religiones, aunque de forma minoritaria. Estas religiones incluyen el protestantismo, el pentecostalismo, el judaísmo, el islam y una variedad de religiones indígenas y de origen africano.

4–27. Religión y símbolos. ¿Con qué religión asocias estos lugares, personas y objetos?

Religión

1. el Corán
2. la Biblia
3. el Papa
4. el pastor (*minister*)
5. una mezquita
6. México
7. Hanukkah
8. la Navidad
9. la estatua de Buda
10. el Tora

judaísmo
islam
catolicismo
budismo
protestantismo

4–28. Vocabulario en contexto. A continuación vas a leer unas frases que aparecen en la lectura. Presta atención a la expresión en negrita y al contexto e indica cuál es la definición más apropiada para la expresión.

1. La diversidad de **días festivos** y celebraciones dentro del mundo hispano refleja la **idiosincrasia** de cada uno de los países que lo componen.

   días festivos
   a. día en el que los estudiantes de una hermandad tienen una fiesta
   b. día en el que no hay que trabajar porque hay alguna celebración nacional

   idiosincrasia
   a. personalidad o características únicas
   b. una persona que no habla lógicamente

2. Una de las atracciones de la fiesta son los **tamales** oaxaqueños que preparan los responsables de organizar la fiesta.
   a. sinónimo de la expresión "está mal"
   b. un tipo de comida

3. En algunos pueblos de Galicia, una región del noroeste de España, se celebra el día de San Juan **asando** sardinas en la playa por la noche.

   a. cocinar en una sartén con muy poco aceite o en contacto directo con el fuego
   b. cocinar con agua

4. El Santo Patrón puede proteger a personas que tienen una característica específica, por ejemplo, a las mujeres **embarazadas**.
   a. mujeres que están esperando un bebé
   b. mujeres que trabajan en la cocina

5. Sus padres eran unos **campesinos** muy pobres que no pudieron enviar a su hijo a la escuela.

   a. personas que trabajan en la ciudad

   b. personas que trabajan en el campo

6. Isidro se levantaba muy de **madrugada** y nunca empezaba su día de trabajo sin haber asistido antes a misa.

   a. Se levantaba muy tarde por la mañana.

   b. Se levantaba muy temprano por la mañana.

7. A los 43 años de haber sido sepultado, en 1173, sacaron de la **tumba** su cadáver y éste estaba incorrupto.

   a. el lugar donde descansan los muertos en el cementerio

   b. un ritmo de baile cubano muy popular

8. Por todos sus milagros, la iglesia católica lo **canonizó** como San Isidro en el año 1622.

   a. El Papa le dio a Isidro el título de Santo.

   b. El Papa construyó una iglesia en su honor.

LECTURA

Las fiestas patronales

La diversidad de **días festivos** y celebraciones dentro del mundo hispano refleja la **idiosincrasia** de cada uno de los países que lo componen. Algunas de las celebraciones giran alrededor de un tipo de producto o comida típicos de una región; otras celebraciones son semejantes a las de otros países no hispanos, como Navidad y el Año Nuevo; y hay otro grupo de días festivos que tienen como propósito conmemorar o recordar a la Virgen María o a algún santo del calendario católico. A este tipo de celebración pertenecen las llamadas *fiestas patronales*. Las fiestas patronales varían mucho de país a país y de región a

Momento de reflexión

¿Verdadero o falso?

❏ 1. Las celebraciones religiosas en el mundo hispano son uniformes.

❏ 2. Se mencionan tres tipos de días festivos.

❏ 3. Las fiestas patronales tienen características en común en el mundo hispano.

❏ 4. Hay sólo una manera de celebrar una fiesta patronal.

región, sin embargo, todas tienen algunas características en común. Por ejemplo, generalmente hay algún tipo de comida que se come durante esas fechas, puede haber competiciones deportivas, hay exhibiciones de bailes regionales y puede haber música y baile en la plaza del pueblo. En Comotinchan, un pueblo ubicado en el Estado de Oaxaca, México, una de las fiestas más importantes tiene lugar el 15 de mayo en honor del patrón del pueblo, San Isidro Labrador. Una de las atracciones de la fiesta son los **tamales oaxaqueños** que preparan los responsables de organizar la fiesta.

En algunos pueblos de Galicia, una región del noroeste de España, se celebra el día de San Juan **asando** sardinas en la playa por la noche. Ⓜ

Momento de reflexión

¿Verdadero o falso?

❏ 1. El santo patrón tiene como función principal la protección de ciertas comunidades.

❏ 2. La santidad de una persona depende de una decisión exclusiva del Papa.

LOS SANTOS PATRONOS

Un santo patrón es un santo protector. El santo patrón puede proteger a personas que tienen un tipo de trabajo, por ejemplo los agricultores, puede proteger a personas que tienen una característica específica, por ejemplo a las mujeres **embarazadas**, o puede proteger una ciudad o un pueblo. Ⓜ

SAN ISIDRO LABRADOR

15 de mayo.

San Isidro es el patrón de los agricultores del mundo. Sus padres eran unos **campesinos** muy pobres que no pudieron enviar a su hijo a la escuela. Pero en casa le enseñaron los principios de la religión. Cuando tenía diez años Isidro se empleó como peón de campo en una finca cerca de Madrid, donde pasó muchos años trabajando las tierras.

Se casó con una campesina que también llegó a ser santa y ahora se llama Santa María de la Cabeza (no porque ése fuera su apellido, sino porque su cabeza se saca en procesión cuando pasan muchos meses sin llover).

Isidro se levantaba muy de **madrugada** y nunca empezaba su día de trabajo sin haber asistido antes a misa. El dinero que ganaba, Isidro lo distribuía en tres partes: una para la iglesia, otra para los pobres y otra para su familia (él, su esposa y su hijo).

Isidro murió en el año 1130. A los 43 años de haber sido sepultado, en 1173, sacaron de la **tumba** su cadáver y éste estaba incorrupto. Las gentes consideraron esto como un milagro. Por éste y otros muchos milagros, la iglesia católica lo **canonizó** como San Isidro Labrador en el año 1622.

4–29. ¿Comprendiste? Antes de continuar, contesta estas preguntas para asegurarte de que comprendiste toda la información importante de la lectura.

1. ¿Cuál de estas expresiones describe mejor el texto sobre San Isidro—diario personal, biografía, novela?
2. ¿A qué tipo de personas protege San Isidro?
3. ¿Cuál de estas expresiones describe mejor a San Isidro—trabajador, alegre, triste?
4. ¿Qué parte del texto indica que San Isidro era una persona muy religiosa?
5. Define el término **milagro**.

4–30. Palabras en acción. En parejas, imaginen que acaban de presenciar un milagro. Ahora tienen que escribir un pequeño párrafo explicándole al resto de la clase lo que vieron. Para que resulte más interesante, deben usar las palabras que se incluyen abajo, y toda la creatividad posible. ¡Lo más probable es que el resultado sea bastante cómico!

> tumba   madrugada   campesino   embarazada   tamales   día festivo   asar

4–31. Tu opinión. En parejas, preparen una encuesta sobre el tema de la religión para entrevistar a algunos estudiantes del campus. Necesitan averiguar qué porcentaje de los encuestados celebra el día de su santo, qué religión es la más popular entre los estudiantes, cuántos participantes en la encuesta asisten a celebraciones religiosas, con qué frecuencia, y cuál es su celebración favorita. Después, analicen los datos para presentarlos oralmente en clase.

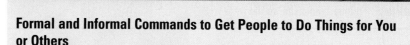

Formal and Informal Commands to Get People to Do Things for You or Others

The command forms fulfill the same functions in English and Spanish. Those situations that call for a command form in English will call for a command form in Spanish. In this dialogue between Margarita and Tomás, several command forms are used. Can you identify them?

> T: Por favor, Margarita, dame la receta para los tamales.
>
> M: ¿Vas a hacer tamales para la fiesta de San Isidro?
>
> T: Pues sí.
>
> M: Compra tomates verdes, cilantro... Si necesitas ayuda, llámame.
>
> T: Gracias, así lo haré.

Let's look at the verb endings we need to use in Spanish when giving a command. Pay attention to the level of familiarity that you have with the person you are speaking to.

	Formal	Informal
caminar	(no) camine	camina, no camines
	(no) caminen	caminad, no caminéis (vosotros/as)
comer	(no) coma	come, no comas
	(no) coman	comed, no comáis (vosotros/as)
escribir	(no) escriba	escribe, no escribas
	(no) escriban	escribid, no escribáis (vosotros/as)

The **vosotros/as** form is only used in Spain. The rest of the Spanish-speaking countries use **ustedes** forms in both formal and informal situations.

You also need to pay attention to direct-object pronouns accompanying the command; when they occur they need to be attached to the end of the command.

> Prepara la mesa. ➔ Prepára**la**.
>
> *Set up the table. ➔ Set it up.*

Place the pronoun in front of the verb if the command is negative.

> No **la** prepares.
>
> *Do not set it up.*

Finally, there are some verbs whose command forms are irregular and you need to learn those as separate vocabulary items.

Irregular Formal Commands			Irregular Informal Commands		
decir			**decir**		
(Ud.) diga	no diga		(tú) di	no digas	
(Uds.) digan	no digan		(vos.) decid	no digáis	
hacer			**hacer**		
(Ud.) haga	no haga		(tú) haz	no hagas	
(Uds.) hagan	no hagan		(vos.) haced	no hagáis	
ir			**ir**		
(Ud.) vaya	no vaya		(tú) ve	no vayas	
(Uds.) vayan	no vayan		(vos.) id	no vayáis	
poner			**poner**		
(Ud.) ponga	no ponga		(tú) pon	no pongas	
(Uds.) pongan	no pongan		(vos.) poned	no pongáis	
salir			**salir**		
(Ud.) salga	no salga		(tú) sal	no salgas	
(Uds.) salgan	no salgan		(vos.) salid	no salgáis	
ser			**ser**		
(Ud.) sea	no sea		(tú) sé	no seas	
(Uds.) sean	no sean		(vos.) sed	no seáis	
tener			**tener**		
(Ud.) tenga	no tenga		(tú) ten	no tengas	
(Uds.) tengan	no tengan		(vos.) tened	no tengáis	
venir			**venir**		
(Ud.) venga	no venga		(tú) ven	no vengas	
(Uds.) vengan	no vengan		(vos.) venid	no vengáis	

4–32. Identificación. Tu amiga María quiere preparar sangría, una bebida muy popular entre los hispanos, para una fiesta que va a dar para celebrar su santo. Tu vecina te ha dado una receta para María, y como ella es muy educada, ha escrito todo formalmente. Antes de darle la receta a María, identifica los mandatos. Después, cámbialos para que sean informales. ¡Al fin y al cabo, los amigos no se hablan de usted entre ellos!

En una jarra, mezcle cuatro vasos de vino tinto, cuatro vasos de agua, un vaso de azúcar y un vaso de zumo de lima. Con una cuchara, mueva el líquido varias veces. Añada una naranja en rodajas y medio vaso de trocitos de melocotón y piña. Ponga la sangría en el refrigerador. Antes de servir, añada cubitos de hielo.

4–33. Tu contribución personal. Tú eres la única persona estadounidense que va a asistir a la fiesta del santo de María. Para que no te sientas solo/a, la madre de María quiere preparar tu plato favorito. Sé amable y dale la receta incluyendo todos los detalles. Recuerda que es la madre de tu amiga, así que debes dirigirte a ella formalmente.

4–34. La Feria de San Marcos. En la fiesta, la madre de María te explicó que ella es de Aguascalientes, una ciudad de México, donde se celebra la Feria Nacional de San Marcos. Tu compañero/a ha encontrado más información sobre esta feria. En parejas, lean el artículo y preparen un panfleto publicitario para promocionar la feria en el campus. Usen mandatos para animar a los demás estudiantes a hacer lo que sugieren.

MODELO **Duerme una siesta si quieres asistir a las actividades nocturnas de la Feria.**

Origen: La festividad tuvo su origen con la fundación del pueblo de San Marcos en el año 1604, que todos los años celebraba al santo patrono San Marcos. Con el paso del tiempo este pueblo se fue uniendo a la ciudad de Aguascalientes, y ahora esta ciudad es el centro de esta festividad religioso-pagana que se llama Feria Nacional de San Marcos.

Descripción: Esta feria está considerada como la mejor de todo México. Empieza la tercera semana de abril y dura hasta la primera semana de mayo. Se llevan a cabo doce corridas de toros. Tienen también lugar el Encuentro Internacional de Poetas, conciertos de mariachis, obras de teatro, exposiciones de artesanía y juegos infantiles. La diversión en la feria empieza temprano y concluye al amanecer.

Otras actividades: Aguascalientes tiene diversos museos y un centro histórico de gran interés con hermosos monumentos coloniales.

4–35. Echando una mano. Ustedes trabajan como voluntarios en una iglesia de la comunidad, ayudando a los jóvenes con problemas personales y académicos. Hoy están ayudando a un grupo de sexto grado que tiene que preparar una composición para su clase de religión. En parejas, preparen una presentación oral explicando, paso a paso, cómo escribir la composición. ¡Recuerden que están hablando con varias personas, así que necesitan usar la forma plural de los mandatos!

MODELO **Bueno, primero decidan cuál va a ser el tema de la composición. Tengan en cuenta la información que tienen. Busquen datos adicionales sobre el tema antes de comenzar.**
Después, dividan el trabajo entre los miembros del grupo...

vas: Es un asunto como bastante complicado.
cómo ❚ adv. **1** De qué modo o de qué manera
¿*Cómo lo has pasado?* ‖ **a cómo**; a qué precio;

Expresar compasión, sorpresa y alegría

¡No te vas a creer lo que me acaba de pasar!

¡Me han tocado tres millones en la lotería!

¿Qué? ¡Cuéntame!

¿De verdad? ¡No me digas! ¡Qué suerte tienes!

How to express sympathy or compassion:

¡Pobre hombre/ mujer!	*Poor man/woman!*
¡Qué desgracia!	*What bad luck!*
Me puedo poner en tu lugar.	*I can see your point/I can sympathize.*
Comprendo muy bien tu situación.	*I really understand your situation.*
Mi más sentido pésame.	*My deepest sympathy (at a funeral).*

How to express surprise:

¿De verdad?	*Really?*
¿En serio?	*Are you serious? Really?*
¡No me digas!	*No way! Get out of here!*

How to express happiness:

¡Cuánto me alegro!	*I'm so glad!*
¡Qué bueno! ¡Qué bien!	*Great!*
Pues, me alegro mucho.	*Well, I'm really glad.*

4–36. Palabras en acción. ¿Cómo puedes responder a estos comentarios?

1. Tu amigo/a: Cuando venía a clase me caí y me rompí una pierna.
2. Tu abuela de 70 años: ¡Estoy embarazada!
3. Tu madre: ¡Nos ha tocado la lotería!
4. Tu profesor: Has sacado una A en el examen parcial.
5. Un/a amigo/a especial: ¿Te quieres casar conmigo?

2 **4–37. Reacciones.** En parejas, sigan las instrucciones a continuación para describir algunas situaciones interesantes con las que practicar las expresiones anteriores.

Estudiante A: Tú inicias la actividad. Descríbele los dibujos a tu compañero/a y escucha su reacción a cada descripción. ¿Te parecen adecuadas sus reacciones?

Estudiante B: Tu compañero/a inicia la actividad. Escucha sus descripciones y reacciona con una expresión apropiada. Después, descríbele tus dibujos a tu compañero/a e indica si las expresiones que usó te parecen apropiadas o no.

busco 2 las lecturas en el libro de texto

La vida de la finca, es una vida de rutina pero de mucha responsabilidad. ¡Todas las mañanas, todas las tardes y todos los días, incluyendo sábado y domingo hay que trabajar!

-Despues de leer, escribe el mandato informal del verbo en parentesis y subraya los otros. -

El viernes fue un día como todos los días: Don José, su esposa e hijos se levantaron muy temprano (4:30 o 5:00) de la mañana. Todos tenían asignado un trabajo que debían hacer. Alejandro el hijo mayor era muy trabajador y obediente. Ese viernes su padre le dió unos trabajos extras, porque él no se sentía bien!

Don José le dijo a Alejandro su hijo: (salir) __Sal__ rápido y (recoger) __recoge__ las manzanas, lávalas, pónlas en las cajas, llévalas al Mercado y entrégaselas al dueño díle que yo estoy enfermo y que no pude ir, que hoy por la tarde o mañana voy por el dinero.

Cuando salgas (tener) __ten__ mucho cuidado en la carretera y no te demores, ¡(regresar) __Regresa__ pronto!

Ah............y cuando regreses, (regar) __riega__ el huerto y dáles de comer a las gallinas...., después puedes hacer tus propias labores!

Alejandro hizo todo con empeño, y terminó en la tarde muy cansado, pero su madre le tenía una rica sopa calientita hecha con los productos frescos de la finca, y con un ingrediente muy especial............ "cariño".

C. Cross - Fall 06.-

COLOR Y FORMA

La Sagrada Familia con Santa Ana y el niño Juan Bautista, de El Greco (Domenikos Theotokopoulos)

Conocido como El Greco, Domenikos Theotokopoulos nació en Creta (Grecia) hacia el año 1541. En 1577 se documentó por primera vez su presencia en Toledo (España), ciudad en la que permaneció hasta su muerte en 1614. Puede decirse que la mitad de su vida transcurrió en Toledo, España.

4–38. Mirándolo con lupa. En parejas, observen el cuadro con atención y después, respondan a las siguientes preguntas.

1. Describan a las personas que ven en el cuadro: ¿dónde está cada persona con respecto a la persona más cercana? ¿qué tipo de ropa llevan? ¿cómo es la expresión de la cara de estas personas?

2. Describan los colores: ¿son predominantemente oscuros o claros? ¿Qué color o gama de colores predomina?

3. El tema de este cuadro: ¿es religioso o pagano? Justifiquen su respuesta.

4. ¿Qué sentimiento les producen o comunican las imágenes de este cuadro?, ¿alegría? ¿tristeza? ¿tensión? ¿paz? ¿Les inspira contemplación espiritual? ¿Tienen los mismos sentimientos al mirar el cuadro? Si no es así, ¿cuáles son las diferencias?

Entrando en materia

Ayudas visuales

Cuando leemos un artículo en un periódico o revista, normalmente podemos ver fotografías, dibujos u otros elementos visuales relacionados con el artículo. En ocasiones, simplemente mirando las ilustraciones, podemos determinar con bastante precisión cuál va a ser el tema general del artículo e incluso, la perspectiva del escritor, según las fotos o ilustraciones que eligió. Antes de leer el artículo de este Tema, *observa las imágenes. Después, con otro/a estudiante, indica la siguiente información:*

- *¿Qué tipo de imágenes ven en el artículo?*

- *Expresen su reacción a las imágenes. ¿Les parecen interesantes? ¿Chocantes? ¿Absurdas?, etc. ¿Cuál creen que era la intención del autor al incluir estas imágenes?*

- *¿Les recuerdan alguna tradición de su propia cultura? ¿Cuál? ¿Hay diferencias?*

- *¿Saben algo sobre **los encierros** (running of the bulls)?*

4–39. Vocabulario en contexto. Encuentra estas expresiones en la lectura y, según el contexto en que se encuentran, determina qué opción describe mejor su significado.

1. El origen de la feria **se pierde en la historia**.
   a. No se conoce bien el origen de los Sanfermines.
   b. El origen de la feria es muy concreto.

2. Las fiestas **se trasladaron** a julio.
   a. Los organizadores de la feria cambiaron la fecha de la celebración.
   b. Las fiestas siempre se celebraron en el mes de julio.

3. Las ferias taurinas consistían en la celebración de **corridas** de toros.
   a. Tradición en la que un hombre o mujer corre delante de un toro.
   b. Tradición en la que un hombre o mujer se enfrenta a un toro con el objetivo de matarlo.

4. **Poco a poco** se fue completando la fiesta con otras actividades.
   a. lentamente, progresivamente
   b. un objeto pequeño

5. Los festejos incluyen **fuegos artificiales**.
   a. Es un tipo de fuego que no es real.
   b. Se usan en celebraciones especiales (como el cuatro de julio) y llenan el cielo de hermosas imágenes y colores.

6. **La masificación** es uno de los problemas de la celebración.
   a. Excesivas cantidades de gente acuden a la feria de San Fermín.
   b. Mucha gente asiste a la iglesia durante la feria.

7. Las ferias **impactaron** a Hemingway.
   a. La feria de San Fermín tuvo mucho impacto en Hemingway.
   b. Hemingway no tuvo mucho interés en la feria.

8. El Ayuntamiento de Pamplona **tributó** un homenaje a Hemingway.
   a. El gobierno de Pamplona invitó a Hemingway a visitar la feria.
   b. El gobierno de Pamplona le ofreció un homenaje a Hemingway.

Por si acaso

Los Sanfermines

La fiesta de San Fermín, o los Sanfermines, se celebra todos los años en Pamplona, España. La feria dura una semana y su componente más conocido es el encierro. La feria es popular a nivel internacional y son varios los estadounidenses que han participado en el encierro.

SIETE DE JULIO: SAN FERMÍN

EL ORIGEN

El origen de esta fiesta **se pierde en la historia**. Hay crónicas de los siglos XIII y XIV que ya hablan de los Sanfermines que hasta el siglo XVI se celebraron en octubre, coincidiendo con la festividad del Santo, pero que se **trasladaron** a julio debido a que el clima en octubre era bastante inestable.

Según los historiadores, los Sanfermines no nacieron espontáneamente sino que **surgieron** de la unión de tres fiestas distintas: las de carácter religioso en honor a San Fermín, las ferias comerciales organizadas a partir del siglo XIV, y las ferias taurinas que consistían en la celebración de **corridas** de toros, también desde el siglo XIV.

Poco a poco, la conmemoración de San Fermín que se celebraba el 10 de octubre, se fue completando con otros elementos como músicos, danzantes, comediantes,

Por si acaso

aglomeración
  crowd
corrales
  cattle pen
lidia
  bullfight
manadas
  herds
mansos
  tame
pregón
  announcement
riesgo
  danger
taurino
  bullfight related
tramo
  section
trayecto
  distance
vallada
  fenced in

puests de venta y corridas de toros. Esto motivó que el Ayuntamiento de Pamplona **solicitara** al obispo el traslado de la fiesta de San Fermín al 7 de julio, por ser el clima más adecuado.

Así, con la unión de los elementos de las tres fiestas y con el traslado de fecha, en 1591 nacieron los Sanfermines, que en su primera edición se prolongaron durante dos días y contaron con pregón, músicos, torneo, teatro y corrida de toros. En años sucesivos se incluyeron nuevos festejos como **fuegos artificiales** y danzas, y las fiestas se extendieron hasta el día 10 de julio.

En el siglo XX los Sanfermines alcanzaron su máxima popularidad. La novela *The Sun Also Rises* (*Fiesta*), escrita por Ernest Hemingway en 1926, animó a personas de todo el mundo a participar en las fiestas de Pamplona y vivir de cerca las emociones descritas por el escritor. El interés que hoy despiertan los Sanfermines es tan grande que la **masificación** es uno de los principales problemas de esta celebración. Ⓜ

Ⓜ **omento de reflexión**

Selecciona la opción que resume mejor el origen de la Feria:

❑ 1. La Feria tuvo su origen en el siglo XIV y tenía carácter religioso, comercial y taurino.
❑ 2. La Feria tiene su origen en el siglo XX.

EL ENCIERRO (O LA ENCERRONA)

El encierro es el acto que más se conoce de los Sanfermines y el motivo por el que muchos extranjeros llegan a Pamplona el 6 de julio. Básicamente consiste en correr delante de los toros un **tramo** de calle convenientemente **vallada**, y tiene como fin trasladar a los toros desde los **corrales** de Santo Domingo hasta los de la Plaza de Toros donde, por la tarde, serán toreados.

En total corren seis toros de **lidia** y dos **manadas** de toros **mansos**, y el **trayecto**, que transcurre por diferentes calles del Casco Viejo de la ciudad, mide 825 metros. La peligrosa carrera, que se celebra todas las mañanas del 7 al 14 de julio, comienza a las 8,00 horas, aunque los corredores deben estar preparados para el recorrido antes de las 7,30 horas.

La carrera tiene una duración media de tres minutos, que se prolongan en la medida en que alguno de los toros se separa de la manada. Aunque todos los tramos son peligrosos, la curva de la calle Mercaderes y el tramo comprendido entre la calle Estafeta y la Plaza son los que más **riesgo** entrañan.

Actualmente, la **aglomeración** es uno de los principales problemas del encierro y aumenta el peligro de la carrera, en la que los participantes no deberán correr más de 50 metros delante de los toros. El resto del recorrido deben hacerlo detrás de los toros.

Todos los tramos del recorrido están vigilados por un amplio dispositivo de seguridad y atención médica. No obstante, el peligro de la carrera ha hecho que entre 1924 y 1997 se haya registrado un total de 14 muertos y más de 200 heridos. Ⓜ

Ⓜomento de reflexión

¿Verdadero o falso?

❏ 1. El encierro tiene como objetivo llevar a los toros desde los corrales hasta la plaza de toros.
❏ 2. El encierro es la parte más popular y mejor conocida de la Feria.
❏ 3. Los participantes en el encierro corren aproximadamente una milla delante de los toros.

CONSEJOS ÚTILES

Además de ser el acto más conocido de los Sanfermines, el encierro también es el más peligroso. Para procurar que la carrera transcurra fluidamente y evitar peligros, conviene que espectadores y corredores tengan en cuenta unas mínimas normas que garanticen el normal transcurso del encierro.

1. Se prohíbe la presencia en el trayecto de menores de 18 años, con exclusión absoluta del derecho a correr o participar.

2. Se prohíbe desbordar las barreras policiales.

3. Es necesario situarse exclusivamente en las zonas y lugares del itinerario que expresamente señalen los agentes de la autoridad.

4. Está absolutamente prohibido resguardarse en rincones, ángulos muertos o portales de casas antes de la salida de los toros.

5. Todos los portales de las casas en el trayecto deben estar cerrados, siendo responsables de ellos los propietarios o inquilinos de los inmuebles.

6. Se prohíbe permanecer en el recorrido bajo los efectos del alcohol, de drogas o de cualquier forma impropia.

7. Se debe llevar vestuario o calzado adecuado para la carrera.

8. No se debe llamar la atención de los toros de ninguna forma y por ningún motivo en el itinerario o en el ruedo de la plaza.

9. Se prohíbe pararse en el recorrido y quedarse en el vallado, barreras o portales, de forma que se dificulte la carrera o defensa de los corredores. Ⓜ

Ⓜomento de reflexión

¿Verdadero o falso?

❏ 1. Para poder participar en el encierro es necesario respetar las regulaciones de las autoridades, llevar ropa adecuada y no beber alcohol ni consumir drogas.
❏ 2. Los participantes en el encierro pueden pararse a descansar en cualquier lugar del recorrido.

HEMINGWAY Y LOS SANFERMINES

Momento de reflexión

Selecciona la opción que resume mejor esta parte.

❏ 1. Hemingway asistió a los Sanfermines en muchas ocasiones y se inspiró en la feria para escribir una de sus obras.

❏ 2. La ciudad de Pamplona tiene mucho respeto y consideración por el famoso escritor.

❏ 3. Hemingway asistió personalmente a la inauguración en Pamplona del monumento en su honor.

Ernest Hemingway (1899–1961) llegó por primera vez a Pamplona, procedente de París, el 6 de julio 1923, recién iniciadas las fiestas de San Fermín. El ambiente de la ciudad y, en particular, el juego gratuito del hombre con el toro y con la muerte le **impactaron** tanto que la eligió como escenario de su primera novela de éxito, *The Sun Also Rises* (*Fiesta*), publicada tres años después. El estadounidense regresó a los Sanfermines en ocho ocasiones más, la última en 1959, cinco años después de obtener el premio Nobel de Literatura y dos años antes de poner fin a su vida en Ketchum (Idaho).

El Ayuntamiento de Pamplona **tributó** un homenaje a Ernest Hemingway el 6 de julio de 1968, con la inauguración de un monumento en el paseo que lleva su nombre, junto a la Plaza de Toros, acto al que asistió su última esposa, Mary Welsh. El monumento, obra de Luis Sanguino, lleva en su base la siguiente dedicatoria: "A Ernest Hemingway, Premio Nobel de Literatura, amigo de este pueblo y admirador de sus fiestas, que supo descubrir y propagar.

La Ciudad de Pamplona, San Fermín, 1968". Ⓜ

4–40. ¿Comprendieron? En grupos de cuatro, deben responder a todas las preguntas de la tabla oralmente. Tienen cinco minutos para preparar sus respuestas. Después, su instructor/a va a hacer preguntas. El grupo que antes responda correctamente a cinco preguntas consecutivas, ¡gana!

El origen	El encierro	Consejos útiles	Hemingway
¿Por qué se cambió la fecha de la Feria de octubre a julio?	¿En qué consiste el encierro?	¿Quiénes pueden participar en el encierro?	¿Cuándo visitó el escritor la Feria por primera vez?
¿Cuáles fueron los tres componentes que dieron origen a la Feria?	¿Son bravos todos los toros que participan en el encierro?	¿Por qué está prohibido pararse o meterse en portales durante la carrera?	¿Qué obra suya está inspirada en la Feria?
¿Qué hecho motivó la popularidad internacional de los Sanfermines?	¿A qué hora tienen que estar preparados los corredores?	¿Es aceptable llamar la atención de los toros durante el trayecto? ¿Por qué?	¿Cuántas veces visitó Hemingway Pamplona durante la Feria?
	¿Qué distancia deben correr los participantes?		¿Quién asistió al homenaje que le hizo al escritor el Ayuntamiento de Pamplona?
	¿Por qué es la masificación un problema en los Sanfermines?		

4–41. Reglas Sanfermineras. En parejas, escriban cinco recomendaciones para alguien que tiene la intención de participar en un encierro. Pueden usar la información de la lectura y los mandatos que han estudiado en esta unidad.

4–42. La Feria de San Fermín y el turista. El periódico *La Feria* te ha encargado que escribas un artículo con recomendaciones para el visitante a Pamplona durante la semana de los Sanfermines. Los lectores de tu artículo pueden ser turistas estadounidenses o de otros lugares del mundo. Tu artículo tiene como objetivo informar al lector sobre la feria y su historia y debe incluir una sección de consejos prácticos para que el turista saque el mayor partido de su visita. Para escribir este artículo debes convertirte primero en un "experto" en los Sanfermines. Consulta Internet u otras fuentes en la biblioteca para poder ampliar tus conocimientos sobre esta fiesta.

Preparación

1. Determina cuáles son los objetivos de esta composición:

   _____ describir la realidad cultural estadounidense

   _____ analizar la actitud de la gente hacia las corridas de toros

   _____ convencer al lector de un punto de vista determinado

   _____ narrar una historia

   _____ informar al lector

   _____ resumir las fuentes sobre la feria de San Fermín

   _____ reportar información

   _____ una combinación de dos o más de los objetivos listados arriba

2. Decide a qué tipo de lector va dirigida tu composición:

   _____ el público en general

   _____ estudiantes de español

   _____ turistas estadounidenses en Pamplona

   _____ turistas de todo el mundo en Pamplona

   _____ estudiantes de antropología

   _____ profesores de Historia de España

   _____ otros _____

3. Basándote en la información obtenida en tu investigación sobre el tema, ¿qué información vas a incluir en tu artículo? Escribe una lista de las ideas que puedes incluir.

4. Piensa cómo vas a organizar las ideas:
   a. ¿Cuál es el título de mi artículo?
   b. ¿Qué información voy a incluir en la introducción?
   c. ¿Qué tema/s voy a incluir en cada párrafo?
   d. ¿Qué información voy a incluir en la conclusión?

A escribir

1. Escribe una introducción que capte el interés del lector.

 A las 8:00 de la mañana de cada 7 de julio, se pueden oler el nerviosismo y la emoción en el ambiente del encierro de San Fermín, en Pamplona...

2. Desarrolla el cuerpo de tu artículo. Puedes seguir la estructura siguiente:
   a. Describe la historia de la feria con cierto detalle.
   b. Resume los aspectos más importantes de la feria.
   c. Ofrécele al lector una serie de recomendaciones para disfrutar al máximo de su visita.

3. Escribe una conclusión resumiendo el tema.

 Espero que el lector tenga ya la información necesaria para sentirse cómodo en la feria. Ahora sólo le falta hacer las maletas y presentarse en Pamplona el 7 de julio. ¡Viva San Fermín!

Revisión

Escribe el número de borradores que te indique tu instructor/a y revisa tu artículo usando la guía de revisión del Apéndice C. Escribe la versión final y entrégasela a tu instructor/a.

EL ESCRITOR TIENE LA PALABRA

Resumen de la parte 3. *La mujer le hizo algunas preguntas extrañas al detective Lorenzo Fresnos sobre el color del cielo y del mar. La parte tres termina con la mujer diciendo que su vida es una maraña* (tangle) *y con Fresnos pensando que la idea de la vida como una maraña era una metáfora bonita.*

Glosses

1. *out of the corner of her eye*
2. *swear*
3. *dreams*
4. *end up in nothing*
5. *sighed*

6. *longings*

7. *shoddy Don Juan/ Casanova*
8. *abandon*
9. *would have been*
10. *no, Sir*
11. *bouncing around aimlessly*
12. *for no particular reason*
13. *what in the world*

14. *hair bun*
15. *low-class woman*

16. *anxiety*
17. *does it ring a bell?*
18. *fed up*

Final absurdo (parte 4)

—Cuando llegó el punto final —exclamó ella, mirándole de reojo[1]— le juro[2] que no podía creérmelo. ¡Era un final absurdo! No me podía creer que aquellos sueños[3], aquellas esperanzas, aquellos momentos de exaltación, de intuición de algo grandioso..., creía yo..., terminaran en..., en aguas de borrajas[4] suspiró[5]. Dígame —le apostrofó repentinamente: ¿por qué terminó ahí? ¡Siempre he querido preguntárselo!

—¿Terminar qué? —se desconcertó Fresnos.

—¡Mi historia! —se impacientó la mujer, como si la obligaran a explicar algo obvio—. Nace una niña..., promete mucho..., tiene anhelos[6], ambiciones, es un poquitín extravagante..., lee mucho, quiere ser escritora..., incluso esboza una novela, que no termina, —hablaba con pasión, gesticulando—, se enamora de un donjuán de opereta[7] que la deja plantada[8]..., piensa en suicidarse, no se suicida..., llegué a conseguir una pistola, como usted sabe muy bien, pero no la usé, claro..., eso al menos habría sido[9] un final digno, una conclusión de algún tipo..., melodramático, pero redondo, acabado..., pero ¡qué va[10]!, sigue dando tumbos[11] por la vida..., hace un poquito de esto, un poquito de aquello..., hasta que un buen día, ¡fin! ¡Así, sin ton ni son[12]! ¿Le parece justo? ¿Le parece correcto? ¡Yo...!

—Pero, ¿de qué diablos[13] me está hablando? —la interrumpió Fresnos. Si no le paraba los pies, pronto le insultaría, y eso sí que no estaba dispuesto a consentirlo.

La mujer se echó atrás y le fulminó con una mirada de sarcasmo. Fresnos observó fríamente que se le estaba deshaciendo el moño[14], y que tenía la cara enrojecida. Parecía una verdulera[15].

—¡Me lo esperaba! —gritó—. Soy una de tantas, ¿verdad? Me desgracia la vida, y luego ni se acuerda. Luisa, los desvelos[16] de Luisa, ¿no le dice nada[17]? ¡Irresponsable!

—Mire, señora —dijo Fresnos, **harto**[18], tengo mucho que hacer, o sea que hágame el favor...

Unidad 4   La diversidad de nuestras costumbres y creencias

Antes de leer

En esta parte de la novela, un comentario de la mujer hace cambiar la situación de forma inesperada. A medida que leas, presta atención a las descripciones físicas de los dos personajes. El narrador te va a dar pistas sobre la situación usando descripciones del aspecto físico y del lenguaje corporal de estos personajes. Después de leer la parte por primera vez, cubre con la mano todas las descripciones físicas y lee el contenido una vez más. ¿Puedes ver con claridad el papel que desempeñan estas descripciones en la novela? ¿Crees que la historia sería la misma sin esas descripciones?

—Y sin embargo, aunque lo haya olvidado[19] —prosiguió ella, dramática, sin oírle—, usted me concibió. Aquí, en este mismo despacho: me lo imagino sentado en su sillón, con el codo en la mano, mordisqueando[20] el lápiz, pensando: «Será una mujer. Tendrá el pelo rojizo, la nariz afilada, los ojos verdes; será ingenua[21], impaciente; vivirá en una ciudad de provincias...» ¡Y todo eso para qué? ¡Para qué, dígamelo! ¡Con qué finalidad, con qué objeto! ¡Pero ahora lo entiendo todo! vociferó. ¡Es usted uno de esos autores prolíficos y peseteros[22] que fabrican las novelas como churros[23] y las olvidan en cuanto las han vendido! ¡Ni yo ni mis desvelos le importamos un comino[24]! ¡Sólo le importa el **éxito**[25], el dinero, su mísero pedacito de gloria! ¡Hipócrita! ¡Impostor! ¡Desalmado[26]! ¡Negrero[27]!

«Se toma por[28] un personaje de ficción», pensó Fresnos, boquiabierto. Se quedó mirándola sin acertar a decir nada, mientras ella le cubría de insultos. ¡Aquello sí que era una situación novelesca! En cuanto llegara a casa escribiría el cuento de corrido[29]. Sólo le faltaba encontrar el final.

La mujer había callado al darse cuenta de que él no la escuchaba, y ahora le miraba de reojo, avergonzada y temerosa, como si el silencio de él la hubiera dejado desnuda[30].

—Déme aunque sólo sean treinta páginas más —susurró—, o aunque sean sólo veinte, diez... Por favor, señor Godet...

—¿Señor Godet?... —repitió Fresnos.

Ahora era ella la que le miraba boquiabierta[31].

—¿Usted no es Jesús Godet?

Lorenzo Fresnos se echó a reír a carcajadas[32].

La mujer estaba aturdida[33].

19. *may have forgotten*

20. *chewing*

21. *naive*

22. *mercenary*

23. *write novels fast and in large quantities*

24. *couldn't care less*

25. *success*

26. *heartless*

27. *slave driver*

28. *she thinks that she is*

29. *at once*

30. *naked*

31. *open-mouthed*

32. *roar with laughter*

33. *confused*

4–43. Nuestra interpretación del cuento.

1. ¿Qué segmentos indican que la mujer piensa que ella es un personaje de una novela de Lorenzo Fresnos?
2. ¿Cuándo descubre Lorenzo Fresnos que la mujer piensa que él es otra persona?
3. ¿Crees que hay justificación para que la mujer esté tan enfadada con Lorenzo Fresnos? Explica tu respuesta.
4. En esta parte del cuento se menciona el nombre de la mujer. ¿Cómo se llama?
5. ¿Qué crees que va a pasar en la parte 5 del cuento?

4–44. Resumir los acontecimientos.
Imagínate que eres el/la ayudante de Fresnos y que has escuchado todo lo ocurrido desde tu oficina, que está al lado de la de Fresnos. Estás un poco confundido/a con la situación. Escríbele un mensaje electrónico a un/a amigo/a comunicándole los extraños acontecimientos y pidiéndole su opinión.

a causa de	because of, due to	foráneo/a	outsider
acertijo *m*	riddle	fuegos artificiales *m*	fireworks
actitud *f*	attitude	idiosincrasia *f*	idiosyncrasy
acudir a	to flock to	iglesia *f*	church
adivinar	to guess, to predict the future	iluminado/a	lit up
		impactar	to impact
adivino/a	fortune teller	integrante	member or part of
agarrar	to hold	irrespetuoso/a	disrespectful
aglomerar	to crowd	judío/a	Jewish
alternar	to socialize	ley *f*	law, regulation
asar	to grill	lidia *f*	bullfight
besar	to kiss	masificación *f*	massification, overcrowding
beso *m*	kiss		
bruja *f*	witch	mejilla *f*	cheek
campesino/a	peasant	mezquita *f*	mosque
canonizar	to canonize	milagro *m*	miracle
caramelo *m*	candy	mito *m*	myth
católico/a	Catholic	muerte *f*	death
cementerio *m*	cemetery	muerto/a, difunto/a	dead person
chiste	joke	oscuro/a	dark
conflagración *f*	war	pavo *m*	turkey
corral	stable	perderse	to get lost
corrida de toros *f*	bullfight	peregrinación *f*	pilgrimage
creyente *m/f*	believer	permitir	make it possible
de mal gusto	in bad taste	poco a poco	little by little
detestar, odiar	to hate	por eso, por esta razón	for this reason
día festivo	holiday	por su cuenta	on his/her/their own
disfraz *m*	costume	pregón *m*	announcement
disfrazarse de	to dress up as	protestante *m/f*	Protestant
distraerse	to get sidetracked	regalo *m*	present, gift
el más allá	afterlife	renacer (zc)	to be born again
embarazada *f*	pregnant	respetuoso/a	respectful
encantar	to love	saludar	to greet, to say hi
enfadarse	to get angry	solicitar	to apply
en voz baja	softly	suerte *f*	luck
estar de acuerdo	to agree	tabú *m*	taboo
estar en desacuerdo	disagree	tapas *f*	snacks, appetizers
evitar	avoid	trasladarse	to move
fiesta patronal *f*	community celebration to commemorate a saint or Virgin Mary	trayecto	distance
		tumba *f*	grave, tomb
		vallado/a	fenced in

Nuestra herencia indígena, africana y española

El título de esta unidad es *Nuestra herencia indígena, africana y española*. Según el título y las imágenes de las fotos, ¿qué crees que vas a aprender en esta unidad?

Esta mujer guatemalteca de ascendencia maya pasa parte del día tejiendo, como lo vienen haciendo las mujeres de su cultura desde hace siglos. ¿Qué sabes tú sobre las culturas indígenas americanas antes y después del descubrimiento de América?

Antes de 1492: La gente de América

Entrando en materia

5–1. Repaso de geografía. En parejas, observen el mapa, miren los nombres de la lista y decidan qué nombre de la lista corresponde a cada área del mapa.

Los continentes: Norteamérica, Sudamérica, Asia, África, Europa, Australia, Antártida

Los océanos y mares: Atlántico, Pacífico, Mediterráneo

5–2. Los continentes. Imagina que tienes que describirle los continentes a una persona que no sabe nada de ellos. Escribe dos oraciones con adjetivos descriptivos para cada continente. Después, compara tus oraciones con las de tu compañero/a. ¿Son similares sus descripciones?

5–3. Vocabulario en contexto. Aquí tienes algunas oraciones sobre la lectura. Presta atención a las palabras en negrita y trata de adivinar el significado de cada una. ¿Reconoces sus cognados en inglés?

1. Aquí encontrarás información sobre el origen de los pueblos **indígenas**.
2. Usar la palabra "indio" para referirse a los nativos de América es **erróneo**.
3. ¿Quién **habitaba** este enorme continente antes de 1492?
4. ...un brazo de tierra **unía** Asia y América.

América no fue descubierta en 1492

ANTES DE 1492, EL CONTINENTE americano estaba **habitado** por una gran variedad de grupos de personas, a los que llamamos "indios". Cristóbal Colón llamó "indios" equivocadamente a los habitantes que encontró al llegar a América, y llamó al territorio Las Indias, creyendo que había llegado a ese lugar. Colón murió con esta idea **errónea** sobre las tierras que había encontrado.

La historia de los llamados indios empieza más de 30.000 años a. C.(antes de Cristo). Por consiguiente, el descubrimiento de América ocurrió literalmente en esta fecha y no en 1492. Hace más de 30.000 años, los nómadas de Asia abandonaron el continente asiático y llegaron al continente americano, pasando por un brazo de tierra que **unía** Asia y América y que hoy ya no existe (posiblemente desapareció hace 10.000 años a.C.). Estos primeros habitantes del continente americano se dividieron en diferentes grupos durante un período de miles de años y así surgieron cientos de culturas diferentes. Ⓜ

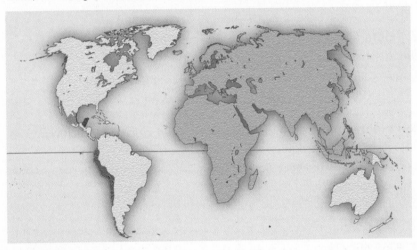

América antes de 1492

La variedad cultural de estos grupos se manifiesta en el gran número de idiomas que hablaban. Estos pueblos **indígenas** hablaban un total de dos mil lenguas diferentes cuando los europeos llegaron al continente americano. Estos idiomas podían presentar diferencias comparables a las que existen entre el árabe y el inglés, es decir, eran muy diferentes entre sí.

Ⓜ **omento de reflexión**

Marca con una X la oración correcta.

☐ 1. *El descubrimiento de América ocurrió realmente hace unos 30.000 años.*

☐ 2. *Colón sabía que las tierras a las que llegó no eran Las Indias.*

Otro aspecto en el que se manifiesta la diversidad cultural de estos grupos indígenas es el tipo de organización social. Así, había grupos con una organización social simple y otros con una organización social compleja. Las civilizaciones azteca, inca y maya constituyen ejemplos de pueblos con una organización social compleja. Entre éstas, la maya y la azteca fueron las civilizaciones más avanzadas de las culturas precolombinas. No solamente usaban la escritura jeroglífica, es decir, representaciones de palabras por medio de símbolos y figuras, sino que además establecieron un sistema de numeración basado en veintenas que incluía el número cero. **M**

5–4. Información global. ¿Puedes responder brevemente a las siguientes preguntas sobre la lectura?

1. ¿Qué relación hay entre el título y la información de la lectura?
2. ¿Por qué es el término *indio* un término inexacto?

5–5. Palabras en acción. En parejas, creen un crucigrama incluyendo las palabras de la lista, y cualquier otra palabra del vocabulario. Después, intercambien su crucigrama con el de otra pareja para ver si lo pueden resolver.

> civilizaciones   pueblos   unía   descubrimiento   indios

5–6. Más detalles. Completen la siguiente tabla con la información de la lectura. Incluyan tantos detalles como sea posible en su explicación.

Origen de los primeros habitantes de América	Cuándo ocurrió el descubrimiento de América en realidad	Ejemplos de variedad cultural entre los pueblos indígenas	Ejemplos de modelos con organización social compleja

The Future to Talk About Plans

In this section you will learn how to talk about future events and plans using the future tense. You already know a way to talk about future occurrences. Do you remember?

To form the future tense:

1. take the infinitive of a verb
2. add the endings **-é, -ás, -á, -emos, -éis, -án**

Regular Verbs

-ar verbs		-er verbs		-ir verbs	
hablar**é**	hablar**emos**	beber**é**	beber**emos**	escribir**é**	escribir**emos**
hablar**ás**	hablar**éis**	beber**ás**	beber**éis**	escribir**ás**	escribir**éis**
hablar**á**	hablar**án**	beber**á**	beber**án**	escribir**á**	escribir**án**

The irregular verbs shown below take the same future endings as the regular verbs. Note the changes in the stem.

Irregular Verbs

Drop last vowel in the infinitive			Replace last vowel in the infinitive with **d**			Other		
haber	→	**habr-**	poner	→	**pondr-**	decir	→	**dir-**
poder	→	**podr-**	salir	→	**saldr-**	hacer	→	**har-**
querer	→	**querr-**	tener	→	**tendr-**			
saber	→	**sabr-**	valer	→	**valdr-**			
			venir	→	**vendr-**			

When to Use the Future Tense

- Use the future tense in the same situations you would use future tense in English.

  Mañana mi hermana **visitará** el Museo de Historia Precolombina.

  *Tomorrow my sister **will visit** the Pre-Columbian History Museum.*

- The future tense and the expression **ir + a +** *infinitive* are interchangeable.

  Mañana mi hermana **va a visitar** el Museo de Historia Precolombina.

See *Apéndice gramatical 5* to learn about a use of the future tense that is unique to the Spanish language (future of probability).

▶ **5–7. Identificación.** El astrólogo consejero de Moctezuma hizo algunas profecías sobre el destino de su pueblo.

A. Lee las profecías e identifica los verbos en tiempo futuro.

"Nuestros reinos sufrirán terribles calamidades. Los invasores destruirán nuestras ciudades y nosotros seremos sus esclavos; la muerte dominará en nuestras ciudades. Tú verás toda esta destrucción porque todas estas cosas ocurrirán durante tu reinado."

B. Estas profecías son bastante negativas. ¿Crees que podemos cambiar nuestro destino? Demuéstralo reescribiendo las profecías de forma positiva, para crear un futuro mejor.

> **MODELO**
> Nuestros reinos sufrirán...
> Nuestros reinos disfrutarán de...

5–8. ¿Qué aprenderemos? Y ya que estamos en el tema de las predicciones, ¿puedes predecir qué vas a aprender en esta unidad sobre el descubrimiento de América? Si completas el párrafo a continuación, vas a descubrirlo. Los verbos de la lista te pueden ayudar a hacer tus predicciones.

> encontrar   poner   venir   poder   querer   tener   escuchar   hacer

En esta unidad yo (1) _haré_ información sobre el nombre de América. Mis compañeros y yo (2) _querremos_ hablar sobre la historia del Descubrimiento. Después, el instructor (3) _tendrá_ un vídeo sobre las culturas maya y azteca. Cuando estudiemos el *Tema 14*, toda la clase (4) _escuchará_ una miniconferencia sobre los instrumentos de exploración. Finalmente, al terminar la unidad, yo (5) _haré_ una composición usando el tiempo futuro.

5–9. Planes para mañana. Imagínate que mañana, por sólo un día, vas a tener la oportunidad de vivir como un hombre o una mujer maya. ¿Qué crees que harás mañana? Aquí tienes algunos verbos que te pueden ayudar a predecir las actividades que probablemente tendrás que llevar a cabo en la comunidad maya. Escribe un párrafo corto y después, comparte tus ideas con la clase.

> sembrar   encender   hacer   regresar   tejer
> preparar   salir   trabajar   sentarse

5–10. Un joven guerrero azteca. A los ocho años de edad, los varones aztecas iban al *techpocalli*, la escuela de entrenamiento para guerreros. Aquí tienen algunos detalles de su entrenamiento. En parejas, usen esta información y representen un diálogo entre un padre y un hijo. La persona que hace el papel de hijo debe hacer preguntas específicas sobre lo que hará durante el entrenamiento. La persona que hace de padre debe responder a las preguntas y asegurarse de que el hijo entiende sus explicaciones.

> **MODELO** Papá: ¿Crees que mi rutina diaria cambiará mucho?
> Hijo: Tu rutina cambiará totalmente cuando comiences tu entrenamiento.

Durante los primeros días, los jóvenes se entrenan con armas de madera y, cuando su entrenamiento está más avanzado, acompañan a los guerreros expertos como ayudantes. En general, la vida de los aprendices es muy dura. Tienen que aprender a ser humildes, haciendo trabajos de todo tipo y no pueden quejarse por miedo a ser castigados. Los jóvenes pueden ir a sus casas durante algunas horas al día, pero incluso allí no pueden descansar, ya que tienen que ayudar a sus padres. En la escuela, aprenden canciones y danzas religiosas. Allí también estudian las leyes de la comunidad.

La mayoría de los aprendices tiene un comportamiento excelente, sobre todo porque se castiga a los desobedientes o perezosos con espinas (*thorns*).

5–11. Reglas de comportamiento. Ustedes son cuatro indígenas que están muy preocupados por el comportamiento de los conquistadores en su tierra. Para evitar problemas, han decidido establecer reglas de comportamiento. Preparen un póster incluyendo diez reglas básicas que todos los visitantes deben seguir.

> **MODELO** No se casarán con nuestras mujeres.

5–12. En el reino de Moctezuma. ¿Recuerdan las predicciones del astrólogo de Moctezuma de la actividad 5–7? Imaginen que son súbditos de Moctezuma y que saben que él nunca se equivoca. ¿Qué harán para minimizar la catástrofe? ¿Qué harán los miembros de su familia? Hablen sobre el tema para llegar a un acuerdo sobre qué hacer. Después, comparen su plan con el de otra pareja y determinen cuál de los dos tiene más probabilidades de éxito. Aquí tienen algunas sugerencias.

pedir consejo a los ancianos	hablar con Moctezuma	rezar
negociar con los europeos	emigrar a otro lugar	esconderse
luchar ferozmente contra los conquistadores		atacar al enemigo

¿CÓMO LO DICES?

vas: Es un asunto como bastante complicado.
cómo I *adv.* **1** De qué modo o de qué manera
¿Cómo lo has pasado? ||**a cómo;** a qué precio; ¿

Convencer o persuadir

Bueno, me voy a mi casa a estudiar para el examen de mañana.

¡Espera! Te propongo una idea... ¿Qué te parece si estudiamos juntos? Creo que nos beneficiará a los dos.

We employ convincing or persuading when our points of view or desires enter in competition with those of someone else. We can persuade others by offering something in exchange on the spot, promising delivery of something in the near future, by simply presenting logical reasoning, by flattering our opponent, or a combination of the four strategies. Below are some expressions that you can use while trying to persuade.

Offering something:

Te/Le propongo este plan...	*I propose this plan . . .*
Yo te/le doy... y a cambio tú/usted me da(s)...	*I give you . . . and in exchange you give me . . .*
Te/Le invito a cenar (en mi casa/ en el restaurante).	*Please come to dinner (at my house/at a restaurant).*

Promising:

Te/Le prometo que...	*I promise you that . . .*

Logical reasoning:

Tu/Mi plan tendrá consecuencias graves/ negativas/ positivas/ beneficiosas para...	*Your/My plan will have grave/negative/positive/ beneficial consequences for . . .*
Creo que mi idea es acertada porque...	*I believe my idea is right because . . .*
Esto nos beneficiará a los dos porque...	*This will work well/be advantageous to us both because . . .*
Piensa/e lo que pasará si...	*Think about what will happen if . . .*

Flattering:

Admiro tu/su inteligencia/ valentía/ dinamismo.	*I admire your intelligence/bravery/energy.*
Como siempre, tu/su lógica es admirable/ impecable.	*As usual, your ability to reason is remarkable/flawless.*
¡Qué guapo/a está(s)!	*You look great!*
Te/Le queda muy bien ese traje/ sombrero.	*That suit/hat looks great on you.*
¡Qué buen trabajo ha(s) hecho!	*What a nice job you've done!*

5-13. Palabras en acción. ¿Qué palabra será apropiada para cada una de las siguientes situaciones? ¿Sabes qué decir para negociar con estas personas?

1. Tu padre comenta: Ya estoy harto de tus malas notas en la clase de español.
   Tú:

2. Tu compañero/a de apartamento: He decidido que me voy a cambiar de apartamento porque tú nunca quieres hablar español conmigo y estoy cansado/a de hablar inglés siempre.
   Tú:

3. Tu instructor/a: Me temo que si no preparas un buen informe sobre los mayas vas a suspender en esta clase...
   Tú:

4. Tu novio/a: Como no te gusta el desorden, he decidido limpiar el apartamento y ordenarlo todo. Así tú puedes descansar.
   Tú:

5-14. El futuro de nuestra civilización. En parejas, representen la siguiente situación, utilizando las expresiones anteriores cuando sea necesario.

Estudiante A: Eres un marciano. Has llegado al planeta Tierra con intenciones hostiles. Tienes una conversación "ciberespacial" con el presidente de la Organización de las Naciones Unidas en la que le comunicas tus planes (le dices las cosas que harás). Tienes una debilidad: te gustan los nachos pero tu gente no sabe producirlos.

Estudiante B: Eres el/la presidente/a de la Organización de las Naciones Unidas. Tienes que convencer al marciano hostil para que no destruya tu civilización. El marciano tiene una debilidad: le gustan los nachos, pero su gente no sabe producirlos. Intenta llegar a un acuerdo pacífico y satisfactorio para ambas partes.

C U R I O S I D A D E S

Los números de los mayas

Los mayas tenían un sistema de numeración vigesimal, es decir que el número 20 era la unidad básica, mientras que nuestro sistema es un sistema decimal, es decir que el 10 es la unidad básica. Otra diferencia entre el sistema maya y el nuestro se encuentra en los símbolos que usaban para representar los números.

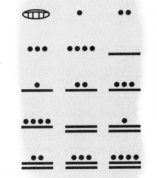

5-15. Contemos. Observa esta serie de números mayas: el cero es un óvalo, el uno es un punto y el cinco es una raya.

1. ¿A qué números corresponden los otros símbolos?
2. ¿Cómo se representan los números 15, 16, 17, 18 y 19 en la numeración maya?

1492: El encuentro de dos mundos

Entrando en materia

5–16. Anticipar ideas. Mira el título de la miniconferencia en la página 194. ¿De qué tratará la miniconferencia? ¿Has estudiado antes las exploraciones al Nuevo Mundo? ¿Qué aprendiste? ¿Sabes cómo se guía un barco moderno? ¿Sabes cómo se guiaban los barcos en el siglo XV?

5–17. Objetos de navegación. En parejas, lean las definiciones y después, determinen qué dibujo le corresponde a cada una.

a.

d.

b.

e.

c.

f.

1. Se llaman **cuerpos celestes** porque están en el cielo. Sólo se ve un objeto celeste durante el día y se ven muchos objetos celestes durante la noche.
2. Se llama **brújula** y es un instrumento que sirve para determinar la posición del norte, sur, este y oeste.
3. Se llama **vela** y forma parte del aparejo de los barcos que utilizan el viento como energía.
4. Se llama **reloj de arena** y sirve para medir el tiempo.
5. Se llama **mástil** y es un palo vertical que sirve para sostener la vela de un barco.
6. Se llama **reloj de sol** y sirve para determinar la hora según la luz del sol.

5–18. Palabras en contexto. Lee estos segmentos que aparecen en la miniconferencia. Presta atención a las palabras en negrita y trata de adivinar su significado basándote en el contexto. Si no puedes determinar el significado exacto, escucha el texto de la miniconferencia y después, vuelve a intentarlo.

1. ...Las **naves** se dirigieron primero a Canarias, de donde salieron el 9 de septiembre.
2. ...porque Colón pensaba que había llegado a las Indias Orientales, es decir, al territorio que **comprendía** India, Indochina y Malaya.
3. ...las tierras que encontró Colón no eran parte de las Indias Orientales **sino** otro continente desconocido.
4. La Pinta, la Niña y la Santa María son **embarcaciones**.

Antes de escuchar

Piensa en el tema de las predicciones una vez más. ¿Qué puedes predecir respecto al contenido del texto que vas a escuchar? Por ejemplo, el título te dice que se hablará sobre los instrumentos de exploración. Piensa en lo que aprendiste en tus clases de historia. ¿Qué tipo de instrumentos crees que usaban Colón y sus hombres? Después, piensa en lo que aprendiste sobre los orígenes de tu país. ¿Crees que el nombre de Amerigo Vespucci se mencionará en el texto? Dedica unos minutos a anotar tus predicciones sobre el contenido, teniendo en cuenta lo que aprendiste sobre el tema en otras clases. Después de escuchar, vuelve a leer tu lista y modifica las predicciones que no eran correctas.

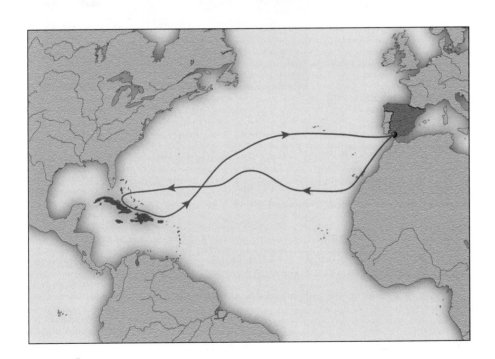

Los instrumentos de exploración, el viaje al continente desconocido y el nombre de América

Ahora tu instructor/a va a presentar una miniconferencia.

5-19. Detalles. Contesta estas preguntas sobre la miniconferencia para verificar tu comprensión.

1. ¿Cuánto tiempo tardó Colón en llegar a América desde su salida del Puerto de Palos?
2. Según su diario, ¿cuál fue la primera impresión de Colón al llegar al Nuevo Mundo?
3. ¿Por qué crees que Colón llamó *indios* a los habitantes de estas tierras?
4. ¿Descubrió Colón que no había llegado a Asia sino a un continente desconocido para los europeos?
5. ¿Por qué eran las carabelas embarcaciones ideales para el primer viaje de Colón?
6. ¿Cómo sabían Colón y su tripulación (*crew*) dónde se encontraban sus embarcaciones cuando estaban en medio del Atlántico?

 **5-20. Palabras en acción.** Como pueden ver en *Por si acaso*, el español que hablaba Colón era diferente al español actual. Pero seguro que pueden entender las ideas generales de lo que escribió. Imaginen que acompañan a Colón en su expedición, y que tienen que enviar una nota a la reina Isabel hablando de sus impresiones del viaje y la llegada al Nuevo Mundo. Escriban una descripción breve de sus impresiones, incluyendo tantas palabras de la lista como sea posible. Recuerden que se dirigen a la reina, así que el tono debe ser muy formal.

dirigirse   pacífico   carabela   obsequiar   agrado   áspero   loro   jabalinas

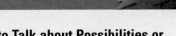

ATENCIÓN A LA ESTRUCTURA

Future and Present with si Clauses to Talk about Possibilities or Potential Events

You are already familiar with the present indicative tense, and you just learned the future tense in *Tema 13*. When you want to talk about an event that will happen only if certain conditions are met, you will use both the present and the future tenses in one sentence. These sentences express a condition, and we will refer to them as *si clauses*.

Characteristics of si Clauses

- In both English and Spanish, these sentences have two clauses, one in the present tense and one in the future.
- The two clauses are joined by *if* in English and **si** in Spanish.
- The *if* / **si** clause expresses the condition to be met.
- The structure of the sentences are the same in English and Spanish.

Estados Unidos **colonizará** Marte en el futuro si la NASA **tiene**
        future   present
suficiente dinero.

*The United States **will colonize** Mars in the future if NASA **has***
                              future   present
enough money.

Can you express the sentences above switching the position of the clauses?

5–21. Predicciones. ¿Recuerdan el documento que prepararon en la actividad 5–11 sobre el comportamiento que debían mantener los conquistadores? Para asegurarse de que obedecen las normas, deben determinar las consecuencias de no seguirlas. En parejas, revisen el documento e incluyan una descripción de estas consecuencias.

MODELO   Estudiante A: No se casarán con nuestras mujeres.
         Estudiante B: Si se casan con nuestras mujeres, no tendrán
                       derecho a vivir aquí. (Opción 1)
                       No tendrán derecho a vivir aquí si se casan con
                       nuestras mujeres. (Opción 2)

2 **5–22. Conquistadores disidentes.** Imaginen que ustedes son dos conquistadores disidentes que quieren ayudar a un grupo de indígenas a escapar de la opresión de los españoles. El dibujo de abajo representa diferentes rutas para escapar. Todas las rutas tienen un obstáculo. En parejas, explíquenle al grupo de indígenas **qué pasará si siguen** las diferentes rutas e indiquen cuál es la mejor.

Cosas y animales: camino, serpiente, cañón, león, río, puente, espada
Acciones: caminar, escapar, ir por, matar, atacar, atar (*to tie*), cruzar (*to cross*)

> **MODELO**   Si usan la ruta 1 para escapar, les morderán dos serpientes.

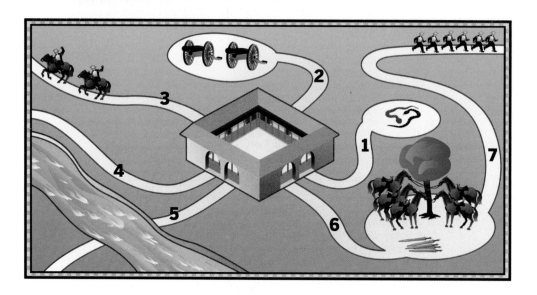

3 **5–23. El indio exige respeto.** Ustedes son los líderes de un grupo indígena. Han decidido dar un discurso público para alertar a su gente sobre lo que pasará si no detienen las acciones de los conquistadores. Aquí tienen el principio del discurso. En grupo de tres, deben completarlo y después, presentarlo frente a la clase. Es importante que animen a sus compañeros a defender sus derechos, que les expliquen las consecuencias de las acciones de los conquistadores, y que aun así, mantengan una actitud positiva, para mantener alta la moral del pueblo. ¡Sean tan creativos como puedan!

> *Queridos camaradas:*
>
> *Nos dirigimos a ustedes para comunicarles el gran peligro que corremos si continuamos tratando al hombre europeo como nuestro amigo. Si estos hombres nos roban nuestro oro… Nuestra raza no será pura si… Además, nuestra lengua nativa… Otro aspecto a considerar es la salud de nuestro pueblo, si permitimos que los europeos nos transmitan sus enfermedades… Por último, debemos hablar de nuestra religión, si…*

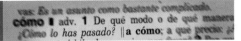

¿CÓMO LO DICES?

Acusar y defender

Su Señoría, las acciones de este joven han sido totalmente inmorales e inexcusables.

Su Señoría, la afirmación del señor fiscal es totalmente cuestionable y no está justificada con la evidencia que tenemos del caso.

Controversial issues lend themselves to debate. When the center of controversy involves a person, people involved in a debate play roles similar to those of defending attorneys and prosecutors. In addition to the debaters, there's usually a moderator whose role is to maintain the debate within the limits of a civil discussion and to inquire further in order to clarify a point made by the debaters. Here are some expressions that you can use in a debate.

Accusing:

La moralidad de... es muy cuestionable.	*The morality of. . . is very questionable.*
Esta persona es inmoral.	*This person has no morals.*
Las acciones de... son/ fueron irracionales.	*The actions of. . . are/were irrational.*
Las acciones de... son/ fueron inexcusables.	*The actions of. . . are/were inexcusable.*

Protesting an accusation:

Esa es una acusación injustificada.	*That is a groundless accusation.*
Su/Tu argumento no es convincente.	*Your argument is not convincing.*
Su/Tu argumento es débil.	*Your argument is weak.*
La información que tiene/s es incompleta.	*The information you have is incomplete.*
Eso no es verdad.	*That is not true.*
Eso es verdad pero...	*That's true but. . .*

Moderating:

Es su/tu turno. Te toca a ti (le toca a usted).	*It's your turn.*
Por favor, modere/a sus/tus palabras.	*Please, moderate your words.*
¿Puede/s explicar mejor su/tu argumento?	*Can you elaborate more?*
Tengo una pregunta para ti/usted/ustedes...	*I have a question for you . . .*

2 **5-24. Palabras en acción.** Como saben, los indígenas tenían su propio sistema legal. Aunque las leyes cambian de un lugar a otro, en todos los juicios hay un acusado y un demandante o acusador. Teniendo en cuenta lo que ya saben de las culturas indígenas, completen estos diálogos con las respuestas que podría dar cada persona. Usen las expresiones anteriores siempre que sea necesario.

1. ACUSADO: No fui a cazar esta mañana porque estaba muy cansado.
   ACUSADOR: ...

2. ACUSADOR: Usted es una mentirosa, todo lo que ha dicho hasta ahora son mentiras.
   ACUSADA: ...
   MODERADOR: ...

3. ACUSADOR: Usted estuvo ayudando a los conquistadores mientras dormíamos...
   ACUSADO: Usted es un egoísta y un desconsiderado. La ley no prohíbe ayudar a los demás...
   MODERADOR: ...

4. ACUSADOR: Usted sabe que nuestras leyes prohíben que los europeos se casen con nuestras mujeres y aún así, ¡usted lo hizo!
   ACUSADO: ...

5. ACUSADOR: Nuestro pueblo ha sufrido mucho y la moralidad de este gobierno ha sido muy cuestionable. Por eso...
   ACUSADO: Déjeme responder. Usted ha hablado mucho tiempo de cosas sobre las que no sabe nada...
   MODERADOR: ...

4 **5-25. Colón en el banquillo (_bench_).** En grupos de cuatro, preparen una representación de un juicio del año 1500. Colón está siendo juzgado por los indígenas, por los daños que causó a su tierra y su pueblo. Un/a estudiante va a representar a Colón; otro/a va a hacer de abogado/a defensor/a; la tercera persona va a ser el fiscal (_prosecutor_), y la cuarta persona será el/la juez. Preparen sus argumentos y después, representen su juicio frente a la clase (la clase será el jurado que tomará la decisión final sobre la sentencia de Colón).

Trajo a América animales domésticos: caballos, cerdos, ovejas, pollos, perros y gatos.
Llevó a Europa patatas, maíz, tomates, chocolate, tabaco.
El comercio del tabaco enriqueció a muchas personas.
Llevó mucho oro a Europa.
Aumentaron los conocimientos geográficos.
El oro permitió la construcción de muchos edificios históricos.
...?

Llevó tabaco a Europa.
Los indígenas perdieron sus tierras.
Muchos indígenas murieron por malos tratos y enfermedades.
Los indígenas tuvieron que aprender español.
Los indígenas perdieron su religión.
...?

Estudiante A: Eres el/la abogado/a defensor/a de Colón. Aquí tienes notas para argumentar tu defensa.

Estudiante B: Eres el/la fiscal. Aquí tienes notas para argumentar tu acusación.

Estudiante C: Eres el/la juez (*judge*). Debes moderar el debate, es decir, tienes que indicar cuándo es el turno de cada persona para hablar, hacer preguntas para clarificar el debate y finalmente tienes que escuchar la decisión del jurado (la clase) sobre si Colón es inocente o culpable, y determinar una sentencia apropiada a los cargos.

Estudiante D: Eres Cristóbal Colón. Expresa tu reacción a los comentarios de los abogados y el juez. Pide la palabra cuando quieras decir algo y defiende tu espíritu aventurero. Es importante que le expliques al jurado todas las dificultades por las que pasaste para llegar al Nuevo Mundo y que les hables sobre todos los hombres que murieron en los barcos, sin llegar a ver su sueño convertido en realidad.

CURIOSIDADES

Uno, dos, tres, quiero saber. You already played this game in Unit 3. This time the game will test your knowledge of Units 4 and 5. Remember how we play this game:

- The class is divided in teams of three or four members; each team has a name (A, B, C or **Los listos de la clase, Los cerebros universitarios,** etc.)

- Each team must sit in front of the class and respond to the questions asked by the teacher in linear order. The order may not be altered, so if student number 3 has a response that belongs to student number 1, he or she has to wait his or her turn and may not help student number 1.

- The instructor draws the questions from **El baúl de preguntas.** Each team has 30 seconds to give as many responses as possible. A secretary writes down the number of correct answers. Each correct answer equals one point. The team who scores more points wins the contest.

> **MODELO**
> **Tu instructor/a pregunta:**
> —En treinta segundos, nombra di formas del presente de subjuntivo de cualquier verbo. Por ejemplo, **coma.** Uno, dos, tres, quiero saber.
>
> *o*
>
> —En treinta segundos, nombra objetos, palabras o conceptos que tú asocias con los hispanos. Por ejemplo, "El día de los muertos". Uno, dos, tres, quiero saber.

Uno, dos, tres, quiero saber is the signal for the team to start answering the question. The instructor, or a student assigned by the instructor, will call time after thirty seconds.

El crisol de tres pueblos

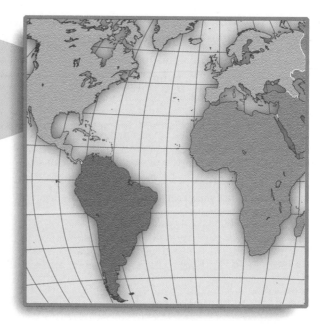

Entrando en materia

5–26. Anticipar ideas. Mira el recorte de periódico de la página 202. ¿Por qué crees que 1992 fue una fecha importante para historiadores y sociólogos? Lee el título de la lectura y formula una hipótesis sobre el contenido.

5–27. Vocabulario en contexto. Estos segmentos aparecen en los artículos que vas a leer. Presta atención a las palabras en negrita y selecciona la definición que corresponde a cada palabra, según su contexto.

Expresiones en contexto

1. ...el indio y el negro **reclaman** que seamos críticos de las consecuencias negativas de la invasión europea: **esclavitud** y genocidio.
2. Después de tres siglos de dominación española... y casi dos siglos de independencia, Hispanoamérica es hoy el resultado de la **mezcla** de tres culturas: la europea, la indígena y la africana.
3. La herencia africana está presente fundamentalmente en las áreas **cercanas** al mar Caribe.

Definiciones

a. sinónimo de **pedir**
b. antónimo de **libertad**
c. sinónimo de **próximas, adyacentes**
d. sinónimo de **combinación**

5–28. Cognados. Estas palabras se encuentran en la segunda lectura y tienen cognados en inglés. ¿Sabes cuáles son?

1. controversia
2. celebración
3. centenario
4. oposición
5. conmemoración
6. genocidio

Hispanoamérica y su triple herencia

Cuando llegaron los europeos al Nuevo Mundo en 1492, había en tierras americanas de 60 a 70 millones de habitantes. La mayoría poblaba la zona central de la cordillera de los Andes y la región que se encuentra entre Centroamérica y México. Se trataba de los pueblos inca, maya y azteca.

Cincuenta años después, más de la mitad de esta población indígena había perecido y, después de un siglo, sólo quedaba un cuarto de la población original. La muerte de tantos indígenas se ha atribuido a la crueldad y malos tratos de los españoles. Sin embargo, ciertas enfermedades importadas de Europa, como la viruela y el sarampión, también contribuyeron a la desaparición de la población indígena, la cual no tenía defensas inmunológicas contra tales enfermedades.

Con el fin de hacerse con más mano de obra, los portugueses y españoles llevaron esclavos africanos a América. Durante los tres siglos anteriores a 1850, se llevaron 14 millones de esclavos africanos a Latinoamérica, comparado con los 500.000 que se llevaron a Estados Unidos. Las zonas de mayor concentración africana fueron el norte de Brasil y las islas del Caribe, donde estos esclavos trabajaban en plantaciones de azúcar.

Después de tres siglos de dominación española, los últimos países hispano-americanos en conseguir la independencia fueron Puerto Rico y Cuba (1898), y después de casi dos siglos de independencia, Hispanoamérica

es hoy el resultado de la **mezcla** de tres culturas: la europea, la indígena y la africana. Junto a la lengua española, se hablan otras lenguas indígenas. Entre 20 y 25 millones de indios hablan su lengua nativa además del español. Aunque la mayoría de la población indígena es bilingüe, existen comunidades en las que sólo se habla la lengua indígena. Las lenguas nativas más habladas son el quechua y aymará en Perú, Bolivia y Ecuador; el chibcha en Colombia, el mam y quiché en Guatemala y el náhuatl y el maya en México. La herencia africana está presente fundamentalmente en las áreas **cercanas** al mar Caribe y su influencia se observa en rituales religiosos y en manifestaciones artísticas como la música, el baile y las esculturas de madera.

1992: Controversia después de 500 años.

Hacia 1515 el padre Bartolomé de las Casas escribió para el rey de España un documento de quinientas páginas en defensa de los indígenas. Este documento es una de las bases de la **oposición** a la **celebración** del *V Centenario*. Quienes se oponen a la celebración consideran que los europeos no descubrieron América sino que la invadieron, dando lugar al genocidio de millones de nativos en todo el continente.

La **controversia** sobre la **conmemoración**, que ha causado tantas reacciones diversas, reside en nosotros mismos. Mientras el español que llevamos dentro quiere que celebremos el *V Centenario*, el indio y el negro **reclaman** que seamos críticos de las consecuencias negativas de la invasión europea: **esclavitud** y **genocidio**.

Source: "El otro punto de vista", *Más*, mayo-junio 1992, vol IV, No 3, p. 75

2 **5–29. Palabras en acción.** Imaginen que son dos reporteros españoles que tienen que presentar un artículo breve sobre la perspectiva española respecto al V Centenario. En parejas, preparen un párrafo que incluya tantas de las palabras de la lista como sea posible. Expliquen las razones por las que se debe celebrar el V Centenario.

> cordillera   perecer   quedar   viruela   mano de obra   herencia

2 **5–30. Astrología.** Ustedes dos trabajan como astrólogos reales en la corte de los Reyes Católicos, Isabel y Fernando, y tienen que presentar predicciones astrológicas sobre el futuro de su reinado. Ustedes usan los signos del zodiaco para predecir el futuro. Sigan estos pasos para preparar sus predicciones.

Por si acaso

beneficiarse
  to benefit
construir
  to build
destruir
  to destroy
estar obligado/a a
  to be obligated
hacer daño
  to hurt
justicia
  justice
progresar, mejorar
  to make progress, to improve

1. Isabel nació el 27 de abril de 1451. Era Tauro. Fernando nació el 2 de marzo de 1452. Era Piscis. Usen estos datos para escribir predicciones para cada uno, usando el vocabulario de *Por si acaso*, cuando sea posible.

MODELO   **Tauro: La Reina tendrá que renunciar al trono por maltratar a los indígenas.**

2. Los Reyes Católicos no creían en la predestinación. Por eso, después de leer sus predicciones, les han pedido alternativas indicando qué pasará si actúan de forma diferente. Incluyan una alternativa para cada predicción. Después, comparen sus documentos con otros estudiantes para ver si tuvieron las mismas premoniciones.

MODELO   **Si la reina no maltrata a los indígenas, no tendrá que renunciar al trono.**

The Conditional and Conditional Sentences to Talk About Posibilities or Potential Events

In this section you will learn how to use the conditional tense. The forms of the conditional are easy to learn because the stems are the same as the future. To form the conditional tense:

1. take the infinitive of a verb
2. add the endings -ía, -ías, -ía, -íamos, -íais, -ían

Regular Verbs

-ar verbs	-er verbs	-ir verbs
hablaría	bebería	escribiría
hablarías	beberías	escribirías
hablaría	bebería	escribiría
hablaríamos	beberíamos	escribiríamos
hablaríais	beberíais	escribiríais
hablarían	beberían	escribirían

The irregular verbs shown below take the same conditional endings as the regular verbs.

Irregular Verbs

Drop last vowel in the infinitive		Replace last vowel in the infinitive with d		Other	
haber	→ habr-	poner	→ pondr-	decir	→ dir-
poder	→ podr-	salir	→ saldr-	hacer	→ har-
querer	→ querr-	tener	→ tendr-		
saber	→ sabr-	valer	→ valdr-		
		venir	→ vendr-		

Conditional Tense and Past Subjunctive in Conditional Sentences

Que harías si

- You use the conditional to talk about situations that are hypothetical or contrary to fact. The conditional expresses what would happen given a set of conditions that don't exist now and may be unlikely to occur. You again use the **si** clause construction but instead of present and future, you use imperfect subjunctive and conditional.

> Si yo **fuera** explorador, no **invadiría** nuevas tierras.
>
> *If I **were** an explorer, I **would not invade** new lands.*

Other Uses of the Conditional

See *Apéndice gramatical 5* for the use of the conditional to indicate uncertainty and probability in the past.

Review the past subjunctive on page 153, Unit 4.

- You use the conditional tense to express the result of an implied condition, that is, a condition that is not spelled out in the form of a **si** clause.

  Con un millón de dólares, yo **invertiría** en expediciones a Marte.

  *With a million dollars, I **would invest** in expeditions to Mars.*

- You use the conditional to make a polite request or suggestion with verbs like **deber, desear, gustar, poder, preferir,** and **querer.**

  ¿**Podrías** ayudarme con mi tarea?

  Would/Could you help me with my homework?

5–31. Acción y reacción. Como la primera ley de física nos enseña, toda acción tiene una reacción. ¿Puedes determinar una reacción posible para cada una de estas frases?

1. Si los conquistadores se interesaran por las culturas indígenas,...
2. Si los seres humanos no discriminaran a las diferentes razas,...
3. Si Colón estuviera vivo hoy en día,...
4. Si todos compartiéramos un idioma universal,...
5. Si los indígenas tuvieran armas nucleares,...
6. Si nadie matara en nombre de la religión,...

5–32. Un futuro incierto. ¿Qué pasaría si nos visitaran los extraterrestres? ¿Creen que se comportarían como los conquistadores europeos? ¿Creen que nos tratarían como nosotros tratamos a los indios americanos? Imaginen que son los embajadores encargados de recibir a los extraterrestres. Determinen qué harían para darles la bienvenida, cómo los tratarían, qué precauciones tomarían para proteger a los ciudadanos (ya que no conocen las intenciones de los visitantes) y qué tratos harían con los extraterrestres para mantener la paz en la galaxia.

> **MODELO**
>
> **Si nosotros fuéramos los encargados de recibir a los extraterrestres, planearíamos todos los detalles de la visita cuidadosamente...**

4 **5–33. Si descubriéramos un planeta habitable...** Su plan para recibir a los extraterrestres tuvo tanto éxito, que el gobierno les ha pedido que preparen otro plan, incluyendo sus ideas para organizar una nueva sociedad, para cuando los científicos descubran otro planeta habitable. En grupos de cuatro personas, sigan los siguientes pasos para asegurarse de incluir todos los detalles necesarios en el plan.

1. Dos de ustedes deben hacer una lista de todo lo que NO quieren que haya en su nueva sociedad. Las otras dos personas deben hacer una lista de las cosas más importantes que debe haber en esa sociedad (como enseñanza, cultivo de alimentos, cría de animales, etc.)

2. Dividan la sociedad en secciones como: economía, cultura, ocio (*leisure*), trabajo, educación, comunidades, viviendas, etc. Después, incluyan dos o tres oraciones explicando exactamente cómo sería cada una de estas secciones, cómo funcionaría, y cómo se tratarían los problemas en cada situación.

> **MODELO**
> **En la nueva sociedad tendríamos una economía basada en cooperativas. Cada persona tendría que producir...**

4 **5–34. Reacción en cadena.** En grupos de cuatro personas, van a jugar a "Reacción en cadena". Las reglas del juego son bastante sencillas. Siéntense formando un círculo. Una persona hace una afirmación usando el condicional. La persona que está a su derecha debe usar la información de la oración anterior para crear otra oración relacionada con el condicional, y así sucesivamente. La primera persona que no sepa formar una oración apropiada en 20 segundos, queda eliminada. ¡La última persona que quede en el juego es la ganadora!

> **MODELO**
> **Estudiante A: Si me tocara la lotería, yo me compraría una casa en Chile.**
> **Estudiante B: Si me comprara una casa en Chile, invitaría a mis amigos a visitarme.**
> **Estudiante C: Si invitara a mis amigos a visitarme, tendría que invitar también a mis padres.**
> **Estudiante D: Si invitara a mis padres, mi madre reorganizaría todos mis muebles.**

¿CÓMO LO DICES?

vas: Es un asunto como bastante complicado.
cómo ∎ adv. **1** De qué modo o de qué manera
¿Cómo lo has pasado? ∥ **a cómo**; a qué precio:

Iniciar y mantener una discusión

Esta nueva forma de vestir que nos exige el Decano a los profesores va a ser un tema muy controvertido.

Exactamente. Eso mismo pienso yo.

UNIVERSIDAD SABELOTODO

Initiating a discussion and keeping the floor:

¿Qué piensa/s de...?	*What is your opinion of ...?*
¿(No) Cree/s que...?	*Do (Don't) you believe that ...?*
¿No te/le parece un buen tema?	*Doesn't it seem like a good topic?*
¿Cuál es tu/su reacción ante...?	*What is your reaction to ...?*
Es un tema muy controvertido pero...	*It is a very controversial topic, but ...*
Es verdad.	*It's true.*
Es exactamente lo que pienso yo./ Eso mismo pienso yo.	*Exactly what I think.*
Mira...	*Look ...*
¿Bueno?	*OK?*
¿Verdad?	*Is it?, Isn't it?, Does it?, Doesn't it?*
Perdona, pero...	*Pardon me, but ...*

5–35. Expresiones en contexto. Carmen y Mariam están hablando acerca de un problema que tiene una amiga común. Reconstruye su conversación completando los espacios en blanco con las expresiones correspondientes de la lista anterior u otras que aprendiste antes.

CARMEN: Ayer estuve toda la tarde hablando con Cristina y su novio.

MARIAM: _perdona pero_ yo no sabía que Cristina tuviera novio…

CARMEN: Sí, es un chico español, es encantador. Pero la pobre Cristina está muy disgustada porque a su familia no le gusta que salga con él. Y él tiene el mismo problema con su propia familia.

MARIAM: ¿Por qué?

CARMEN: Las dos familias son muy cerradas. A la de él no le gusta que el hijo tenga una novia dominicana y mulata, y la de ella no quiere ver a su hija con un "descendiente de los conquistadores".

MARIAM: ¿ _Mira_ _____ eso es un poco exagerado? _Verdad_ _____

CARMEN: _____ yo no lo veo exagerado, lo veo absurdo, increíble. Cristina intentó hablar con su madre, pero ése _____ en su familia, no quieren ni hablar de ello.

MARIAM: ¿Y _____ de Cristina y su novio _____ esta situación?

CARMEN: Ellos van a seguir intentando que sus familias vean las cosas de otro modo. Pero pase lo que pase, no piensan separarse.

MARIAM: ¿Tú _____ eso?

CARMEN: Creo que es lo mejor que pueden hacer. _____

MARIAM: _No te parece un buen tema_ _____

CARMEN: ¿Crees que podríamos ayudarlos?

MARIAM: Yo creo que si todos se conocieran… _____

CARMEN: ¡Pues vamos a pensar en algo!

5-36. Una discusión. En grupos de seis personas, representen una situación en la que se reúnen las dos familias del diálogo anterior. Dos personas van a representar a Cristina y a Esteban, su novio español. Otras dos personas, a los padres de Cristina, y otras dos, a los padres de Esteban. Sigan los siguientes pasos.

1. La pareja de novios debe presentar a su familia a los miembros de la otra familia.
2. Después, los padres de cada persona deben presentar las razones por las que no quieren que su hijo/a salga con la otra persona.
3. Finalmente, Cristina y Esteban deben presentar su punto de vista y explicar las razones por las que no están de acuerdo con las opiniones de sus respectivas familias.
4. Finalmente, deben hablar sobre el tema y sugerir ideas para resolver el conflicto, hasta que encuentren una solución satisfactoria para todos.

La conquista de México, de Diego Rivera

Diego Rivera, muralista y pintor mexicano, nació en 1886 y murió en 1957. Su obra se encuentra representada en edificios y museos de arte moderno de México, D. F., Estados Unidos y Francia.

Título: *La conquista de México*

Año: 1929–30

Técnica: Mural

5–37. Mirándolo con lupa. En parejas, observen el cuadro y completen las siguientes tareas.

1. Describan los objetos y los colores que observan en el cuadro.
2. Expliquen la relación que existe entre las imágenes del cuadro y el título.
3. Inventen un título diferente para el cuadro y expliquen por qué es más adecuado que el título real.
4. Finalmente, ¿cuál creen que es la relación entre el tema de este cuadro y el tema de esta unidad?

Entrando en materia

5–38. Investigar. Busca información sobre la UNESCO y anota los datos más importantes en un papel. Debes incluir qué función tiene esta organización en la política internacional y cuáles son sus objetivos. Si puedes, incluye algún ejemplo específico de un proyecto que la UNESCO haya llevado a cabo en un país de habla hispana.

Hacer inferencias

Muchas veces, cuando leemos una carta o un mensaje de un amigo o conocido, no sólo captamos lo que esa persona expresa con palabras, sino que también prestamos atención al mensaje que queda "entre líneas". En ocasiones, esa información que no se comunica abiertamente está implícita en el tono o las connotaciones de la información, y puede ser la más valiosa a la hora de comprender un texto. Por ejemplo, si te fijas en este segmento de la lectura:

"...el Estado español ha aportado casi ocho millones de pesetas a los programas de la UNESCO relacionados con el V Centenario. Pero no parece que esta presencia española vaya a detener los comentarios hostiles de las comunidades indígenas."

El autor en ningún momento ha dicho que la contribución monetaria de los españoles tuviera como objetivo "detener" los comentarios hostiles... sin embargo, al leer el párrafo, la impresión que recibe el lector es precisamente esa. Cuando leas el texto, haz una segunda lectura enfocándote en el contenido entre líneas. Después, anota las ideas "no expresadas" que descubras en el texto, y compáralas con las de otro/a estudiante, para ver si los dos captaron el mismo "mensaje oculto".

5–39. Vocabulario en contexto. Antes de pasar a la lectura, busca las siguientes palabras en los párrafos indicados y usa los sinónimos para clarificar su significado.

Párrafo 1	Sinónimo
encuesta	cuestionario
contundentes	fuertes

Párrafo 2	
sujeción	control

Párrafo 3	
puntos de vista	opiniones

Párrafo 4	
detener	parar
pedir perdón	decir "lo siento"

Párrafo 5	
diario	periódico
recriminaciones	críticas
estériles	inútiles
inalterable	no se puede cambiar/ alterar
fecundas	productivas
acercamiento	estar cerca, en contacto
talante	forma de ser, su personalidad

5–40. Una lectura rápida. Haz una lectura rápida del texto y determina si estas afirmaciones son ciertas o falsas. Corrige las afirmaciones falsas. Después, lee el texto otra vez prestando atención a los detalles y haciendo inferencias cuando sea posible.

1. El primer párrafo dice que la celebración del V Centenario es una cosa controvertida.
2. El segundo párrafo dice que varias organizaciones indígenas están muy contentas con la celebración del centenario.
3. El tercer párrafo dice que el proyecto Amerindia 92, desarrollado por la UNESCO, trata de conciliar los varios puntos de vista indígenas.
4. En el cuarto párrafo, el autor opina que la creación del proyecto Amerindia 92 por la UNESCO va a tener mucho apoyo (*support*) en las comunidades indígenas.
5. El quinto párrafo dice que la UNESCO quiere encontrar una posición neutral.

"Celebremos 1991 en lugar de 1992."

"El V Centenario no representa la visión indígena de la Conquista."

"1992 es un año de reflexión y evaluación de la historia."

"Queremos oír las voces indígenas africanas."

Los indios americanos dan la espalda al V Centenario

La comisión del V Centenario ha recibido críticas severas a través de las respuestas obtenidas en una **encuesta** a 26 organizaciones de América del Norte y del Sur. Particularmente las dos preguntas que se refieren a la conveniencia o no de celebrar el V Centenario del descubrimiento de América y el papel de España en la realidad indígena han recibido respuestas **contundentes**.

Así, la organización de los indios kolla, en Argentina, propone "no celebrar los 500 años, cuando llegaron invasores de otra cultura y nos sometieron a una **sujeción** colonial". Los indios chitakolla de Bolivia dicen que "el V Centenario no puede ser un triunfalismo español u occidental".

Esta encuesta, que ha sido publicada con el título "Directorio de Organizaciones Indígenas de América", ha dado lugar al inicio de un proyecto de la UNESCO que se llamará "Amerindia 92", y que trata **puntos de vista** indígenas sobre el encuentro de dos mundos. Este proyecto cuenta con una importante presencia española: el propio director de la Organización, Federico Mayor Zaragoza; Miguel Ángel Carriedo, representante del V Centenario y embajador español permanente en la UNESCO; Luis Yanez-Barnuevo, secretario de Estado para la Cooperación Internacional, y también el popular Miguel de la Cuadra Salcedo. Por su parte, el Estado español ha aportado casi ocho millones de pesetas a los programas de la UNESCO relacionados con el V Centenario. Ⓜ

Pero no parece que esta presencia española vaya a **detener** los comentarios hostiles de las comunidades indígenas. Según el movimiento Tuitsam de Perú: "No debemos festejar o celebrar el inicio y continuación de los genocidios, colonización y explotación". Otro grupo peruano, el Partido Indio AINI, propone, irónicamente, la creación de "los 500 años de resistencia anticolonial". Por su parte, la Asociación de Parcialidades Indígenas de Paraguay propone "que España **pida perdón** por todos los daños ocasionados a los pueblos indios del continente americano".

En medio de esta controversia, la UNESCO trata de colocarse en una posición intermedia similar a la que defiende el antropólogo mexicano Miguel León Portilla, uno de los participantes en "Amerindia 92". León Portilla escribía hace unos meses en un **diario** madrileño: "Más allá de **recriminaciones estériles**, porque el pasado es **inalterable**, el V Centenario tiene una significación universal, abrir la puerta a nuevas y **fecundas** formas de **acercamiento** multilateral", y haciendo gala de su **talante** conciliador citaba a Montaigne: "Nuestro mundo acaba de encontrar a otro no menos grande, extenso y fuerte".

Ⓜ **omento de reflexión**

¿Cuál de las siguientes afirmaciones es cierta según la lectura?

☐ 1. Algunos grupos indígenas están en contra de la celebración del V Centenario.

☐ 2. El proyecto "Amerindia 92" es una organización formada esencialmente por representantes indígenas.

5–41. Palabras en acción. Selecciona la expresión adecuada de la lista para completar las siguientes oraciones. Conjuga los verbos en la forma correcta cuando sea necesario.

dar lugar a	a través de	someter	papel	actual
según	festejar	daños	aportar	occidentales

1. ...Amerindia 92, hay una posibilidad de reconciliación entre posturas extremas.
2. Los indios creen que España solamente jugó un... negativo en la historia de América.
3. La España... reconoce sus errores históricos.
4. España... a los indios a un régimen esclavista.
5. España y los países... en general tienen una historia semejante en su relación con América.
6. Los errores históricos de España... un resentimiento indígena contra España.
7. Los indios americanos piensan que España no... nada positivo a la historia de América.
8. ...los indios peruanos, España debe pedir perdón por sus errores históricos.
9. Muchas personas piensan que 1492 no se debe...
10. Los indios americanos no pueden olvidar los... que España ha causado al pueblo indio desde 1492.

5–42. Interpretar el texto. Si tuvieran que resumir el texto anterior en dos o tres oraciones, ¿qué escribirían? ¿Podrían transmitir el sentimiento de ambos lados con tanta brevedad? Inténtenlo y léanle sus oraciones al resto de la clase, para que sus compañeros determinen qué pareja captó mejor la idea del texto en su resumen. Piensen en la siguiente pregunta: ¿creen que está justificada la reacción de las comunidades indígenas que describe el artículo?

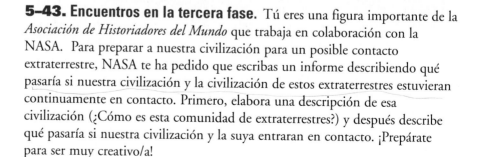

PONLO POR ESCRITO

5–43. Encuentros en la tercera fase. Tú eres una figura importante de la *Asociación de Historiadores del Mundo* que trabaja en colaboración con la NASA. Para preparar a nuestra civilización para un posible contacto extraterrestre, NASA te ha pedido que escribas un informe describiendo qué pasaría si nuestra civilización y la civilización de estos extraterrestres estuvieran continuamente en contacto. Primero, elabora una descripción de esa civilización (¿Cómo es esta comunidad de extraterrestres?) y después describe qué pasaría si nuestra civilización y la suya entraran en contacto. ¡Prepárate para ser muy creativo/a!

Preparación

Piensa en los siguientes puntos:

1. ¿Quiénes son los lectores de mi composición?
2. ¿Qué título voy a usar?
3. ¿Qué información voy a incluir en la introducción?
4. ¿Qué tema/s voy a incluir en cada párrafo?
5. ¿Qué información voy a incluir en la conclusión?

A escribir

1. Al escribir tu informe recuerda lo que has aprendido en esta unidad sobre cómo formular hipótesis usando oraciones con **si**.

> **MODELO**
>
> **Los hombres de esta civilización extraterreste se dedican exclusivamente a las tareas domésticas y al cuidado de los hijos. Las mujeres se dedican a trabajar fuera del hogar y su participación en las responsabilidades domésticas es mínima.**
>
> **Si los hombres de nuestra civilización se dedicaran exclusivamente a las tareas domésticas, se formarían muchos grupos a favor del "Movimiento de Liberación de Varones".**

2. Las expresiones de la lista te servirán para hacer transiciones entre diferentes ideas. Usa otras expresiones también.

a diferencia de, en contraste con	*in contrast to*
igual que	*the same as, equal to*
mientras	*while*
al fin y al cabo	*in the end*
en resumen	*in summary*
después de todo	*after all*
sin embargo	*however*

Revisión

Para revisar tu informe usa la guía de revisión del Apéndice C. Después de hacer el número de revisiones que te indique tu instructor/a, escribe la versión final y entrega tu informe.

Resumen de la parte 4. *La mujer continúa hablando y Lorenzo Fresnos no comprende lo que le dice. La cuarta parte revela que el nombre de la mujer es Luisa. Finalmente los dos se dan cuenta de que la mujer pensaba que estaba hablando con el señor Jesús Godet.*

Antes de leer

Ésta es la última parte de la novela. Antes de leer, repasa tus notas de las partes anteriores. Presta atención a todos los detalles y después, basándote en la información que ya tienes, formula una hipótesis sobre el posible final de esta historia. Lee la parte y compara tu hipótesis con el final real de esta novela. ¿Te parece un final adecuado? ¿Lo cambiarías de alguna forma?

Final absurdo (parte 5)

—Créame que lamento este malentendido[1] —dijo Fresnos. Estaba a punto de darle las gracias por haberme servido en bandeja[2] un argumento para un relato surrealista—. Me llamo Lorenzo Fresnos, soy detective, y no conozco a ningún Jesús Godet. Creo que podemos dar la entrevista por terminada. Iba a levantarse, pero ella reaccionó rápidamente.

—Entonces, ¿usted de qué novela es? —preguntó con avidez[3].

—Mire, señora, yo no soy ningún personaje de novela; soy una persona de carne y hueso.

—¿Qué diferencia hay? —preguntó ella; pero sin dejarle tiempo a contestar, continuó—

Oiga, se me ha ocurrido una cosa. Ya me figuraba yo que no podía ser tan fácil hablar con el señor Godet. Pues bien, ya que él no nos va a dar una nueva oportunidad, más vale[4] que nos la tomemos nosotros: usted pasa a mi novela y yo paso a la suya. ¿Qué le parece?

—Me parece muy bien —dijo tranquilamente Fresnos—. ¿Por qué no vamos a tomar una copa y lo discutimos con calma? —Sin esperar respuesta, se levantó y fue a coger su abrigo del perchero. Se dio cuenta de que no llevaba paraguas, y estaba lloviendo a mares[5]. Decidió que cogería un taxi. Entonces la oyó gritar.

Estaba pálida como un cadáver mirando la biblioteca, que no había visto antes por estar a sus espaldas. La barbilla le temblaba[6] cuando se volvió hacia él.

—¿Por qué me ha mentido[7]? —gritó con furia—, ¿por qué? ¡Aquí está la prueba[8]!— Señalaba, acusadora, los libros. ¡Cubiertos de polvo[9], enmudecidos[10], inmovilizados a la fuerza! ¡Es aún peor de lo que me temía, los hay a cientos! Sus Obras Completas, ¿verdad? ¡Estará usted satisfecho! ¿Cuántos ha creado usted por diversión, para olvidarlos luego

1. *misunderstanding*
2. *handed on a plate*

3. *eagerness*

4. *it's better*

5. *raining cats and dogs*

6. *trembled*

7. *lied* 8. *proof*
9. *dust* 10. *silenced*

de esta manera? ¿Cuántos, señor Godet?

—¡Basta! —gritó Fresnos—. ¡Salga inmediatamente de aquí o llamo a la policía!

Avanzó ella con gesto amenazador, pero tropezó[11] con un libro tirado en el suelo junto a su sillón. Vio el título: "Los desvelos de Luisa". Creyó comprenderlo todo. Alzó la cabeza. En ese momento menguó[12] la luz eléctrica; retumbó[13] un trueno[14], y la claridad lívida e intemporal de un relámpago[15] les inmovilizó. Fresnos vio los ojos de la mujer, fijos, desencajados[16], entre dos instantes de total oscuridad. Siguió un fragor[17] de nubes embistiéndose[18]; arreció[19] la lluvia; la lámpara se había apagado del todo. Fresnos palpaba[20] los muebles, como un ciego[21].

—¡Usted dice que el cielo es siempre azul en todas partes! —La voz provenía de una forma confusa y movediza en la penumbra[22]—. ¡Sí! —gritaba por encima del estruendo[23]—, ¡menos[24] cuando se vuelve negro, vacío para siempre y en todas partes!

—¡Tú no eres más que[25] un sueño! —vociferó Fresnos, debatiéndose angustiosamente—. ¡Soy yo quien te he leído y quien te está soñando! ¡Estoy soñando, estoy soñando! —chilló en un desesperado esfuerzo por despertar, por huir de[26] aquella pesadilla[27].

—¿Ah, sí? —respondió ella burlona, y abrió el bolso.

Enloquecido, Fresnos se abalanzó hacia aquel bulto[28] movedizo. —Adivinó lo que ella tenía en sus manos, y antes de que le ensordeciera[29] el disparo[30] tuvo tiempo de pensar: « No puede ser, es un final absurdo ... »

"Ni más ni menos que cualquier otro", le contestó bostezando Jesús Godet mientras ponía el punto final.

11. *tripped*

12. *decreased*
13. *roared*
14. *thunder*
15. *lightning*
16. *out of their orbits*
17. *clash*
18. *rushing against
each other*
19. *increased*
20. *felt*
21. *blind person*
22. *darkness*
23. *roar*
24. *except*
25. *you are nothing but*
26. *escape*
27. *nightmare*
28. *undefined shape*
29. *deafened*
30. *shot*

5–44. Nuestra interpretación del cuento.

1. En las primeras líneas, Lorenzo Fresnos dice "lamento este malentendido", ¿a qué malentendido se refiere?
2. ¿Qué segmento sugiere que la mujer (Luisa) y Lorenzo viven en el mismo plano temporal?
3. En tu opinión, ¿la mujer (Luisa) y Lorenzo viven en el mismo plano temporal? Explica.
4. En tu opinión, ¿cuál de los dos personajes (Luisa o Lorenzo) tiene perfecto conocimiento de su plano temporal? Explica.
5. ¿Cuál es la relación entre Jesús Godet, la mujer y el detective?
6. Clasifica los planos temporales y determina en qué planos están la mujer, el detective y Godet.

5–45. El punto final.
¿Cuál es tu reacción a *Final absurdo* ahora que has terminado la lectura? Escribe una breve reseña crítica con tu reacción personal sobre el cuento. Menciona qué aspectos de la obra te han parecido más o menos interesantes, más o menos difíciles. Incluye dos o tres recomendaciones para alguien que no haya leído el cuento.

acercamiento	*rapprochment*	herencia (cultural) *f*	*heritage*
actual	*current*	inalterable	*unchangeable*
agrado *m*	*pleasure*	indígena *m/f*	*native*
aportar	*to contribute*	jabalina *f*	*spear*
áspero/a	*rough*	loro *m*	*parrot*
a través de	*through*	mano de obra *f*	*labor force*
brújula *f*	*compass*	mástil *m*	*mast*
carabela *f*	*caravel, small sailing ship*	mezcla *f*	*mixture*
celebración *f*	*celebration*	nave *f*	*vessel (maritime)*
cercano/a	*close*	obsequiar	*to give (as a present)*
comprender	*to comprise*	occidental	*Western*
conmemoración *f*	*commemoration*	oposicion *f*	*opposition*
controversia *f*	*controversy*	pacífico/a	*peaceful*
contundente	*forceful*	papel *m*	*role*
cordillera *f*	*mountain range*	pedir perdón	*to ask for forgiveness*
cuerpo celeste *m*	*celestial object*	perecer (zc)	*to perish*
daño *m*	*harm*	pueblos *m*	*people*
dar lugar a	*to give rise to*	punto de vista	*point of view*
descubrir	*to discover*	quedar	*to be left*
detener	*to stop*	reclamar	*to claim*
dirigirse a	*to head for*	recriminación *f*	*reproach*
embarcación *f*	*ship*	reloj de arena *m*	*hourglass*
encuesta *f*	*survey*	reloj de sol *m*	*sundial*
errar	*to make a mistake*	según	*according to*
esclavo/a	*slave*	siglo *m*	*century*
esclavitud *f*	*slavery*	sino	*but*
estéril	*useless*	someter	*to subject*
fecundo/a	*productive*	talante *m*	*character, personality*
festejar	*to celebrate*	unir	*to join*
genocidio *m*	*genocide*	vela *f*	*sail*
habitar	*to inhabit*	viruela *f*	*smallpox*

Apéndice Gramatical 1

Demonstrative Adjectives and Pronouns

Demonstrative Adjectives					
Close to the Speaker		Farther from the Speaker		Far from the Speaker	
masculine	feminine	masculine	feminine	masculine	feminine
este *(this)*	esta *(this)*	ese *(that)*	esa *(that)*	aquel *(that)*	aquella *(that)*
estos *(these)*	estas *(these)*	esos *(those)*	esas *(those)*	aquellos *(those)*	aquellas *(those)*

Demonstrative adjectives always precede a noun and agree in gender and number with that noun.

Estas casas son bonitas.　　　　　*These houses are nice.*

Este profesor enseña bien.　　　　*This professor teaches well.*

Esos estudiantes de allá son aplicados.　*Those students over there are very diligent.*

Demonstrative Pronouns*								
Close to the Speaker			Farther from the Speaker			Far from the Speaker		
masculine	feminine	neuter	masculine	feminine	neuter	masculine	feminine	neuter
éste *(this one)*	ésta *(this one)*	esto *(this)*	ése *(that one)*	ésa *(that one)*	eso *(that)*	aquél *(that one)*	aquélla *(that one)*	aquello *(that)*
éstos *(these ones)*	éstas *(these ones)*	—	ésos *(those ones)*	ésas *(those ones)*	—	aquéllos *(those ones)*	aquéllas *(those ones)*	—

*NOTE: According to the latest spelling rules published by the Real Academia Española, demonstrative pronouns should not carry an accent mark unless the sentence is ambiguous, such as **¿Por qué compraron aquéllos libros usados?**, where **aquéllos** (*those students/people*) is the subject but could be interpreted as a demonstrative adjective accompanying **libros** without an accent mark. Otherwise, by default, demonstrative pronouns do not carry an accent mark. As time goes on, the acceptance of this new rule will become more widespread. For educational purposes, the accent will be shown on demonstrative pronouns in this book.

Demonstrative pronouns replace the noun they refer to and agree in gender and number with that noun.

Esa casa es más bonita que **aquéllas**.   *This house is nicer than **those**.*

The neuter forms do not refer to anything specific whose gender or noun can be identified; they refer to a situation, an idea, a concept, or a statement. Neuter forms are always singular.

Yo nunca dije **eso**.   *I never said **that**.*

Possessive Adjectives and Pronouns

Short Form Adjectives		Long Form Adjectives and Pronouns	
mi/s	*my*	mío/a/os/as	*my/mine*
tu/s	*your* (informal)	tuyo/a/os/as	*your* (informal)/ *yours* (informal)
su/s	*your* (formal)	suyo/a/os/as	*your* (formal)/ *yours* (formal)
su/s	*his, her, its*	suyo/a/os/as	*his, her, its/ his, hers, its*
nuestro/a/os/as	*our*	nuestro/a/os/as	*our/ours*
vuestro/a/os/as	*your* (informal)	vuestro/a/os/as	*your* (informal)/ *yours* (informal)
su/s	*your* (formal)	suyo/a/os/as	*your* (formal)/ *yours* (formal)
su/s	*their*	suyo/a/os/as	*their/theirs*

Possessive Adjectives

Possessive adjectives always accompany a noun. All of them have a singular and plural form, which agrees with the thing that is possessed. Some forms also show gender, which agrees with the thing that is possessed. The short-form possessive adjectives are the most frequently used.

Mi casa es grande.   *My house is big.*

The long forms are used after the verb **ser** and after a noun to convey emphasis.

Esta casa es **mía**.   *This house is mine.*

Un proyecto **mío** es pasar un año   *A project of mine is to spend a year in Puerto Rico.*
en Puerto Rico.

Possessive Pronouns

The possessive pronouns replace nouns. Their forms are the same as the long-form possessive adjectives. A definite article usually precedes the possessive pronoun.

Éste es tu cuarto y aquél es **el mío**.   *This is your room and that one is mine.*

Gustar and Similar Verbs

Sentences with **gustar** do not follow the same pattern as English sentences expressing *to like*. Notice that the Spanish construction has an indirect object and that the verb agrees in number with the subject.

Indirect Object	Verb	Subject
Me	gusta	mi vecino.
Subject	Verb	Direct Object
I	*like*	*my neighbor.*

Me gusta mi vecino. *I like my neighbor.*
Me gustan mis vecinos. *I like my neighbors.*

If the indirect object is a noun or proper name, the preposition **a** precedes the noun or name and the indirect-object pronoun follows.

A mi esposo **le** gusta nuestro vecino. *My husband likes our neighbor.*

The preposition **a** + *prepositional pronoun* (**mí, ti, él/ella, usted, nosotros/as, vosotros/as, ustedes**) + *indirect object pronoun* (**me, te, le, nos, os, les**) is used for emphasis or clarification.

A él le gusta nuestro vecino. *He likes our neighbor.*

The verbs below follow the **gustar** pattern.

convenir	*to suit*	molestar	*to bother*
doler	*to hurt*	parecer	*to seem*
fascinar	*to fascinate*	preocupar	*to worry*
interesar	*to interest*	sorprender	*to surprise*

Indefinite and Negative Words

Adjective	Negative Adjective
algún/a/os/as	ningún/a
some, any	*any, none*
Pronouns	**Negative Pronouns**
algo	nada
something, anything	*nothing, anything*
alguien	nadie
someone, somebody, anybody	*nobody, anybody, no one*
alguno/a/os/as	ninguno/a
some, any	*any, none*
Adverbs	**Negative Adverbs**
siempre	nunca
always	*never*
también	tampoco
also, too, as well	*neither, either*

Negative words can precede or follow the verb.

- In general, when the negative word follows the verb, use **no** in front of the verb.

  No tengo tiempo **nunca** para estudiar.   *I never have time to study.*

- If the negative word appears before the verb, do not include the word **no**.

  Nunca tengo tiempo para estudiar.   *I never have time to study.*

- The personal **a** is placed in front of indefinite and negative words that refer to people.

  Conozco **a alguien** que habla alemán.   *I know someone who speaks German.*

Alguno and *Ninguno*

They agree in gender and number with the noun they accompany or refer to. **Ninguno** is always used in singular.

Este semestre no tengo **ninguna**   *This semester I don't have any*
  clase de filosofía, ¿tienes **alguna**?   *philosophy classes, do you have any?*

Alguno and **ninguno** drop the **-o** when they function as adjectives, that is, when they accompany a masculine noun.

No tengo **ningún** interés en la clase de geografía.   *I have no interest in the geography class.*
Algún día hablaré español muy bien.   *Some day I'll speak Spanish very well.*

Ser and *Estar*

Some adjectives can never be used with **estar**. Below is a partial list.

crónico	*chronic*
efímero	*ephemeral*
eterno	*eternal*
inteligente	*intelligent*

Some adjectives can never be used with **ser**. Below is a partial list.

ausente	*absent*
contento	*happy*
enfermo	*sick*
muerto	*dead*
presente	*present*
satisfecho	*satisfied*

Some adjectives have different meanings when used with **ser** or **estar**.

	ser	estar
aburrido	*boring*	*bored*
bueno	*good (personality)*	*in good health*
interesado	*selfish*	*interested*
listo	*clever*	*ready*
malo	*bad (personality)*	*in poor health*
molesto	*bothersome*	*bothered*
nuevo	*just made*	*unused*
seguro	*safe*	*sure*
vivo	*lively*	*alive*

Noun-Adjective Agreement

Adjectives agree in gender and number with the nouns they modify.

Tengo un carr**o** roj**o**.

Tengo dos carr**os** roj**os**.

Tengo una cas**a** roj**a**.

Tengo dos cas**as** roj**as**.

Noun-Adjective Gender Agreement

Many adjectives end in **-o** when they are in the masculine form and in **-a** when they are in the feminine form. However, the endings of some adjectives are the same for each.

Mi profesor es **cortés**.	*My (male) professor is couteous.*
Mi profesora es **cortés**.	*My (female) professor is courteous.*

Examples:

audaz	*audacious*
canadiense	*Canadian*
cortés	*courteous* (but *inglés/ inglesa*)
cursi	*corny*
interesante	*interesting*
mejor	*better*
útil	*useful*

Adjectives of nationality that end in a consonant are made feminine by adding **-a**.

Mi profesor no es inglés.	*My (male) professor is not English.*
Mi profesora no es ingles**a**.	*My (female) professor is not English.*

Examples:

alemán/alemana	*German*
español/española	*Spanish*

The adjectives whose masculine form ends in **-n** and **-dor** take an **-a** to form the feminine.

Mi hermano es habla**dor**.	*My brother is talkative.*
Mi hermana es habla**dora**.	*My sister is talkative.*

Examples:

holgazán/ holgazana	*lazy*
juguetón/ juguetona	*playful*
pequeñín/ pequeñina	*tiny*
soñador/ soñadora	*dreamer*
trabajador/ trabajadora	*hard-working*

Some adjectives have an invariable **-a** ending whether they accompany a feminine or a masculine noun.

Mi profesor es **israelita**.   *My (male) professor is an Israeli.*

Mi profesora es **israelita**.   *My (female) professor is an Israeli.*

Examples:

belga	*Belgian*	pesimista	*pessimistic*
hipócrita	*hypocritical*	realista	*realistic*
optimista	*optimistic*	socialista	*socialist*

Some adjectives drop the **-o** when they precede the noun.

Éste es mi **primer** año de español.   *This is my first year of Spanish.*

Examples:

bueno   →   buen

malo   →   mal

primero   →   primer

tercero   →   tercer

Noun-Adjective Number Agreement

Adjectives ending in a vowel usually form the plural by adding an **-s**.

Mi hermano es inteligente, pesimist**a** y alt**o**.   *My brother is intelligent, pessimistic, and tall.*

Mis hermanos son inteligente**s**, pesimista**s** y alto**s**.   *My brothers are intelligent, pessimistic, and tall.*

Adjectives ending in **-í** and **-ú** are an exception to the previous rule as they add **-es** to form the plural.

Tengo una amiga marroqu**í**.   *I have a Moroccan (female) friend.*

Tengo dos amigas marroqu**íes**.   *I have two Moroccan (female) friends.*

Tengo una amiga hind**ú**.   *I have an Indian (female) friend.*

Tengo dos amigas hind**úes**.   *I have two Indian (female) friends.*

Adjectives ending in a consonant form the plural by adding **-es**.

Esta clase es úti**l**.   *This class is useful.*

Estas clases son útil**es**.   *These classes are useful.*

Mi hermana es auda**z**.   *My sister is audacious.*

Mis hermanas son auda**ces**.   *My sisters are audacious.*

(Note the spelling change **z** → **c**.)

Personal Direct Object + *A* + Prepositional Pronoun

For clarification or emphasis, if the direct object is a person, it is sometimes reinforced with the presence of **a mí, a ti, a usted, a él/ella, a nosotros, a ustedes**.

¿Viste a María y a Juan ayer?   *Did you see María and Juan yesterday?*

Sí, **la** vi **a ella** solamente; él no estaba en casa.   *Yes, I only saw her; he was not home.*

Note that **Vi a ella** would not be a grammatical sentence. If **a ella** functions as a direct object, **la** needs to be added, as in: **La vi a ella**. However, if instead of **a ella**, we say **a María**, **la** is not needed, as in: **Vi a María**.

Passive Voice

Passive-voice sentences look like the sentences below.

Grammatical Subject and Receiver of the Action	Passive-Voice Verb ser (conjugated) + Past Participle	Doer
Esta novela *This novel*	fue escrita *was written*	por Hemingway. *by Hemingway.*

The active-voice counterparts look like the sentences below.

Grammatical Subject and Doer	Active-Voice Verb	Direct Object
Hemingway *Hemingway*	escribió *wrote*	esta novela. *this novel.*

In passive-voice sentences, the receiver of the action is the actual grammatical subject. If the doer of the action is explicitly stated, it is preceded by the preposition **por** (*by*). In active-voice sentences, the roles of grammatical subject and the doer are played by the same part of the sentence.

The passive-voice construction requires a conjugated form of **ser** plus the past participle of a verb. The past participle agrees in gender and number with the grammatical subject. The passive voice is common in Spanish in historical topics, academic writing, and journalistic writing.

Resultant State

In order to express the result of an action, in Spanish you use **estar** plus the past participle of a verb. In this structure (**estar** + *part participle*), the past participle behaves just like an adjective when **estar** + adjective describes a characteristic that is not permanent.

La ventana **está rota** porque ayer hubo una explosión. (**estar** + *part participle*)
The window is broken because yesterday there was an explosion.

Notice that **estar** + *past participle* is used only when there is no adjective to describe the condition. For instance, although there is a past participle form, **ensuciado** (*soiled*) from the verb **ensuciar**, the example below uses **sucia**, which is the adjective that describes the condition of being dirty or soiled.

La ventana **está sucia** porque ayer hubo una tormenta de polvo. (**estar** + *adjective*)
The window is dirty because there was a dust storm yesterday.

No-Fault *se*

With a number of verbs, you can use a **se** structure to convey unplanned or unexpected events.

Se	Verb in Third-Person Singular or Plural	Subject
Se *The document got lost.*	perd**ió**	el documento.
Se *The documents got lost.*	perd**ieron**	los documentos.

In order to indicate who is affected by the event, you may use an indirect-object pronoun (**me, te, le, nos, os, les**) right after **se**.

Se	Indirect-Object Pronoun	Verb in Third-Person Singular or Plural	Subject
Se *I lost the document.*	**me**	perdió	el documento.
Se *I lost the documents.*	**me**	perdieron	los documentos.

The verbs below are usually associated with this structure.

acabar	*to run out*
caer	*to fall*
escapar	*to escape*
estropear	*to go bad; to break*
olvidar	*to forget*
perder	*to lose*
quedar	*to be left*
romper	*to break*

Hacer in Time Expressions

To express an action whose effect is still going on, use the structure below.

Hace + *time expression* + **que** + *verb in present tense*

> **Hace** dos días **que** estudio para mi examen de español.
> *I've been studying for my Spanish exam for two days.*

To express the time elapsed since an action was completed, use the structure below.

Hace + *time expression* + **que** + *verb in preterit tense*

> **Hace** dos días **que** vi a Juan.
> *I saw Juan two days ago.*

Preterit and Imperfect

Some verbs convey different meanings when used in the preterit or the imperfect.

conocer

- It means *to meet for the first time* when used in the preterit.

    Ayer **conocí** a mi instructora de francés.

    I met my French instructor yesterday.

- It means *to be acquainted with (know)* when used in the imperfect.

    El año pasado no **conocía** a mis compañeros de clase bien, pero este año sí.

    Last year I didn't know my classmates well, but I do this year.

haber

- It means *to occur* when used in the preterit.

    Hubo tres muertos en el accidente.

    Three fatalities occurred in the accident.

- When used in the imperfect, it means *there was/were* in the sense of what a witness can see on the scene.

    Había dos médicos y una ambulancia en el lugar del accidente.

    There were two doctors and an ambulance on the scene of the accident.

poder

- It means *to succeed in* when used in the preterit.

    No **pude** visitar a mis padres este semestre.

    I couldn't visit my parents this semester.

- It means *to be able to* when used in the imperfect.

    Ella no **podía** lavar los platos por causa de su alergia al detergente.

    She couldn't wash the dishes because of her allergy to the detergent.

querer

- In the preterit, it means *to try* if the verb is affirmative, and *to refuse* if the verb is negative.

    Ayer **quise** estudiar con María, pero ella **no quiso**.

    Yesterday, I tried to study with María, but she refused.

- In the imperfect, it means *to want* or *to wish*.

    Ayer yo **quería** estudiar con María, pero ella **quería** ir de compras.

    Yesterday, I wanted to study with María, but she wanted to go shopping.

saber

- In the preterit, it means *to find out*.

    Ayer **supe** la nota del examen de historia del arte.

    Yesterday, I found out the grade for the Art History exam.

- In the imperfect, it means *to have knowledge, to know, to be aware*.

    Antes de tomar la clase de español, no **sabía** mucho vocabulario.

    Before taking the Spanish class, I didn't know much vocabulary.

Direct- and Indirect-Object Pronoun Placement

When the direct- and the indirect-object pronouns occur together, the direct-object pronoun follows the indirect-object pronoun, regardless of the form of the verb. However, the form of the verb determines whether the pronouns appear before or after the verb. You have studied the position of both pronouns when accompanied by a conjugated verb.

Yo quería flores y mi padre **me las** compró.
I wanted flowers and my father bought them for me.

Attach both pronouns to the verb after an affirmative command form.

Pása**me** la sal. *Pass me the salt.*   Pása**mela**. *Pass it to me.*

Place both pronouns before the verb that expresses a negative command.

No **me la** pases. *Don't pass it to me.*

With a conjugated verb plus infinitive or present participle, you have a choice of placement. Place both pronouns before the conjugated verb or attach them to the infinitive or present participle.

María quiere pasarme la sal. *María wants to pass the salt to me.*

María **me la** quiere pasar. *María wants to pass it to me.*

María quiere pasár**mela**. *María wants to pass it to me.*

María está pasándome la sal. *María is passing me the salt.*

María **me la** está pasando. *María is passing it to me.*

María está pasándo**mela**. *María is passing it to me.*

APÉNDICE GRAMATICAL 3

Infinitive vs. Subjunctive

Using the infinitive or the subjunctive depends on whether or not there is a new subject in the dependent clause. With impersonal expressions that convey doubt, emotion, and recommendation the verb in the dependent clause is in the subjunctive.

Es necesario que estudies más.   *It is necessary for you to study more.*

However, if there is no subject in the dependent clause, the verb is used in the infinitive form.

Es necesario estudiar más.   *It is necessary to study more.*

After an independent clause bearing a verb of doubt, emotion, or recommendation, use the subjunctive if the subject noun or pronoun changes in the dependent clause. Use the infinitive if the subject stays the same. Compare these two sentences.

Yo quiero que **mi hermana** estudie más.   *I want my sister to study more.*

Yo quiero estudiar más.   *I want to study more.*

Indicative vs. Subjunctive Following *Decir*

Decir causes the use of the indicative in the dependent clause when it means *to state*, but **decir** causes the use of subjunctive in the dependent clause when it means *to suggest* or *to request*. Compare the two sentences below.

Ella dice que su hermano viene mañana.   *She says that her brother is coming tomorrow.*

Ella dice que comencemos la fiesta a las   *She says (suggests) that we start the party at nine*
nueve de la noche.   *in the evening.*

Relative Pronouns

Que

Que can be used in both restrictive (no commas) and nonrestrictive (with commas) clauses.

Éste es el carro **que** me compré ayer.   *This is the car that I bought myself yesterday.*

Mi carro, **que** ahora está en reparación,   *My car, which is now at the mechanic's,*
    costó poco dinero.   *cost little money.*

El que, la que, los que, las que are used when a preposition (e.g., **a, de, con, entre**) precedes them.

Éstos son los estudiantes **de los que** te hablé.

These are the students about whom I talked to you.

These are the students that I talked to you about. (Note: Placing the preposition at the end of the clause is not grammatical in Spanish.)

These are the students I talked to you about. (Note: In English the relative pronoun can be omitted, but in Spanish the relative pronoun always has to be present.)

El que, la que, los que, las que are also used to mean *he who, she who, those who,* and *the one(s) who.*

El que quiere, puede.   ***He who*** *wants, can.*

Cual

El cual, la cual, los cuales, las cuales are used when preceded by a preposition (e.g., **a, de, con, entre**), whether the clause is restrictive or not. If they are not preceded by a preposition, they can only be used in nonrestrictive clauses. These pronouns convey a more formal tone.

Éstos son los estudiantes **de los cuales** te hablé.

These are the students about whom I talked to you.

Estos estudiantes, **de los cuales** te hablé ayer, son muy diligentes.

These students, about whom I talked to you yesterday, are very diligent.

Mi carro, **el cual** ahora está en reparación, costó poco dinero.

My car, which is now at the mechanic's, cost little money.

Quien, Quienes

Quien, quienes are used to refer back to people exclusively and apply to both genders. They are used when preceded by a preposition (e.g., **a, de, con, entre**), whether the clause is restrictive or not. If they are not preceded by a preposition, they can only be used in nonrestrictive clauses.

These pronouns convey a more formal tone.

Ésta es la estudiante **con quien** estudio siempre.

This is the student with whom I always study.

María, **con quien** estudio siempre, está enferma hoy.

María, with whom I always study, is sick today.

María, **quien** está en nuestro grupo de estudio, está enferma hoy.

María, who is in our study group, is sick today.

Future to Indicate Probability in the Present

The future tense can be used to express conjecture about an event that may be happening in the present. With non-action verbs such as **ser, estar, parecer** and **tener** the simple future is used.

¿Dónde está tu hermana?   *Where is your sister?*

No sé, **estará** en casa de su mejor amiga.   *I don't know, she may be at her best friend's house.*

With action verbs such as **correr, escribir, caminar, viajar, llegar,** and the like the progressive future is used. The progressive form of any tense is formed by conjugating the verb **estar** in the desired tense and using the target verb in the present participle form (stem + -**ando** or -**iendo**).

Me pregunto si mi amigo Miguel **estará llegando** a Puerto Rico ahora.

I wonder whether my friend Miguel may be arriving in Puerto Rico right now.

Conditional to Indicate Probability in the Past

To express probability or conjecture in the past the conditional tense is used. With non-action verbs such as **ser, estar, parecer** and **tener** the simple conditional is used; with action-verbs such as **correr, escribir, caminar, viajar, llegar,** and the like the progressive conditional is used.

¿Qué hora **sería** cuando Juan regresó anoche?

What time could it have been when Juan returned last night?

¿Qué **estaría haciendo** Juan ayer a las doce de la noche?

What could Juan have been doing yesterday at midnight?

Verb Tables

Regular Verbs

Infinitive: Simple Forms		
habl **ar** (*to speak*)	com **er** (*to eat*)	viv **ir** (*to live*)
Present Participle: Simple Forms		
habl **ando** (*speaking*)	com **iendo** (*eating*)	viv **iendo** (*living*)
Past Participle		
habl **ado** (*spoken*)	com **ido** (*eaten*)	viv **ido** (*lived*)
Infinitive: Perfect Forms		
hab **er** habl **ado** (*to have spoken*)	hab **er** com **ido** (*to have eaten*)	hab **er** viv **ido** (*to have lived*)
Present Participle: Perfect Forms		
hab **iendo** habl **ado** (*having spoken*) hab **iendo** com **ido** (*having eaten*) hab **iendo** viv **ido** (*having lived*)		

Indicative: Simple Tenses

PRESENT		
(*I speak, am speaking,* *do speak, will speak*)	(*I eat, am eating,* *do eat, will eat*)	(*I live, am living,* *do live, will live*)
habl **o**	com **o**	viv **o**
habl **as**	com **es**	viv **es**
habl **a**	com **e**	viv **e**
habl **amos**	com **emos**	viv **imos**
hala **áis**	com **éis**	viv **ís**
habl **an**	com **en**	viv **en**

IMPERFECT		
(*I was speaking, used* *to speak, spoke*)	(*I was eating, used* *to eat, ate*)	(*I was living, used* *to live, lived*)
habl **aba**	com **ía**	viv **ía**
habl **abas**	com **ías**	viv **ías**
habl **aba**	com **ía**	viv **ía**
habl **ábamos**	com **íamos**	viv **íamos**
habl **abais**	com **íais**	viv **íais**
habl **aban**	com **ían**	viv **ían**

Indicative: Simple Tenses (Continued)

PRETERIT		
(I spoke, did speak)	*(I ate, did eat)*	*(I lived, did live)*
habl **é**	com **í**	viv **í**
habl **aste**	com **iste**	viv **iste**
habl **ó**	com **ió**	viv **ió**
habl **amos**	com **imos**	viv **imos**
habl **asteis**	com **isteis**	viv **isteis**
habl **aron**	com **ieron**	viv **ieron**

FUTURE		
(I shall/will speak)	*(I shall/will eat)*	*(I shall/will live)*
hablar **é**	comer **é**	vivir **é**
hablar **ás**	comer **ás**	vivir **ás**
hablar **á**	comer **á**	vivir **á**
hablar **emos**	comer **emos**	vivir **emos**
hablar **éis**	comer **éis**	vivir **éis**
hablar **án**	comer **án**	vivir **án**

CONDITIONAL		
(I would speak)	*(I would eat)*	*(I would live)*
hablar **ía**	comer **ía**	vivir **ía**
hablar **ías**	comer **ías**	vivir **ías**
hablar **ía**	comer **ía**	vivir **ía**
hablar **íamos**	comer **íamos**	vivir **íamos**
hablar **íais**	comer **íais**	vivir **íais**
hablar **ían**	comer **ían**	vivir **ían**

Subjunctive: Simple Tenses

PRESENT		
(that I [may] speak)	*(that I [may] eat)*	*(that I [may] live)*
habl **e**	com **a**	viv **a**
habl **es**	com **as**	viv **as**
habl **e**	com **a**	viv **a**
habl **emos**	com **amos**	viv **amos**
habl **éis**	com **áis**	viv **áis**
habl **en**	com **an**	viv **an**

IMPERFECT		
(*that I [might] speak*)	(*that I [might] eat*)	(*that I [might] live*)
habl **ar a** habl **as e**	com **ier a** com **ies e**	viv **ier a** viv **ies e**
habl **ar as** habl **as es**	com **ier as** com **ies es**	viv **ier as** viv **ies es**
habl **ar a** habl **as e**	com **ier a** com **ies e**	viv **ier a** viv **ies e**
habl **ár amos** habl **ás emos**	com **iér amos** com **iés emos**	viv **iér amos** viv **iés emos**
habl **ar ais** habl **as eis**	com **ier ais** com **ies eis**	viv **ier ais** viv **ies eis**
habl **ar an** habl **as en**	com **ier an** com **ies en**	viv **ier an** viv **ies en**

AFFIRMATIVE COMMANDS		
(*speak*)	(*eat*)	(*live*)
habl **a** (tú)	com **e** (tú)	viv **e** (tú)
habl **ad** (vosotros)	com **ed** (vosotros)	viv **id** (vosotros)
habl **e** (Ud.)	com **a** (Ud.)	viv **a** (Ud.)
habl **en** (Uds.)	com **an** (Uds.)	viv **an** (Uds.)

NEGATIVE COMMANDS		
(*don't speak*)	(*don't eat*)	(*don't live*)
No habl **es** (tú)	No com **as** (tú)	No viv **as** (tú)
No habl **eis** (vosotros)	No com **ais** (vosotros)	No viv **áis** (vosotros)
No habl **e** (Ud.)	No com **a** (Ud.)	No viv **a** (Ud.)
No habl **en** (Uds.)	No com **an** (Uds.)	No viv **an** (Uds.)

Indicative: Perfect Tenses

PRESENT PERFECT		
(*don't I have spoken*)	(*don't I have eaten*)	(*don't I have lived*)
h **e** h **as** h **a** h **emos** } habl **ado** h **abéis** h **an**	h **e** h **as** h **a** h **emos** } com **ido** h **abéis** h **an**	h **e** h **as** h **a** h **emos** } viv **ido** h **abéis** h **an**

Indicative: Perfect Tenses (Continued)

PAST PERFECT		
(I had spoken)	*(I had eaten)*	*(I had lived)*
hab **ía**	hab **ía**	hab **ía**
hab **ías**	hab **ías**	hab **ías**
hab **ía**	hab **ía**	hab **ía**
hab **íamos** } habl **ado**	hab **íamos** } com **ido**	hab **íamos** } viv **ido**
hab **íais**	hab **íais**	hab **íais**
hab **ían**	hab **ían**	hab **ían**

FUTURE PERFECT		
(I will have spoken)	*(I will have eaten)*	*(I will have lived)*
habr **é**	habr **é**	habr **é**
habr **ás**	habr **ás**	habr **ás**
habr **á**	habr **á**	habr **á**
habr **emos** } habl **ado**	habr **emos** } com **ido**	habr **emos** } viv **ido**
habr **éis**	habr **éis**	habr **éis**
habr **án**	habr **án**	habr **án**

CONDITIONAL PERFECT		
(I would have spoken)	*(I would have eaten)*	*(I would have lived)*
habr **ía**	habr **ía**	habr **ía**
habr **ías**	habr **ías**	habr **ías**
habr **ía**	habr **ía**	habr **ía**
habr **íamos** } habl **ado**	habr **íamos** } com **ido**	habr **íamos** } viv **ido**
habr **íais**	habr **íais**	habr **íais**
habr **ían**	habr **ían**	habr **ían**

Subjunctive: Perfect Tenses

PRESENT PERFECT		
(that I [may] have spoken)	*(that I [may] have eaten)*	*(that I [may] have lived)*
hay **a**	hay **a**	hay **a**
hay **as**	hay **as**	hay **as**
hay **a**	hay **a**	hay **a**
hay **amos** } habl **ado**	hay **amos** } com **ido**	hay **amos** } viv **ido**
hay **áis**	hay **áis**	hay **áis**
hay **an**	hay **an**	hay **an**

PAST PERFECT		
(that I had [might] have spoken)	*(that I had[might] have eaten)*	*(that I had [might] have lived)*
hub **ier a**	hub **ier a**	hub **ier a**
hub **ier as**	hub **ier as**	hub **ier as**
hub **ier a**	hub **ier a**	hub **ier a**
hub **iér amos** } habl **ado**	hub **iér amos** } com **ido**	hub **iér amos** } viv **ido**
hub **ier ais**	hub **ier ais**	hub **ier ais**
hub **ier an**	hub **ier an**	hub **ier an**
OR	OR	OR
hub **ies e**	hub **ies e**	hub **ies e**
hub **ies es**	hub **ies es**	hub **ies es**
hub **ies e**	hub **ies e**	hub **ies e**
hub **iés emos** } habl **ado**	hub **iés emos** } com **ido**	hub **iés emos** } viv **ido**
hub **ies eis**	hub **ies eis**	hub **ies eis**
hub **ies en**	hub **ies en**	hub **ies en**

Irregular Verbs

(Only the irregular tenses are included.)

andar (*to walk, go*)

PRETERIT: anduve, anduviste, anduvo, anduvimos, anduvisteis, anduvieron

caber (*to fit*)

PRESENT INDICATIVE: quepo, cabes, cabe, cabemos, cabéis, caben

PRETERIT: cupe, cupiste, cupo, cupimos, cupisteis, cupieron

FUTURE: cabré, cabrás, cabrá, cabremos, cabréis, cabrán

IMPERFECT SUBJUNCTIVE: cupiera (cupiese), cupieras, cupiera, cupiéramos, cupierais, cupieran

caer (*to fall, drop*)

PRESENT INDICATIVE: caigo, caes, cae, caemos, caéis, caen

PRETERIT: caí, caíste, cayó, caímos, caísteis, cayeron

conducir (*to drive, conduct*)

PRESENT INDICATIVE: conduzco, conduces, conduce, conducimos, conducís, conducen

PRETERIT: conduje, condujiste, condujo, condujimos, condujisteis, condujeron

IMPERATIVE: conduce (tú), no conduzcas (tú), conducid (vosotros), no conduzcáis (vosotros), conduzca (Ud.), conduzcan (Uds.)

conocer (*to know, be acquainted with*)

PRESENT INDICATIVE: conozco, conoces, conoce, conocemos, conocéis, conocen

construir (*to build, construct*)

PRESENT INDICATIVE: construyo, construyes, construye, construimos, construís, construyen

PRETERIT: construí, construiste, construyó, construimos, construisteis, construyeron

IMPERATIVE: construye (tú), no construyas (tú), construid (vosotros), no construyáis (vosotros), construya (Ud.), construyan (Uds.)

dar (*to give*)

PRESENT INDICATIVE: doy, das, da, damos, dais, dan

PRETERIT: di, diste, dio, dimos, disteis, dieron

decir (*to say, tell*)

PRESENT INDICATIVE: digo, dices, dice, decimos, decís, dicen

PRETERIT: dije, dijiste, dijo, dijimos, dijisteis, dijeron

FUTURE: diré, dirás, dirá, diremos, diréis, dirán

IMPERATIVE: di (tú), no digas (tú), decid (vosotros), no digáis (vosotros), diga (Ud.), digan (Uds.)

PRESENT PARTICIPLE: diciendo

PAST PARTICIPLE: dicho

estar (*to be*)

PRESENT INDICATIVE: estoy, estás, está, estamos, estáis, están

PRETERIT: estuve, estuviste, estuvo, estuvimos, estuvisteis, estuvieron

PRESENT SUBJUNCTIVE: esté, estés, esté, estemos, estéis, estén

haber (*to have* [auxiliary])

PRESENT INDICATIVE: he, has, ha, hemos, habéis, han

PRETERIT: hube, hubiste, hubo, hubimos, hubisteis, hubieron

FUTURE: habré, habrás, habrá, habremos, habréis, habrán

PRESENT SUBJUNCTIVE: haya, hayas, haya, hayamos, hayáis, hayan

hacer (*to do, make*)

PRESENT INDICATIVE: hago, haces, hace, hacemos, hacéis, hacen

PRETERIT: hice, hiciste, hizo, hicimos, hicisteis, hicieron

FUTURE: haré, harás, hará, haremos, haréis, harán

IMPERATIVE: haz (tú), no hagas (tú), haced (vosotros), no hagáis (vosotros), haga (Ud.), hagan (Uds.)

PAST PARTICIPLE: hecho

ir (*to go*)

PRESENT INDICATIVE: voy, vas, va, vamos, vais, van

IMPERFECT INDICATIVE: iba, ibas, iba, íbamos, ibais, iban

PRETERIT: fui, fuiste, fue, fuimos, fuisteis, fueron

PRESENT SUBJUNCTIVE: vaya, vayas, vaya, vayamos, vayáis, vayan

IMPERATIVE: ve (tú), no vayas (tú), id (vosotros), no vayáis (vosotros), vaya (Ud.), vayan (Uds.)

PRESENT PARTICIPLE: yendo

236

oír (*to hear, listen*)

PRESENT INDICATIVE: oigo, oyes, oye, oímos, oís, oyen
PRETERIT: oí, oíste, oyó, oímos, oísteis, oyeron
IMPERATIVE: oye (tú), no oigas (tú), oíd (vosotros), no oigáis (vosotros), oiga (Ud.), oigan (Uds.)
PRESENT PARTICIPLE: oyendo

poder (*to be able to, can*)

PRESENT INDICATIVE: puedo, puedes, puede, podemos, podéis, pueden
PRETERIT: pude, pudiste, pudo, pudimos, pudisteis, pudieron
FUTURE: podré, podrás, podrá, podremos, podréis, podrán
PRESENT PARTICIPLE: pudiendo

poner (*to put, place, set*)

PRESENT INDICATIVE: pongo, pones, pone, ponemos, ponéis, ponen
PRETERIT: puse, pusiste, puso, pusimos, pusisteis, pusieron
FUTURE: pondré, pondrás, pondrá, pondremos, pondréis, pondrán
IMPERATIVE: pon (tú), no pongas (tú), poned (vosotros), no pongáis (vosotros), ponga (Ud.), pongan (Uds.)
PAST PARTICIPLE: puesto

querer (*to wish, want, love*)

PRESENT INDICATIVE: quiero, quieres, quiere, queremos, queréis, quieren
PRETERIT: quise, quisiste, quiso, quisimos, quisisteis, quisieron
FUTURE: querré, querrás, querrá, querremos, querréis, querrán

saber (*to know*)

PRESENT INDICATIVE: sé, sabes, sabe, sabemos, sabéis, saben
PRETERIT: supe, supiste, supo, supimos, supisteis, supieron
FUTURE: sabré, sabrás, sabrá, sabremos, sabréis, sabrán
PRESENT SUBJUNCTIVE: sepa, sepas, sepa, sepamos, sepáis, sepan
IMPERATIVE: sepas (tú), no sepas (tú), sabed (vosotros), no sepáis (vosotros), sepa (Ud.), sepan (Uds.)

salir (*to go out, leave*)

PRESENT INDICATIVE: salgo, sales, sale, salimos, salís, salen
FUTURE: saldré, saldrás, saldrá, saldremos, saldréis, saldrán
IMPERATIVE: sal (tú), no salgas (tú), salid (vosotros), no salgáis (vosotros), salga (Ud.), salgan (Uds.)

ser (*to be*)

PRESENT INDICATIVE: soy, eres, es, somos, sois, son
IMPERFECT INDICATIVE: era, eras, era, éramos, erais, eran
PRETERIT: fui, fuiste, fue, fuimos, fuisteis, fueron
PRESENT SUBJUNCTIVE: sea, seas, sea, seamos, seáis, sean

tener (*to have*)

PRESENT INDICATIVE: tengo, tienes, tiene, tenemos, tenéis, tienen

PRETERIT: tuve, tuviste, tuvo, tuvimos, tuvisteis, tuvieron

FUTURE: tendré, tendrás, tendrá, tendremos, tendréis, tendrán

IMPERATIVE: ten (tú), no tengas (tú), tened (vosotros), no tengáis (vosotros), tenga (Ud.), tengan (Uds.)

traer (*to bring*)

PRESENT INDICATIVE: traigo, traes, trae, traemos, traéis, traen

PRETERIT: traje, trajiste, trajo, trajimos, trajisteis, trajeron

IMPERATIVE: trae (tú), no traigas (tú), traed (vosotros), no traigáis (vosotros), traiga (Ud.), traigan (Uds.)

valer (*to be worth, cost*)

PRESENT INDICATIVE: valgo, vales, vale, valemos, valéis, valen

FUTURE: valdré, valdrás, valdrá, valdremos, valdréis, valdrán

venir (*to come; to go*)

PRESENT INDICATIVE: vengo, vienes, viene, venimos, venís, vienen

PRETERIT: vine, viniste, vino, vinimos, vinisteis, vinieron

FUTURE: vendré, vendrás, vendrá, vendremos, vendréis, vendrán

IMPERATIVE: ven (tú), no vengas (tú), venid (vosotros), no vengáis (vosotros), venga (Ud.), vengan (Uds.)

ver (*to see, watch*)

PRESENT INDICATIVE: veo, ves, ve, vemos, veis, ven

IMPERFECT INDICATIVE: veía, veías, veía, veíamos, veíais, veían

PRESENT SUBJUNTIVE: vea, veas, vea, veamos, veáis, vean

PAST PARTICIPLE: visto

Stem-changing Verbs

1. One change: e → ie / o → ue

pensar (*to think, plan*)

PRESENT INDICATIVE: pienso, piensas, piensa, pensamos, pensáis, piensan

PRESENT SUBJUNCTIVE: piense, pienses, piense, pensemos, penséis, piensen

volver (*to return*)

PRESENT INDICATIVE: vuelvo, vuelves, vuelve, volvemos, volvéis, vuelven

PRESENT SUBJUNCTIVE: vuelva, vuelvas, vuelva, volvamos, volváis, vuelvan

IMPERATIVE: vuelve (tú), no vuelvas (tú), volved (vosotros), no volváis (vosotros), vuelva (Ud.), vuelvan (Uds.)

The following verbs show similar patterns:

acordarse (ue) *to remember*	jugar (ue) *to play*
acostarse (ue) *to go to bed*	llover (ue) *to rain*
cerrar (ie) *to close*	mostrar (ue) *to show*
comenzar (ie) *to start, begin*	negar (ie) *to deny*
contar (ue) *to count, tell*	nevar (ie) *to snow*
costar (ue) *to cost*	perder (ie) *to miss, lose*
despertarse (ie) *to wake up*	querer (ie) *to wish, love*
doler (ue) *to hurt*	recordar (ue) *to remember, remind*
empezar (ie) *to start, begin*	sentar (ie) *to sit down*
encontrar (ue) *to find*	tener (ie) *to have*
entender (ie) *to understand*	volar (ue) *to fly*

2. Double change: e → ie, i / o → ue, u

preferir (*to prefer*)

PRESENT INDICATIVE: prefiero, prefieres, prefiere, preferimos, preferís, prefieren

PRETERIT: preferí, preferiste, prefirió, preferimos, preferisteis, prefirieron

PRESENT SUBJUNCTIVE: prefiera, prefieras, prefiera, prefiramos, prefiráis, prefieran

IMPERFECT SUBJUNCTIVE: prefiriera (prefiriese), prefirieras, prefiriera, prefiriéramos, prefirierais, prefirieran

PRESENT PARTICIPLE: prefiriendo

dormir (*to sleep*)

PRESENT INDICATIVE: duermo, duermes, duerme, dormimos, dormís, duermen

PRETERIT: dormí, dormiste, durmió, dormimos, dormisteis, durmieron

PRESENT SUBJUNCTIVE: duerma, duermas, duerma, durmamos, durmáis, duerman

IMPERFECT SUBJUNCTIVE: durmiera (durmiese), durmieras, durmiera, durmiéramos, durmierais, durmieran

IMPERATIVE: duerme (tú), no duermas (tú), dormid (vosotros), no durmáis (vosotros), duerma (Ud.), duerman (Uds.)

PRESENT PARTICIPLE: durmiendo

The following verbs show similar patterns:

advertir (ie, i) *to advise, warn*	mentir (ie, i) *to lie*
convertir (ie, i) *to convert*	morir (ue, u) *to die*
divertirse (ie, i) *to enjoy oneself*	sentir (ie, i) *to feel, sense*
invertir (ie, i) *to invest; to reverse*	

3. Change from e → i

pedir (*to ask for*)

PRESENT INDICATIVE: pido, pides, pide, pedimos, pedís, piden
PRETERIT: pedí, pediste, pidió, pedimos, pedisteis, pidieron
PRESENT SUBJUNCTIVE: pida, pidas, pida, pidamos, pidáis, pidan
IMPERFECT SUBJUNCTIVE: pidiera (pidiese), pidieras, pidiera, pidiéramos, pidierais, pidieran
IMPERATIVE: pide (tú), no pidas (tú), pidáis (vosotros), no pidáis (vosotros), pida (Ud.), pidan (Uds.)
PRESENT PARTICIPLE: pidiendo

The following verbs show a similar pattern:

competir (i) *to compete*	perseguir (i) *to pursue, follow*
conseguir (i) *to obtain*	proseguir (i) *to follow, continue*
corregir (i) *to correct*	reír (i) *to laugh*
despedir (i) *to say good-bye, fire*	repetir (i) *to repeat*
elegir (i) *to elect, choose*	seguir (i) *to follow*
freír (i) *to fry*	servir (i) *to serve*
impedir (i) *to prevent*	sonreír (i) *to smile*
medir (i) *to measure*	vestirse (i) *to get dressed*

VERBS WITH SPELLING CHANGES

1. Verbs ending in *-zar* change *z* to *c* before *e*

empezar (*to begin*)

PRETERIT: empecé, empezaste, empezó, empezamos, empezasteis, empezaron
PRESENT SUBJUNCTIVE: empiece, empieces, empiece, empecemos, empecéis, empiecen
IMPERATIVE: empieza (tú), no empieces (tú), empezad (vosotros), no empecéis (vosotros),
    empiece (Ud.), empiecen (Uds.)

The following verbs show a similar pattern:

alunizar to *land on the moon*	comenzar *to start, begin*
atemorizar *to scare*	especializar *to specialize*
aterrizar *to land*	memorizar *to memorize*
cazar *to hunt*	organizar *to organize*
caracterizar *to characterize*	rezar *to pray*

2. Verbs ending in *–cer* change *c* to *z* before *o* and *a*

vencer (*to defeat, conquer*)

PRESENT INDICATIVE: venzo, vences, vence, vencemos, vencéis, vencen
PRESENT SUBJUNCTIVE: venza, venzas, venza, venzamos, venzáis, venzan
IMPERATIVE: vence (tú), no venzas (tú), venced (vosotros), no venzáis (vosotros), venza (Ud.),
    venzan (Uds.)

convencer (*to convince*) shows the same pattern as **vencer**

3. Verbs ending in *-car* change *c* to *qu* before *e*

buscar (*to look for*)

PRETERIT: busqué, buscaste, buscó, buscamos, buscasteis, buscaron
PRESENT SUBJUNCTIVE: busque, busques, busque, busquemos, busquéis, busquen
IMPERATIVE: busca (tú), no busques (tú), buscad (vosotros), no busquéis (vosotros),
　　busque (Ud.), busquen (Uds.)

The following verbs show a similar pattern:
　　explicar *to explain*
　　practicar *to practice*
　　sacar *to take out*
　　tocar *to touch, play*

4. Verbs ending in *-gar* change *g* to *gu* before *e*

llegar (*to arrive*)

PRETERIT: llegué, llegaste, llegó, llegamos, llegasteis, llegaron
PRESENT SUBJUNCTIVE: llegue, llegues, llegue, lleguemos, lleguéis, lleguen
IMPERATIVE: llega (tú), no llegues (tú), llegad (vosotros), no lleguéis (vosotros), llegue (Ud.),
　　lleguen (Uds.)

pagar (*to pay*) follows the pattern of **llegar**

5. Verbs ending in *-guir* change *gu* to *g* before *o, a*

seguir (*to follow*)

PRESENT INDICATIVE: sigo, sigues, sigue, seguimos, seguís, siguen
PRESENT SUBJUNCTIVE: siga, sigas, siga, sigamos, sigáis, sigan
IMPERATIVE: sigue (tú), no seguid (tú), sigáis (vosotros), no sigáis (vosotros), siga (Ud.),
　　sigan (Uds.)

conseguir (*to obtain*) and **distinguir (*to distinguish*)** follow the pattern of **seguir**

6. Verbs ending in *-ger, -gir*, change *g* to *j* before *o, a*

coger (*to take, seize*)

PRESENT INDICATIVE: cojo, coges, coge, cogemos, cogéis, cogen
PRESENT SUBJUNCTIVE: coja, cojas, coja, cojamos, cojáis, cojan
IMPERATIVE: coge (tú), no cogas (tú), coged (vosotros), no cojáis (vosotros), coja (Ud.),
　　cojan (Uds.)

The following verbs show a similar pattern:
　　corregir *to correct*　　　　　　encoger *to shrink*
　　dirigir *to direct*　　　　　　　escoger *to choose*
　　dirigirse *to go to*　　　　　　recoger *to pick up*
　　elegir *to elect*　　　　　　　regir *to rule, command*

7. Verbs ending in *-aer, -eer, -uir*, change *i* to *y* when *i* is unstressed and is between two vowels

leer (*to read*)

PRETERIT: leí, leíste, leyó, leímos, leísteis, leyeron
IMPERFECT SUBJUNCTIVE: leyera (leyese), leyeras, leyera, leyéramos, leyerais, leyeran
PRESENT PARTICIPLE: leyendo

The following verbs show a similar pattern:

    caer *to fall*
    construir *to build*
    creer *to believe*
    destruir *to destroy*
    excluir *to exclude*
    huir *to flee*
    incluir *to include*
    influir *to influence*
    recluir *to send to jail*

Revision Guide

The act of writing is a circular process that requires repeated revisions of what we write. This is the reason why several drafts of the same composition usually precede the final version, the one that is finally turned in. As you compose the different drafts, revise what you write periodically using the checklist below.

Content and organization

1. Do you have an introduction that transitions smoothly to the purpose of your paper?
2. Is the purpose or thesis of your paper stated?
3. Does the content of the paper support the purpose or thesis?
4. Do your ideas appear in a logical sequence?
5. Are your ideas supported by clear examples and illustrations?
6. Are there appropriate transitions between sentences?
7. Are there appropriate transitions between paragraphs?
8. Do you have a conclusion?
9. Did you make sure that there are no made-up words?
10. Did you double-check the meaning of words in a good dictionary (at least 300,000 entries)?
11. Did you double-check the use of problematic pairs such as **ser/estar, estar/haber, ser/tener, saber/conocer, ir/venir, por/para**, and the like?

Tone and style

1. Is the vocabulary appropriate to the occasion and to the reader?
2. Did you avoid repetitious vocabulary?
3. Did you use a variety of sentence structures?

Grammar

Double-check the following:

1. article-noun, noun-adjective, subject-verb agreement
2. use of tenses and moods (indicative or subjunctive)
3. use of personal **a**
4. use of appropriate pronoun form
5. use of appropriate pronoun placement

Mechanics

Double-check the following:

1. accents
2. spelling (careful with **ñ** and **ü** and spelling-changing verbs)
3. capitalization
4. punctuation

The boldface number following each entry corresponds to the *unidad* in which the word appears, the roman number corresponds to the *tema*. MA stands for *Más allá* and O stands for *unit opener*.

A

a causa de because of, due to **4.**10

a diferencia de contrast to **2.**MA

a menudo often **1.**2

a través de through **5.**MA

aburrirse to get bored **2.**6

acera *f* sidewalk **1.**1

acercamiento *m* rapprochement **5.**MA

acertijo *m* riddle **4.**10

actitud f attitude **4.**11

actual current **5.**MA

actual current, present **3.**9

acudir a to flock to **4.**11

acudir en masa to arrive en masse **4.**11

adivinar to guess; to predict the future **4.**11

adivino/a fortune teller **4.**11

afición *f* hobby **2.**4

agarrar to hold **4.**10

aglomeración *f* crowding **4.**MA

agradecer to thank **2.**6

agrado *m* pleasure **5.**14

agricultor/a farmer **5.**13

ajetreo *m* fuss; coming and going **1.**MA

al fin y al cabo in the end **2.**MA

al igual que similarly to **2.**4

al menos at least **3.**8

alternar to socialize **4.**10

ama de casa *f* housewife **2.**4

amistad *f* friendship **2.**5

anglohablante *m, f* English speaking, English speaker **1.**3

anuncio *m* ad **2.**MA

apenas hardly **3.**8

apoderarse to get hold of **2.**MA

aportar to contribute **5.**MA

artesano/a craftsman/craftswoman **5.**13

artes marciales *f* martial arts **1.**1

asar to roast **4.**12

ascensor / elevador *m* elevator **1.**1

asistir to attend **2.**MA

áspero/a rough **5.**14

atender(ie) to pay attention **2.**5

aumento *m* increase **2.**4

aún even **3.**8

ausente absent **1.**2

aventurero/a adventurous **1.**1

B

bailable (music) dance music **1.**3

balada *f* ballad **1.**3

balcón *m* balcony **1.**1

bandera *f* flag **4.**10

banqueta *f* sidewalk (Mex.) **1.**1

barrio *m* district, suburb, neighborhood **1.**3

beneficiarse to benefit (oneself) **5.**15

besar to kiss **4.**10

beso *m* kiss **4.**10

broma *f* joke, trick **4.**10

bruja *f* witch **4.**11

brújula *f* compass **5.**14

C

calificar to describe; to rate **2.**5

campesino/a peasant **4.**12

canonizar to canonize **4.**12

carabela *f* caravel (small sailing ship) **5.**14

caramelo *m* candy **4.**11

carecer (zc) to lack **3.**8

carnet de identidad *f* ID card **2.**6

católico/a Catholic **4.**11

casarse to get married **2.**6

celebración *f* celebration **5.**15

cementerio *m* cemetery **4.**11

cercano/a close **5.**15

chiste *m* joke **4.11**

ciberespacio *m* cyberspace **1.1**

cima *f* top **2.MA**

ciudad *f* city **1.1**

ciudadano/a citizen **3.MA**

cobrar to charge **2.MA**

colocar to place **1.1**

comerciante *m, f* retailer **1.2**

compaginar to fit; to match **1.1**

compartir to share **2.5**

comportamiento *m* behavior, conduct **5.13**

comprender to comprise **5.14**

condesa *f* countess **2.MA**

confesarse to confess **1.MA**

conmemoración *f* commemoration **5.15**

conocido/a acquaintance **2.5**

conservar to keep, maintain **3.7**

construir to build **5.15**

contar to tell **1.3**

contribuir (y) to contribute **2.5**

controversia *f* controversy **5.15**

contundente forceful **5.MA**

convertirse (ie,i) to become **1.2**

cordillera *f* mountain range **5.15**

corral *m* stable **4.MA**

corrida de toros *f* bullfight **4.MA**

cortar el rollo to cut it out; to stop talking **1.1**

costero/a coastal **1.2**

cotizado/a valued **1.3**

crear to create **3.7**

crecer(cz) to grow up **2.MA**

creyente *m, f* believer **4.9**

cuerpos celestes *m* celestial bodies **5.14**

cuestionar to question **3.8**

cuidado *m* care **2.4**

cultivar to cultivate; to foster **2.5**

D

dado que because of, due to **4.10**

daño *m* harm **5.15**

dar igual not to matter **3.9**

dar lugar a to give rise to **5.MA**

dar un paseo to take a walk **2.6**

de mal gusto in bad taste **4.11**

dependiente/a *m, f* shop assistant **2.MA**

derecho a *m* right to **5.15**

desarrollo *m* development **1.2**

descartar to dismiss **1.MA**

descubrir to discover **5.13**

desfile *m* parade **4.10**

desleal disloyal **2.5**

después de todo after all **2.MA**

destreza *f* dexterity, ability **3.MA**

destruir to destroy **5.15**

desventaja *f* disadvantage **3.7**

detener to stop **5.MA**

deteriorar to deteriorate **2.MA**

detestar, odiar to hate **4.10**

día festivo *m* holiday **4.12**

diario *m* newspaper **5.MA**

dibujante *m, f* sketcher, cartoonist **1.3**

dicción *f* pronunciation **1.3**

dictadura *f* dictatorship **3.7**

dificultar to make difficult; to pose an obstacle **2.5**

dinámica *f* dynamics **2.5**

dirigirse a to head for **5.14**

discreto/a discreet **1.MA**

disfraz *m* costume **4.11**

disfrazarse de to dress up as **4.11**

disminuir (y) to decrease **2.4**

disolver (ue) to dissolve **2.5**

distanciarse to distance oneself **2.MA**

distraerse to get sidetracked **4.10**

divorciarse to get a divorce **2.MA**

dominicano/a Sunday ritual **1.2**

dramaturgo/a playwright **1.3**

duradero/a lasting **2.5**

E

echar de menos to miss **2.6**

echar una mano to give a hand, to help **3.9**

edad *f* age **1.1**

edificio *m* building **1.2**

el más allá afterlife **4.11**

elevador / ascensor *m* elevator **1.1**

embarazada *f* pregnant **4.12**

embarcación *f* ship **5.14**

empleado/a employee **3.MA**

en contra de su voluntad against his/her will **2.**MA

en gran medida to a great extent **2.**4

en voz baja softly **4.**11

encajar to fit **1.**3

encantar to love **4.**11

encender (ie) to turn on **5.**13

encontrar (ue) to find **2.**6

encuesta *f* survey, opinion poll **5.**MA

enfadarse to get angry **4.**10

enlazar to link **3.**9

entorno *m* environment, setting **2.**5

entretenimiento entertainment **1.**2

enviar to send **3.**9

errar to make a mistake **5.**13

erróneo/a mistaken **3.**7

escenario *m* stage **2.**MA

esclavitud *f* slavery **5.**15

esclavo/a slave **5.**15

esconder to hide **3.**9

esconderse to hide (oneself) **5.**13

establecerse(zc) to settle in **1.**3

estacionamiento *m* parking **1.**1

estadounidense United States citizen **3.**7

estar de acuerdo to agree **2.**4

estar en desacuerdo to disagree **4.**11

estéril useless, fruitless **5.**MA

estimar to estimate **3.**8

estrecho/a close, intimate **2.**5

estupendo/a great, fantastic **2.**MA

evitar to avoid **4.**11

exigencia *f* demand **2.**5

éxito *m* success **1.**MA

expectativa *f* expectation **2.**5

extraño/a strange **1.**MA

F

falacia *f* fallacy **3.**8

fecundo/a productive, fruitful **5.**MA

festejar to celebrate **5.**MA

fiesta patronal *f* celebration in honor of a patron saint or the Virgin Mary **1.**2

financiar to finance **2.**MA

flirtear to flirt **2.**5

fracaso *m* failure **2.**MA

fuegos artificiales *m* fireworks **4.**10

G

genocidio *m* genocide **5.**15

gira *f* tour **2.**MA

glosario *m* glossary **3.**9

gracioso/a funny **3.**9

guardar to keep **1.**MA

guardería infantil *f* kindergarten **2.**4

guerra *f* war **5.**13

H

habitar to inhabit **5.**13

hecho *m* fact **3.**8

herencia (cultural) *f* heritage **5.**15

I

idiosincrasia *f* idiosyncrasy **4.**12

iglesia *f* church **4.**12

igual que the same as **2.**MA

impactar to impact **4.**MA

imponer (g) to impose **2.**4

impuestos *m* taxes **3.**7

inalterable *m, f* unchangeable **5.**MA

incluir to include **3.**7

índice *m* rate **2.**4

indígena *m, f* native **5.**13

inestabilidad *f* instability **3.**7

informática *f* computer science **3.**9

instalarse to settle in **1.**3

integrante *m, f* integral **4.**10

intimidad privacy **2.**5

J

jabalina *f* javelin, spear **5.**14

jubilado/a retiree, retired **1.**2

judío/a Jewish **4.**12

justicia *f* justice **1.**3

L

lavadora *f* washing machine **1.**1

lavaplatos *m* dishwasher **1.**1

lazo *m* tie **3.**7

lealtad *f* loyalty **2.**5

lector/a reader **3.**9
lengua materna *f* mother tongue **3.**8
levantar pesas to lift weights **2.**6
ley *f* law, regulation **4.**11
libertad *f* freedom **1.**3
lidia *f* bullfight **4.**MA
loro *m* parrot **5.**14
lugar *m* place **2.**5

M

madrugada *f* dawn **2.**6
malabarismo *m* juggling **1.**1
manada *f* herd **4.**MA
manipulador/a manipulative **2.**5
mano de obra *f* labor force **5.**15
manso/a calm **4.**MA
marcharse to leave **1.**1
masificación *f* massification, overcrowding **4.**MA
mástil *m* mast **5.**14
matricularse to register, to sign up **2.**MA
mayoría *f* majority **2.**5
mejilla *f* cheek **4.**10
mejorar to progress; to make progress **5.**15
melodioso salsero melodic interpretation of salsa **1.**MA
mezcla *f* mixture **5.**15
mezquita *f* mosque **4.**12
mientras while **1.**MA
milagro *m* miracle **4.**12
mitad *f* half **3.**8
mito *m* myth **3.**8
movilidad *f* mobility **2.**5
mudarse to move, relocate **1.**3
muebles *m* furniture **1.**1
muerte *f* death **4.**11
muerto/a, difunto/a dead person **4.**11
multiplicar to multiply **3.**MA
mundial worldwide **3.**8
mutuo/a mutual **2.**5

N

nacer(zc) to be born **1.**3
nada por el estilo nothing like that **2.**6
nave *f* vessel (maritime) **5.**14

nivel *m* level **3.**7
norma *f* norm **3.**8

O

objeto celeste *m* celestial body **5.**14
obra *f* art work, literary work **1.**3
obsequiar to give (as a present) **5.**14
obsesionarse to become obsessed **2.**MA
occidental Western **5.**MA
ocio *m* leisure **1.**1
ocurrir to occur **1.**2
oficio *m* job/profesión **1.**3
oler a to smell like **1.**1
olvidar to forget **4.**10
oposición *f* opposition **5.**15
oro *m* gold **5.**14
oscuro/a dark **4.**12

P

pacífico/a peaceful **5.**14
padrastro *m* step-father **2.**4
padrísimo/a cool, great **1.**1
papel *m* role **2.**MA
parecerse a to look like **1.**1
pareja *f* couple **2.**4
pasarlo bien/ mal to have fun/to have a lousy time **2.**6
pasarse por la cabeza to cross one's mind **2.**MA
pasear to go for a walk **1.**2
paseo *m* walk, stroll **2.**6
pavo *m* turkey **4.**12
pedir (i) to ask for **5.**MA
pedir perdón to ask for forgiveness **5.**MA
película *f* movie **1.**3
perderse to get lost **4.**MA
perdido/a lost **1.**1
perecer (zc) to perish **5.**15
peregrinación *f* pilgrimage **4.**O
permitir to make it possible **4.**11
peseta *f* monetary unit of Spain until end 2000 **2.**MA
platicar to talk **1.**1
plaza *f* square **1.**2
población *f* population **2.**5
poco a poco little by little **4.**MA
polémico/a polemic, controversial **3.**9

ponerse de acuerdo to agree **4.**11

ponerse rojo/a to blush **2.**MA

por eso for this reason **4.**10

por esta razón for this reason **4.**10

por lo tanto therefore **2.**5

por su cuenta on his/her/their own **4.**10

por una parte ... por otra on the one hand . . . on the other **3.**MA

pregón *m* announcement **4.**MA

preguntarse to wonder **2.**MA

presentarse uno mismo to introduce oneself **2.**MA

progresar to progress; to make progress **3.**7

proponer (g) to propose **2.**MA

proporcionar to give **1.**3

protesta *f* protest **1.**3

protestante *m, f* Protestant **4.**12

pueblo *m* small town **1.**2

pueblos *m* people **5.**13

puesto que because **4.**10

punto de vista *m* point of view **5.**MA

Q

quedar to be left **5.**15

R

racial racial **3.**7

rasgo *m* feature, trait **3.**7

rechazo *m* rejection **2.**5

reclamar to claim; to demand **1.**MA

reconocer (zc) to acknowledge; to admit **3.**7

reconocimiento *m* fame **1.**3

recriminación *f* reproach **5.**MA

recursos *m* resources **3.**7

reformatorio *m* juvenile detention hall **1.**3

regalo *m* present, gift **4.**12

regresar to return **5.**13

reinado *m* reign **5.**13

reloj de arena *m* hourglass **5.**14

reloj de sol *m* sundial **5.**14

retrasar to delay **2.**4

reunirse to get together **2.**6

rezar to pray **1.**2

riesgo *m* risk, peril **4.**MA

ritualizar to ritualize **4.**11

rodaje *m* shooting (as in film) **2.**MA

S

saber a to taste like **1.**1

salir bien/mal to do well/badly **3.**MA

salsero/a salsa music singer **1.**MA

salud *f* health **1.**1

saludar to greet; to say hi **4.**10

secadora *m* tumble dryer **1.**1

según according to **5.**MA

sembrar (ie) to sow **5.**13

sentimiento *m* feeling **1.**MA

siglo *m* century **5.**15

sin cobrar without getting paid **2.**MA

sin compromiso not engaged, no strings attached **1.**MA

sin embargo however, nevertheless **2.**5

sin previo aviso without warning or notice **2.**5

sin without **2.**4

sino but **5.**14

sitio *m* place **2.**6

situado/a placed, located **1.**3

solicitar to apply **4.**MA

soltero/a single, unmarried **1.**MA

someter to subject **5.**MA

son *m* Cuban dance music **1.**MA

sonar a *m* to sound like **1.**1

sorprender to surprise **4.**10

sospecha *f* suspicion **3.**9

súbdito *m* subject **5.**13

suelo *m* floor **1.**1

suelo de cerámica *m* tile floor **1.**1

suelo de madera *m* wood floor **1.**1

suerte *f* luck **4.**10

sujeción *f* subjection, control **5.**MA

supervivencia *f* survival **2.**5

surgir to arise **4.**MA

T

tabú *m* taboo **4.**11

taíno/a taino (native inhabitants of the Greater Antilles and the Bahamas who died out during the 16th century) **1.**1

talante *m* character, personality **5.**MA

tamal oaxeño *m* tamales cooked in the style of the Oaxaca region **4**.12

tapas *f* snacks **4**.10

tareas domésticas *f* household chores **2**.4

taurino/a bullfighting (related to) **4**.MA

tejer to weave **5**.13

tema *m* theme, topic **3**.9

temprano/a early **2**.6

tener hijos to have children **2**.4

terapéutico/a therapeutic **4**.11

tiro con arco *m* archery **1**.1

trabajar por horas to work part time **2**.4

traductor/a translator **3**.9

tramo *m* section **4**.MA

transporte público *m* public transportation **1**.1

trasladarse to move **4**.MA

trayecto *m* distance **4**.MA

tributar to recognize, pay tribute to **4**.MA

tumba *f* grave, tomb **4**.12

U

unir to join **5**.13

V

vacío *m* void **1**.MA

vallado/a fenced in **4**.MA

valorar to value **1**.MA

valores *m* values **3**.7

variedad *f* variety **3**.7

vela *f* sail **5**.14

vendedor/a ambulante street vendor **1**.2

ventaja *f* advantage **3**.7

veracidad *f* truthfulness, veracity **3**.8

vestido/a dressed **2**.6

vida *f* life **2**.5

viruela *f* smallpox **5**.15

visitante *m, f* guest **2**.5

viuda *f* widow **2**.4

viudo *m* widower **2**.4

The boldface number following each entry corresponds to the *unidad* in which the word appears, the roman number corresponds to the *tema*. MA stands for *Más allá* and O stands for *unit opener*.

A

absent ausente **1.2**

according to según **5.**MA

acknowledge, admit reconocer (zc) **3.7**

acquaintance conocido/a **2.5**

ad anuncio *m* **2.**MA

adventurous aventurero/a **1.1**

after all después de todo **2.**MA

afterlife el más allá **4.11**

against his/her will en contra de su voluntad **2.**MA

age edad *f* **1.1**

agree estar de acuerdo **2.4**; ponerse de acuerdo **4.11**

American estadounidense **3.7**

announcement pregón *m* **4.**MA

apply solicitar **4.**MA

archery tiro con arco *m* **1.1**

arise surgir **4.**MA

arrive en masse acudir en masa **4.11**

art work obra *f* **1.3**

ask for forgiveness pedir (i)/ perdón **5.**MA

at least al menos **3.8**

attend asistir **2.**MA

attitude actitud *f* **4.11**

avoid evitar **4.11**

B

ballad balada *f* **1.1**

balcony balcón *m* **1.3**

be born nacer (zc) **1.3**

be left quedar **5.15**

because puesto que **4.10**

because of, due to a causa de **4.10**; dado que **4.10**

become convertirse (ie, i), volverse (ue) **1.2**

become obsessed obsesionarse **2.**MA

behavior, conduct comportamiento *m* **5.13**

believer creyente *m, f* **4.9**

benefit (oneself) beneficiarse **5.15**

blush ponerse rojo/a **2.**MA

build construir **5.15**

building edificio *m* **1.2**

bullfight corrida de toros *f*, lidia *f* **4.**MA

bullfighting (related to) taurino/a **4.**MA

but sino **5.14**

C

calm manso/a **4.**MA

candy caramelos *m* **4.11**

canonize canonizar **4.12**

caravel (small sailing ship) carabela *f* **5.14**

care cuidado *m* **2.4**

cartoonist dibujante *m, f* **1.3**

Catholic católico/a **4.11**

celebrate festejar **5.**MA

celebration celebración *f* **5.15**

celebrations in honor of a patron saint or the Virgin Mary fiesta patronal *f* **1.2**

celestial body cuerpo celeste *m* **5.14**

cemetery cementerio *m* **4.11**

century siglo *m* **5.15**

character, personality talante *m* **5.**MA

charge cobrar **2.**MA

cheek mejilla *f* **4.10**

church iglesia *f* **4.12**

city ciudad *f* **1.1**

citizen ciudadano/a **3.**MA

claim reclamar **1.**MA

close cercano/a **5.15**

close (intimate) estrecho/a **2.5**

coastal costero/a **1.2**

commemoration conmemoración *f* **5.15**

compass brújula *f* **5.14**

comprise comprender **5.14**

computer science informática f **3.9**

confess confesarse (ie) **1.**MA

contribute contribuir (y) **2.5**; aportar **5.**MA

controversy controversia *f* **5.15**

cool, great padrísimo/a **1.1**

costume disfraz *m* **4.**10
countess condesa *f* **2.**MA
couple pareja *f* **2.**4
craftsman/craftswoman artesano/a **5.**13
create crear **3.**7
cross one's mind pasarse por la cabeza **2.**MA
crowding aglomeración *f* **4.**MA
Cuban dance music son *m* **1.**MA
cultivate, foster cultivar **2.**5
current actual **3.**9
cut it out, stop talking cortar el rollo **1.**1
cyberspace ciberespacio *m* **1.**1

D

dance music bailable (música) **1.**3
dark oscuro, a **4.**12
dawn madrugada *f* **2.**6
dead person muerto/a , difunto/a **4.**11
death muerte *f* **4.**11
decrease disminuir (y) **2.**4
delay retrasar **2.**4
demand exigencia *f* **2.**5
describe, rate calificar **2.**5
destroy destruir **5.**15
deteriorate deteriorar **2.**MA
development desarrollo *m* **1.**2
dexterity, ability destreza *f* **3.**MA
dictatorship dictadura *f* **1.**2
disadvantage desventaja *f* **3.**7
disagree estar en desacuerdo **4.**11
discover descubrir **5.**13
discreet discreto/a **1.**MA
dishwasher lavaplatos *m* **1.**1
disloyal desleal **2.**5
dismiss descartar **1.**MA
disolve disolver (ue) **2.**5
distance (oneself) distanciarse **2.**MA
distance trayecto *m* **4.**MA
district barrio *m* **1.**3
do well/badly salir bien/mal **3.**MA
dressed vestido/a **2.**6
dress up as disfrazarse de **4.**10
dynamics dinámica *f* **2.**5

E

early temprano/a **2.**6
early in the morning madrugada *f* **4.**12
elevator ascensor / elevador *m* **1.**1
employee empleado/a **3.**MA
English speaking, English speaker anglohablante *m, f* **1.**3
entertainment entretenimiento **1.**2
environment, setting entorno *m* **2.**5
estimate estimar **3.**8
even aún **3.**8
expectation expectativa *f* **2.**5

F

fact hecho *m* **3.**8
failure fracaso *m* **2.**MA
fallacy falacia *f* **3.**8
fame reconocimiento *m* **1.**3
farmer agricultor/a **5.**13
feature rasgo *m* **3.**7
feeling sentimiento *m* **1.**MA
fenced in vallado/a **4.**MA
finance financiar **2.**MA
find encontrar (ue) **2.**6
fireworks fuegos artificiales *m* **4.**10
fit encajar **1.**3
fit, match compaginar **1.**1
flag bandera *f* **4.**10
flirt flirtear **2.**5
flock to acudir a **4.**11
floor suelo *m* **1.**1
for this reason por eso, por esta razón **4.**10
forceful contundente **5.**MA
forget olvidar **4.**10
fortune teller adivino/a **4.**11
freedom libertad *f* **1.**3
friendship amistad *f* **2.**5
funny gracioso/a **3.**9
furniture muebles *m* **1.**1
fuss; coming and going ajetreo *m* **1.**MA

G

genocide genocidio *m* **5.**15
get a divorce divorciarse **2.**MA

get angry enfadarse **4.**10

get bored aburrirse **2.**6

get hold of apoderarse **2.**MA

get lost perderse **4.**MA

get married casarse **2.**6

get sidetracked distraerse **4.**10

get together reunirse **2.**6

give (as a present) obsequiar **5.**14

give a hand, help echar una mano **3.**9

give rise to dar lugar a **5.**MA

give proporcionar **1.**3

glossary glosario *m* **3.**9

go for a walk pasear **1.**2

gold oro *m* **5.**14

grave, tomb tumba *f* **4.**12

great, fantastic estupendo/a **2.**MA

greet, say hi saludar **4.**10

grow up crecer (cz) **2.**MA

guess, predict adivinar **4.**11

guest visitante *m, f* **2.**5

H

half mitad *f* **3.**8

hardly apenas **3.**8

harm daño *m* **5.**15

hate detestar, odiar **4.**10

have children tener hijos **2.**4

have fun/to have a lousy time pasarlo bien/ mal **2.**6

head for dirigirse a **5.**14

health salud *f* **1.**1

herd manada *f* **4.**MA

heritage herencia (cultural) *f* **5.**15

hide esconder **3.**9; esconderse **5.**13

hobby afición *f* **2.**4

hold agarrar **4.**10

holiday día festivo *m* **4.**12

hourglass reloj de arena *m* **5.**14

household chores tareas domésticas *f* **2.**4

housewife ama de casa *f* **2.**4

however, nevertheless sin embargo **1.**MA

I

ID card carnet de identidad *f* **2.**6

idiosyncrasy idiosincrasia *f* **4.**12

impact impactar **4.**MA

impose imponer (g) **2.**4

in bad taste de mal gusto **4.**11

in contrast to a diferencia de **2.**MA

in the end al fin y al cabo **2.**MA

include incluir (y) **3.**7

increase aumento *m* **2.**4

inhabit habitar **5.**13

instability inestabilidad *f* **3.**7

integral integrante m,f **4.**10

introduce oneself presentarse uno mismo **2.**MA

J

javelin jabalina *f* **5.**14

Jewish judío/a **4.**12

job/profession oficio *m* **1.**3

join unir **5.**13

joke chiste *m* **4.**11

joke, trick broma *f* **4.**10

juggling malabarismo *m* **1.**1

justice justicia *f* **1.**3

juvenile detention hall reformatorio *m* **1.**3

K

keep guardar **1.**MA

keep, maintain conserver **3.**7

kindergarten guardería infantil *f* **2.**4

kiss besar **4.**10

kiss beso *m* **4.**10

L

labor force mano de obra *f* **5.**15

lack carecer (zc) **3.**8

lasting duradero/a **2.**5

law, regulation ley *f* **4.**11

leave marcharse **1.**1

leisure ocio *m* **1.**1

level nivel *m* **3.**7

life vida *f* **2.**5

lift weights levantar pesas **2.**6

link enlazar **3.**9

little by little poco a poco **4.**MA

literary work obra *f* **1.**3

located situado/a **1.**3

look like parecerse a **1.**1
lost perdido/a **1.**1
love encantar **4.**11
loyalty lealtad *f* **2.**5
luck suerte *f* **4.**10

M

majority mayoría *f* **2.**4
make a mistake errar **5.**13
make difficult, pose an obstacle dificultar **2.**5
make it possible permitir **4.**11
manipulative manipulador/a **2.**5
martial arts artes marciales *f* **1.**1
massification, overcrowding masificación *f* **4.**MA
mast mástil *m* **5.**14
melodic interpretation of salsa melodioso salsero **1.**MA
miracle milagro *m* **4.**12
miss echar de menos **2.**6
mistaken erróneo/a **3.**7
mixture mezcla *f* **5.**15
mobility movilidad *f* **2.**5
mosque mezquita *f* **4.**12
mother tongue lengua materna *f* **3.**8
mountain range cordillera *f* **5.**15
move mudarse **1.**MA; trasladarse **4.**MA
movie película *f* **1.**3
multiply multiplicar **3.**MA
mutual mutuo/a **2.**5
myth mito *m* **3.**8

N

native indígena *m, f* **5.**13
neighborhood barrio *m* **1.**3
newspaper diario *m* **5.**MA
norm norma *f* **3.**8
not engaged, no strings attached sin compromiso **1.**MA
nothing like that nada por el estilo **2.**6
not to matter dar igual **3.**9

O

occur ocurrir **1.**2
often a menudo **1.**2

on his/her/their own por su cuenta **4.**10
on the one hand . . . on the other por una parte ... por otra **3.**MA
opposition oposición *f* **5.**15

P

parade desfile *m* **4.**10
parking estacionamiento *m* **1.**1
parrot loro *m* **5.**14
pay attention atender (ie) **2.**5
pay tribute to tributar **4.**MA
peaceful pacífico/a **5.**14
peasant campesino/a **4.**12
people pueblos *m* **5.**13
peril riesgo *m* **4.**MA
perish perecer (zc) **5.**15
peseta (monetary unit of Spain until end 2000) peseta *f* **2.**MA
pilgrimage peregrinación *f* **4.**O
place lugar *m* **2.**5; sitio *m* **2.**6
place colocar **1.**1
placed situado/a **1.**3
playwright dramaturgo/a **1.**3
pleasure agrado *m* **5.**14
point of view punto de vista *m* **5.**MA
polemic, controversial polémico/a **3.**9
population población *f* **2.**5
pray rezar **1.**2
pregnant embarazada *f* **4.**12
present, gift regalo *m* **4.**12
privacy intimidad **2.**5
productive, fruitful fecundo/a **5.**MA
progress, make progress progresar **3.**7; mejorar **5.**15
pronunciation dicción *f* **1.**3
propose proponer (g) **2.**MA
protest protesta *f* **1.**3
Protestant protestante *m, f* **4.**12
public transportation transporte público *m* **1.**1

Q

question cuestionar **3.**8

R

racial racial **3.**7

rapprochement acercamiento *m* **5.**MA
rate índice *m* **2.**4
reader lector/a **3.**9
recognize (pay tribute to) tributar **4.**MA
register, **sign up** matricularse **2.**MA
reign reinado *m* **5.**13
rejection rechazo *m* **2.**5
reproach recriminación *f* **5.**MA
resources recursos *m* **3.**7
retailer comerciante *m, f* **1.**2
retiree, **retired** jubilado/a **2.**4
return regresar **5.**13
riddle acertijo *m* **4.**10
right to derecho a *m* **5.**15
risk riesgo *m* **4.**MA
ritualize ritualizar **4.**11
roast asar **4.**12
role papel *m* **2.**MA
rough áspero/a **5.**14

S

sail vela *f* **5.**14
salsa music singer salsero/a **1.**MA
section tramo *m* **4.**MA
send enviar **3.**9
settle in establecerse (zc) **1.**3; instalarse **1.**3
share compartir **2.**5
ship embarcación *f* **5.**14
shooting (a film) rodaje *m* **2.**MA
shop assistant dependiente/a *m, f* **2.**MA
sidewalk banqueta (Mex.) f; acera *f* **1.**1
similarly to al igual que **2.**4
single, **unmarried** soltero/a **1.**MA
sketcher dibujante *m, f* **1.**3
slave esclavo/a **5.**15
slavery esclavitud *f* **5.**15
small town pueblo *m* **1.**2
smallpox viruela *f* **5.**15
smell like oler a **1.**1
snacks tapas *f* **4.**10
socialize alternar **4.**10
softly (speak) en voz baja **4.**11
sound like sonar a *m* **1.**1
sow sembrar (ie) **5.**13

spear jabalina *f* **5.**14
square plaza *f* **1.**2
stable corral *m* **4.**MA
stage escenario *m* **2.**MA
step-father padrastro *m* **2.**4
stop detener **5.**MA
strange extraño/a **1.**MA
street vendor vendedor/a ambulante **1.**2
subject someter **5.**MA
subject súbdito *m* **5.**13
subjection, **control** sujeción *f* **5.**MA
suburb barrio *m* **1.**3
success éxito *m* **1.**MA
Sunday ritual dominicano/a **1.**2
sundial reloj de sol *m* **5.**14
surprise sorprender **4.**10
survey, **opinion poll** encuesta *f* **5.**MA
survival supervivencia *f* **2.**5
suspicion sospecha *f* **3.**9

T

taboo tabú *m* **4.**11
Taino taíno/a **1.**1
take a walk dar un paseo **2.**6
talk platicar **1.**1
tamales (cooked in the style of the Oaxaca region) tamal oaxeño *m* **4.**12
taste like saber a **1.**1
taxes impuestos *m* **3.**7
tell contar (ue) **1.**3
thank agradecer (zc) **2.**6
the same as igual que **2.**MA
theme, **topic** tema *m* **3.**9
therapeutic terapéutico/a **4.**11
therefore por lo tanto **2.**5
through a través de **5.**MA
tie lazo *m* **3.**7
tile floor suelo de cerámica *m* **1.**1
to a great extent en gran medida **2.**4
top cima *f* **2.**MA
tour gira *f* **2.**MA
translator traductor/a **3.**9
truthfulness, **veracity** veracidad *f* **3.**8
tumble dryer secadora *m* **1.**1

turkey pavo *m* **4**.12
turn on encender (ie) **5**.13

U

unchangeable inalterable *m, f* **5**.MA
useless, **fruitless** estéril **5**.MA

V

value valorar **1**.MA
valued cotizado/a **1**.3
values valores *m* **3**.7
variety variedad *f* **3**.7
vessel (maritime) nave *f* **5**.14
void vacío *m* **1**.MA

W

walk, **stroll** paseo *m* **2**.6
war conflagración **4**.1; guerra *f* **5**.13
washing machine lavadora *f* **1**.1
weave tejer **5**.13
Western occidental **5**.MA
while mientras **1**.MA
widow viuda *f* **2**.4
widower viudo *m* **2**.4
witch bruja *f* **4**.11
without getting paid sin cobrar **2**.MA
without warning or notice sin previo aviso **2**.5
without sin **2**.4
wonder preguntarse **2**.MA
wood floor suelo de madera *m* **1**.1
work part time trabajar por horas **2**.4
worldwide mundial **3**.8

"7 de julio, San Fermín" adapted from "Fiestas de San Fermín," *www.pamplona.net/esp/turismo/sfermin.html* (City of Pamplona, Spain, Municipal Government web pages). Reprinted with permission.

"Beneficios de aprender un idioma extranjero" adapted from Modern Language Association, "Knowing Other Languages Brings Opportunities." Reprinted with the permission of The Modern Language Association of America.

"En Estados Unidos el español es una herencia sagrada y compartida" adapted from Rafael Castro, "In U.S., Spanish is a Sacred and Shared Heritage," *www.latinolink.com/his1082s.html.* Copyright © 1995 by Hispanic Link News Service.

"Fiestas patronales" adapted in part from Padre Jordi Rivero, "Santos," *www.corazones.org/diccionario/santos.htm.* Copyright © 1996–2000 by SCTJM. Reprinted with the permission of Corazones.org.

"Fiestas patronales" adapted in part from "15 de mayo, San Isidro, Labrador, año 1130," *www.churchforum.org.mx/santoral/Mayo/1505.htm.* Copyright © Church Forum. All rights reserved.

Arturo Fox, excerpt adapted from *Latinoamérica: presente y pasado.* Copyright © 1998. Reprinted with the permission of Pearson Education, Inc., Upper Saddle River, NJ.

"Mitos sobre el bilingüismo" adapted in part from "Myths About Bilingualism," *www.nethelp.no/cindy/myth.html.* Reprinted with permission.

"Mitos sobre el bilingüismo" adapted in part from Steven Ryan, "Seven Myths About Bilingualism," *www.tell.gol.com/connections/archive/1995/jun* (May 16, 2001). Reprinted with permission.

Don Terry, excerpt adapted from "Latino Community Remains Divided Over Future of Bilingual Education," *www.latinolink.com* (June 5, 1998). Copyright © 1998 by Hispanic Link News Service.

"Ciberidioteces" adapted from a letter written by Xosé Castro Roig, *www.el-castellano.com/spam.html.* Reprinted with permission.

Photo Credits

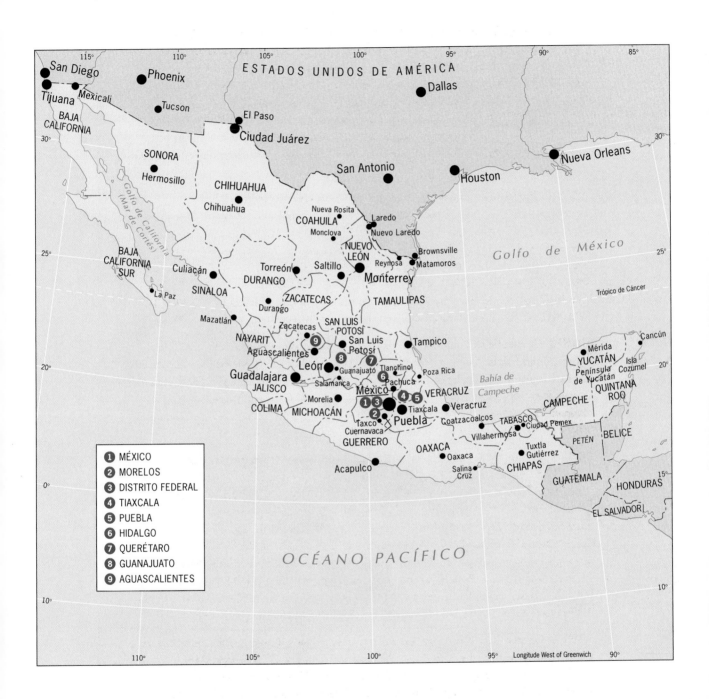

ESTADOS UNIDOS DE AMÉRICA

San Diego
Tijuana
Mexicali
Phoenix
Tucson
El Paso
Ciudad Juárez
BAJA CALIFORNIA
SONORA
Hermosillo
CHIHUAHUA
Chihuahua
San Antonio
Dallas
Houston
Nueva Orleans
COAHUILA
Nueva Rosita
Monclova
Laredo
Nuevo Laredo
Brownsville
BAJA CALIFORNIA SUR
Culiacán
Torreón
DURANGO
Saltillo
NUEVO LEÓN
Reynosa
Matamoros
Golfo de México
La Paz
SINALOA
Mazatlán
ZACATECAS
Durango
Monterrey
TAMAULIPAS
Trópico de Cáncer
Golfo de California (Mar de Cortés)
NAYARIT
Zacatecas
SAN LUIS POTOSÍ
San Luis Potosí
Tampico
Aguascalientes
León
Guanajuato
Tlanchinol
Poza Rica
Pachuca
Bahía de Campeche
Mérida
YUCATÁN
Península de Yucatán
Isla Cozumel
Cancún
QUINTANA ROO
Guadalajara
JALISCO
Salamanca
México
Tiaxcala
Veracruz
VERACRUZ
CAMPECHE
COLIMA
Morelia
MICHOACÁN
Puebla
Coatzacoalcos
TABASCO
Ciudad Pemex
PETÉN
BELICE
Taxco
Cuernavaca
GUERRERO
Villahermosa
Tuxtla Gutiérrez
CHIAPAS
GUATEMALA
HONDURAS
Acapulco
OAXACA
Oaxaca
Salina Cruz
EL SALVADOR
OCÉANO PACÍFICO
Longitude West of Greenwich

1 MÉXICO
2 MORELOS
3 DISTRITO FEDERAL
4 TIAXCALA
5 PUEBLA
6 HIDALGO
7 QUERÉTARO
8 GUANAJUATO
9 AGUASCALIENTES

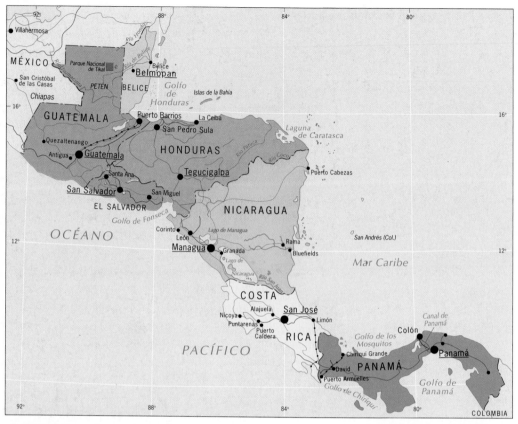

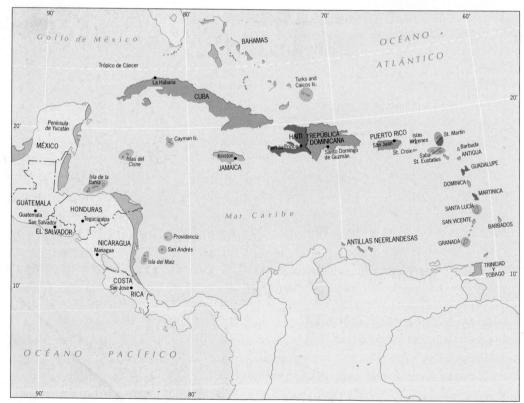